新版

逻辑
复习全书
（基础篇）

主编：杨岳

副主编：语逻李楠

编委会：万学海文考试研究中心

中国政法大学出版社

2024·北京

图书在版编目（ＣＩＰ）数据

逻辑复习全书. 基础篇/杨岳主编.—北京：中国政法大学出版社，2024.1
ISBN 978-7-5764-1312-0

Ⅰ.①逻… Ⅱ.①杨… Ⅲ.①逻辑－研究生－入学考试－自学参考资料 Ⅳ.①B81

中国国家版本馆 CIP 数据核字(2024)第 033009 号

出 版 者　　中国政法大学出版社

地　　址　　北京市海淀区西土城路 25 号

邮寄地址　　北京 100088 信箱 8034 分箱　邮编 100088

网　　址　　http://www.cuplpress.com (网络实名：中国政法大学出版社)

电　　话　　010-58908285(总编室) 58908433 （编辑部） 58908334(邮购部)

承　　印　　河北鹏远艺兴科技有限公司

开　　本　　787mm×1092mm　1/16

印　　张　　13.5

字　　数　　197 千字

版　　次　　2024 年 1 月第 1 版

印　　次　　2024 年 1 月第 1 次印刷

定　　价　　45.00 元

丛 书 序

　　本丛书为参加管理类综合能力考试、经济类综合能力考试的考生设计,是报考管理类、经济类专业学位硕士考生的必备应试教材。本套丛书由经管类综合能力考试命题研究中心成员、资深命题专家和辅导教师联合编写,包括逻辑写作系列丛书和经管类数学系列丛书。

　　本丛书具有如下特点:

一、严格根据专业学位硕士考试大纲和真题命题规律编写

　　本套丛书完全根据《管理类专业学位(199 科目)综合能力考试大纲》《经济类专业学位(396 科目)综合能力测试考试大纲》进行编写,并对经管类综合能力考试的历年真题进行深度分类解析,形成完整、有效、易理解的应试书籍。丛书通过"知识点——经典例题——巩固习题——真题——模拟题"的方式,帮助考生充分理解和掌握所有考点,并能准确判断高频考点,以获得高分。

二、权威而富于教学经验的经管类综合能力考试命题研究中心老师编写

　　本套丛书的作者是经管类综合能力考试命题研究中心的权威资深辅导老师。逻辑写作丛书系列的主编杨岳老师、数学丛书系列的主编徐婕老师等参加了各大媒体组织的自 2012 届开始的经管类专硕研究生入学考试的"大纲解析"和"真题解析"工作。他们从 2007 年开始便致力于研究生入学考试的应试辅导,具有丰富的经管类综合能力考试辅导经验,既有对大纲的精准解析能力,又能对命题规律和真题进行深度把握,结合多年辅导经验编写的本套丛书,能快速地帮助考生达到经管类综合能力考试的应试要求。

三、提供基于零基础的、精细完整的经管类综合能力考试应试解决方案

　　对于参加经管类综合能力考试的考生而言,逻辑、写作一般都是零基础,数学基础一般较差。本丛书充分考虑绝大多数考生的现实情况,提供了基于零基础的、包含考研各个阶段的精细完整的应试解决方案,帮助考生实现高分目标。

　　本系列丛书包括《逻辑复习全书》(基础篇)/(提高篇)、《写作复习全书》、《管理类综合能力数学复习全书》、《经济类综合能力数学复习全书》、《管理类综合能力历年真题》、《经济类综合能力历年真题》、《管理类综合能力最后成功五套题》和《经济类综合能力最后成功五套题》九本书。

　　我们最大的目标,是希望考生通过自己的努力和我们众多经管类联考命题研究中心专家、教师们的帮助,在经管类专硕考研中脱颖而出、金榜题名!

丛书编委会

前　言

　　基于多年参加 199 管理类综合能力考试、396 经济类综合能力考试"大纲解析""真题解析"的工作经验和多年对经管类综合能力考试应试辅导的总结,我对考生在逻辑、写作学习中的难点、困惑和解决方案,有了越来越深的理解。帮助学生们避开陷阱、考出高分,是写作本书最直接的动力,同时逻辑写作系列的这七本书也是对自己近二十年工作的一个总结和交代。

　　本书为报考管理类专业硕士(会计硕士 MPAcc、工商管理硕士 MBA 等)、经济类专业硕士(金融硕士、国际商务硕士等)、以及需要参加 199 管理类综合能力考试和 396 经济类综合能力考试的考生而编写,也可作为辅导老师的授课参考教材。

　　本套图书分为基础篇和提高篇两本。基础篇为应试基础,讲解了形式逻辑和论证逻辑;提高篇分两部分,第一部分为巩固强化,按模块分考点对相关知识再次梳理总结,以达到使考生牢固掌握的目的;第二部分为模拟卷(五套模拟试题)。

　　基础篇按章编写,基于考生学习的起点,按照"知识点—例题—习题"的思路来编写,目的是使考生从零基础开始构建完整的知识框架,并形成解题能力。

　　提高篇第一部分包含十二个模块,基于历年真题整理了 70 个考点,帮助考生快速识别、判断习题对应的考点,并进一步巩固解题能力。

　　提高篇第二部分提供了五套模拟卷,每套 30 题,用于考生进行整体检测和查漏补缺。

　　下面对本书的标签进行说明:

　　【章的各级标题】构建形式逻辑和论证逻辑完整的理论体系。

　　【示例】帮助理解知识点的例子,不一定是标准的考题形式。

　　【例题】对某一个或几个知识点进行考察的标准化考题。

　　【习题】学完一章的理论和例题后,以章为单位进行测试的标准化考题。

　　【正确答案】提供 A～E 的具体答案。

　　【深度解析】提供已经分解到最小知识点的深度精确解析。

　　【提醒】具有普适性的解题方法、技巧。

　　【模块】基于大纲和历年真题,用于对考点进行分类的单位。

　　【考点】基于大纲和历年真题分解出的应试具体考察点。

　　【逻辑模拟试题】以 30 题为单位,每次 60 分钟进行整体测试的标准化考题。

　　考生在使用本书过程中如有疑问,可以通过"哔哩哔哩"@杨岳逻辑,或者是通过登录新浪微博@杨岳老师进行交流。

杨　岳

目　录

第一章　概念及定义

　　概念、判断、推理、论证,是思维的基本形式,也是检验考生逻辑推理能力的考试要点。其中,作为逻辑推理起点的"概念"尤为重要。

一、概念的内涵与外延

1.概念的定义

　　概念是指反映某一类事物、现象所包含的范围,同时也反映其本质或特征的思维形式。内涵与外延是任何概念都具有的逻辑特征,是概念在质和量两个方面表现出来的逻辑特殊性征。

　　概念的内涵,是概念对事物本质或特征的反映,简单地理解,就是给某个概念下的定义。

　　概念的外延,是概念所确指的对象的范围,及概念所反映的全部对象,是满足概念定义的点或点的集合。

　　【示例】　"人"是一个概念。

　　"人"这个概念的内涵:能思维、能使用语言、能够制造并利用工具进行生产劳动的高级哺乳动物。

　　"人"这个概念的外延:杨岳(满足概念内涵的一个点);

　　　　　　　　　　　　　本班同学(满足概念内涵的一部分点的集合);

　　　　　　　　　　　　　所有的成年人和未成年人(满足概念内涵的所有的点的集合);

　　　　　　　　　　　　　所有的黄种人和白种人(满足概念内涵的一部分点的集合)。

　　【提醒】　以点或点的集合的方式来理解概念的外延,是理解概念之间的关系,以及运用文氏图法的基础。

　　【例1】　农历正月十五元宵节,又称为"上元节",是春节之后的第一个重要节日。恰逢佳节,一女子想到灯市观灯。其丈夫说道:"家中已点灯了。"该女子答道:"我不仅想观灯,而且还想观人。"

　　试分析上述议论中出现了什么谬误?

　　A.转移论题。

　　B.自相矛盾。

　　C.偷换概念。

　　D.论据不足。

　　E.以偏概全。

　　【正确答案】　C

　　【深度解析】　题干"一女子想到灯市观灯"中的"灯",指的是具有观赏价值的花灯;而女子丈夫所说的"家中已点灯"的"灯",指的是用于照明的照明灯。很明显两处"灯"所指的概念内涵不一致,而女子的丈夫将二者混为一谈,犯了"偷换概念"的错误。

【提醒】 逻辑部分，全部以选择题的形式出现，且不存在名词解释类的选择题，所以考生不用去背诵概念或定义，理解即可。

【例2】 宝宝经过3个月的生长发育，已经学会了很多本领。比如运动能力增强，小腿非常有力，靠胳膊撑着已经能离开床面45度，开始暗暗地打量自己的小手可以试图让它听从自己的指挥。根据卫生部《中国7岁以下儿童生长发育参照标准》，3个月大的中国男婴正常体重是4.69～9.37千克，平均6.70千克。因此，如果一个3个月大的中国小孩体重只有5千克，那么他的体重增长低于中国平均水平。

以下哪项指出了上述推理中的缺陷？

A. 体重只是正常婴儿成长的一个指标。

B. 一些3个月大的小孩体重只有4.5千克。

C. 一个正常的小孩出生时体重达到5千克是有可能的。

D. 人均体重增长同平均体重并不相同。

E. 中国儿童的正常体重和其他国家儿童不一样。

【正确答案】 D

【深度解析】 逻辑中，我们一般把题干分解成"前提"和"结论"两个部分进行分析和理解。

首先我们要找到题干的结论。"因此"提示了结论之所在："因此，如果一个3个月大的中国小孩体重只有5千克，那么他的体重增长低于中国平均水平。"很明显，题干作出的是关于"体重增长"的结论，而得到题干结论的前提是反复讨论关于"平均体重"的问题。

题干推理的缺陷就在于：从讨论"平均体重"的前提出发，推导出了一个关于"体重增长"的结论，而二者并不相同，D选项指出该点。

综上所述，D选项为正确答案。

2. 偷换概念的真题考核形式

1）A—A式

在推理过程中一个概念出现了两次，但由于前后两次出现的这一概念的内涵、外延发生了变化，而题干在推理过程中却将二者混为一谈，所以出现了偷换概念的逻辑缺陷。

【A—A式偷换概念示例】 下述推理正确吗？

（1）村上春树的小说不是一天能够读完的。

（2）《挪威的森林》是村上春树的小说。

（3）所以，《挪威的森林》不是一天能够读完的。

【解析】 上述推理存在偷换概念的逻辑缺陷。（1）中的"村上春树的小说"是一个集合概念，指的是村上春树的所有小说作品之和；而（2）中的"村上春树的小说"是一个非集合概念，专指《挪威的森林》这部小说。

2）A1—A2式

在推理过程中出现了两个有联系但也有区别的概念，但题干在推理过程中却将二者混为一谈，所以出现了偷换概念的逻辑缺陷。

【A1—A2式偷换概念示例】 下述推理正确吗？

数据1：2014年美国的男婴出生率是51%。

数据2：2014年人口普查结果显示，美国男性占全国人口的49%。

基于这两组数据，小明得出结论，上述两组数据，至少有一组是错的。

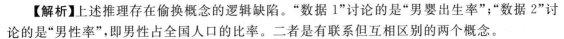

【解析】上述推理存在偷换概念的逻辑缺陷。"数据1"讨论的是"男婴出生率";"数据2"讨论的是"男性率",即男性占全国人口的比率。二者是有联系但互相区别的两个概念。

除偷换概念以外,其他常见逻辑错误还包括转移论题、自相矛盾、论据不足、以偏概全等,如下表所示。

	举例
转移论题	小张问:"你吃了吗?",小红回答:"今天天气还不错。"
自相矛盾	我的梦中情人,有着一头乌黑亮丽的白发。
论据不足	昨晚我看见两个人抬着一个大箱子到处长家,处长肯定受贿。
以偏概全	京津地区雾霾严重,看来地球很危险,我还是赶紧回火星吧。

二、概念内涵与外延的反变关系

概念内涵与外延具有反变关系:内涵越大的概念,其外延越小;内涵越少的概念,其外延越大。

【示例】　人——中国人——中国青年——中国共青团团员

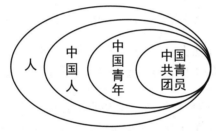

以图示(文氏图)的方式,可以更清晰地理解概念内涵与外延之间的反变关系。

三、属性关系判断

集合概念和非集合概念:

{1}如果某概念切分后得到的个体或部分不必然具有该概念的属性,则该概念是集合概念。

——切分前的概念是"集合概念",切分后得到的概念是"个体"或"部分"。

{2}如果某概念切分后得到的分子具有该概念的属性,则该概念是非集合概念。

——切分前的概念是"非集合概念",切分后得到的概念是"分子"。

提醒:分析一个概念是集合概念还是非集合概念,须具体情况具体讨论。

【示例1】我们班的同学来自全国各地。

"我们班的同学"是集合概念,它不反映"我们班中的某个同学",不能说成"我们班的某个同学来自全国各地"。

【示例2】我们班的同学都是中国人。

"我们班的同学"是非集合概念,它既反映"我们班中所有的同学",也反映"我们班中的某个同学"。

"属性关系判断"——

1.集合概念具有的属性,个体概念(或部分概念)可能具有。

如:中国人民是勤劳勇敢的,杨岳也如此。

2.集合概念具有的属性,个体概念(或部分概念)可能不具有。

如:中国人民推动了世界历史的发展,杨岳没有。

3.个体概念(或部分概念)具有的属性,集合概念可能具有。

如:柳树制造氧气,森林也可以。

4.个体概念(或部分概念)具有的属性,集合概念可能不具有。

如:柳树可以扦插繁殖,森林不可以。

四、概念间的关系及文氏图法的运用

(一)概念间的关系

根据两个概念外延之间的关系,可以分为两大类,共五种概念间的关系。

概念间的关系	相容关系 　　两个概念的外延有交集	同一关系:两个概念之间,外延完全相同
		包含关系:一个概念的部分外延,是另一个概念外延的全部
		交叉关系:一个概念的部分外延,与另一个概念的部分外延重合
	不相容关系 　　两个概念的外延互斥,没有交集	矛盾关系:两个概念的外延互相排斥,并且两个概念的外延之和等于比其高一层级的概念外延的全部
		反对关系:两个概念的外延互相排斥,并且两个概念的外延之和小于比其高一层级的概念外延的全部

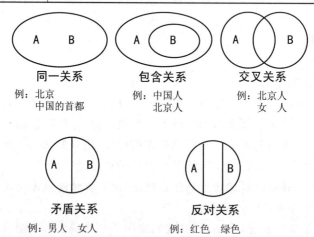

同一关系　　　　包含关系　　　　交叉关系

例:北京　　　　例:中国人　　　　例:北京人
中国的首都　　　北京人　　　　　　女人

矛盾关系　　　　　　　反对关系

例:男人 女人　　　　例:红色 绿色

【例3】 记者:"您是央视《百家讲坛》最受欢迎的演讲者之一,人们称您为国学大师、学术超男,对这两个称呼,您更喜欢哪一个?"

教授:"我不是国学大师,也不是学术超男,只是一个文化传播者。"

教授在回答记者的问题时使用了以下哪项陈述所表达的策略?

A.将一个多重问题拆成单一问题,分而答之。

B.摆脱非此即彼的困境而选择另一种恰当的回答。

C.通过重述问题的预设来回避对问题的回答。

D.通过回答另一个有趣的问题而答非所问。

E.采用扬汤止沸的方法回答问题,没有实质价值。

【正确答案】 B

【深度解析】 记者让教授在"国学大师"和"学术超男"之间二选其一,也就是说,这两个身份已经构成了教授选择的全部,记者理解这二者为矛盾关系。而教授说"我不是国学大师,也不是学术超男,只是一个文化传播者",表达了"国学大师"和"学术超男"这二者之间并不构成矛盾关系,而只是反对关系,所以他有别的身份选择,即"文化传播者"。

非此即彼,表达"此"和"彼"构成了选择的全部。

综上所述,B 选项为正确答案。

【例 4】 陈先生要举办一个亲朋好友的聚会。他出面邀请了他父亲的姐夫、他姐夫的父亲、他哥哥的岳母、他岳母的哥哥。

陈先生最少邀请了几个客人?最多邀请了几个客人?

A.最少 1 个客人;最多 4 个客人。

B.最少 1 个客人;最多 3 个客人。

C.最少 2 个客人;最多 4 个客人。

D.最少 3 个客人;最多 3 个客人。

E.最少 4 个客人;最多 4 个客人。

【正确答案】 C

【深度解析】 题干提问"最少邀请了几人",当身份最大程度重叠时(同一关系),人数是最少的。题干涉及 4 个身份,其中有 3 个身份是男性,1 个身份是女性。3 个男性身份如果重叠(即是同一个人),再加上 1 个女性,所以最少为 2 人。

题干提问"最多邀请了几人",当题干的 4 个身份全部互斥,即互不重叠时,人数是最多的,所以人数最多是 4 人。

有的考生可能提出疑问:当 3 个男性身份重叠时,会造成近亲结婚问题。这个问题不需要考虑。逻辑考查的是逻辑学科的本身而不需要借助常识。况且,题干设计的情境,不一定是现代中国,也许是允许近亲结婚的古代,也许是允许近亲结婚的现代某些国家。

综上所述,C 选项为正确答案。

【例 5】 在某校电子协会的七名会员中,有一个哈尔滨人、两个北方人、一个广州人、两个特长生和三个贫困生。假设上述介绍涉及了该协会中的上述所有七名会员,则以下各项断定都与题干不矛盾,除了:

A.两个特长生都是贫困生。

B.贫困生不都是南方人。

C.特长生都是南方人。

D.哈尔滨人是特长生。

E.广州人不是贫困生。

【正确答案】 A

【深度解析】 首先明确解题目标。题干提问:"以下各项断定都与题干不矛盾,除了",所以要求我们选出的是与题干矛盾的选项。

"哈尔滨人"包含于"北方人"，所以"一个哈尔滨人、两个北方人"实际上讲的是 2 个人，加"一个广州人、两个特长生和三个贫困生"，一共等于 8 个人。

由于题干说"上述介绍涉及了该协会中的上述所有七名会员"，所以求"与题干矛盾的选项"，第一是要使得身份重叠，第二是要使得身份重叠数大于或等于 2 个人，满足这两点的选项即为正确答案。

A 选项使得 2 个人的身份发生重叠，使得题干关于身份的介绍只涉及了 6 个人，与题干所说的"假设上述介绍涉及了该协会中的上述所有七名会员"矛盾。

综上所述，A 选项为正确答案。

(二)文氏图法的运用

当题干出现形如："所有的 A 是 B"、"所有的 B 不是 C"、"有的 A 是 D"、"有的 C 是 D"形式的，关于 A、B、C、D 等几个概念之间关系的判断，一般使用文氏图法求解。

文氏图法口诀	说明
1.先画所有	所有的 A 是 B，所有的 B 不是 C
2.再画有些	有的 A 是 D，有的 C 是 D
3.关系确定画实线	所有的 A 是 B，所有的 B 不是 C
4.关系不定画虚线	有的 A 是 D，有的 C 是 D

所有的A是B

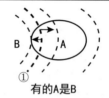

有的A是B

【提醒】　所有的 A 是 B，用文氏图法，表达成大圈套小圈的形式。但请注意，A 圈可以扩大，最大扩张到与 B 圈完全重叠（即同一关系）。

　　有的 A 是 B，用文氏图法，表达成一个圆圈加虚线弧①的形式。圆圈、弧两者表达 A、B 或 B、A，都满足对"有的 A 是 B"的描述。但请注意，弧是可以左右移动的，最左可以移动到弧与圆圈仅有一个点的交集，最右可以移动到弧完全包含了圆圈。

【例6～例7基于以下同一个题干】

①所有四川来京打工的人员，都办理了卫生证；②所有办理了卫生证的人员，都获得了从业证；③有些四川来京打工人员当上了警卫；④有些舞蹈学校的学员也当上了警卫；⑤所有的舞蹈学校的学员都未获得从业证。

【例6】　如果上述断定都是真的，那么除了以下哪个选项，其余的断定也必定是真的？

A.所有四川来京打工人员都获得了从业证。

B.没有一个舞蹈学校的学员办理了卫生证。

C.有些四川来京打工人员是舞蹈学校的学员。

D.有些警卫没有从业证。

E.有些警卫有从业证。

【例7】 以下哪个人的身份不可能符合上述题干所做的断定？

A.一个获得了从业证的人，但并非是舞蹈学校的学员。

B.一个获得了从业证的人，但没有办理卫生证。

C.一个办理了卫生证的人，但并非是四川来京打工人员。

D.一个办理了卫生证的舞蹈学校的学员。

E.一个警卫，他既没有办理卫生证，又不是舞蹈学校的学员。

【正确答案】 C

【深度解析】 题干命题的①②⑤是关于"所有"；③④是关于"有些"。所以画图时先画①②⑤，后画③④。如下图所示。

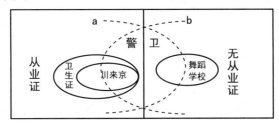

求"除了以下哪个选项，其余的断定也必定是真的"，解题的目标是找"假的或不确定的"。

A. 所有四川来京打工人员都获得了从业证	真	由图示可知
B. 没有一个舞蹈学校的学员办理了卫生证＝所有舞蹈学校的学员都没有办理卫生证	真	"舞蹈学校"所属的大圈，与"卫生证"所属大圈互斥
C. 有些四川来京打工人员是舞蹈学校的学员	假	"川来京"所属大圈，与"舞蹈学校"所属的大圈互斥，所以这两个概念不可能有交集
D. 有些警卫没有从业证	真	"警卫"与"舞蹈学校"至少有一个点（即一个人）的交集，只要是"舞蹈学校"的点，就一定属于"无从业证"
E 有些警卫有从业证	真	"警卫"与"川来京"至少有一个点（即一个人）的交集，只要是"川来京"的点，就一定属于"从业证"

综上所述，C选项是正确答案。

【正确答案】 D

【深度解析】 求"以下哪个人的身份不可能符合上述题干所做的断定"，即求的是"必然假"。

A. 一个获得了从业证的人，但并非是舞蹈学校的学员	真	"舞蹈学校"所属的大圈，与"从业证"的圈互斥
B. 一个获得了从业证的人，但没有办理卫生证	不确定	1. 如果"卫生证"的圈小于"从业证"的圈，则 B 选项为真 2. 如果"卫生证"的圈等于"从业证"的圈，则 B 选项为假
C. 一个办理了卫生证的人，但并非是四川来京打工人员	不确定	1. 如果"川来京"的圈小于"卫生证"的圈，则 C 选项为真 2. 如果"川来京"的圈等于"卫生证"的圈，则 C 选项为假
D. 一个办理了卫生证的舞蹈学校的学员	假	"舞蹈学校"所属的大圈，与"卫生证"所属大圈互斥，所以这两个概念不可能有交集
E. 一个警卫，他既没有办理卫生证，又不是舞蹈学校的学员	不确定	1. 满足 E 选项的"为真"的点，在图示中很容易找到 2. 让"川来京""卫生证""从业证"三个圈重叠，让"舞蹈学校""无从业证"两个圈重叠，则 E 选项是假的

综上所述，D 选项是正确答案。

【例 8】 所有与高热患者接触的人都进医院了。所有进医院的人都与小王接触过。

如果以上命题是真的，以下哪个命题也是真的？

A. 小王是高热患者。

B. 小王不是高热患者。

C. 可能有人没有接触过高热患者，但接触过小王。

D. 所有高热患者都与小王接触过。

E. 所有与小王接触过的人都进医院了。

【正确答案】 C

【深度解析】 题干讨论的是"与高热患者接触的人""进医院的人""与小王接触过的人"这三个概念之间的关系，具体如下图所示。

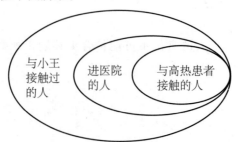

A 选项、B 选项分析了"高热患者"这个概念，而此概念在题干中没有出现，所以真假不

确定。

对"有人没有接触过高热患者,但接触过小王"这个判断而言,如果题干三个概念间的关系如上图所示,则这个判断是真的;如果题干中三个概念变成同一关系(即上图中的三个圈重叠),则这个判断是假的。C选项说的是"可能有人没有接触过高热患者,但接触过小王",所以C选项是真的。

D选项、E选项是不确定的。这两个选项的真假,与代表题干三个概念的圆圈的放缩有关。

综上所述,C选项是正确答案。

五、定义

定义就是以简短的形式揭示语词、概念、命题的内涵和外延,使人们明确它们的意义及其使用范围的逻辑方法。通过定义,可以明确这个概念所反映的对象的特点和本质。

定义的规则:

(1)定义项外延与被定义项外延之间必须是同一关系。

(2)被定义项不得直接或间接出现在定义项中。

(3)定义项必须用清楚确切的概念,不能使用比喻等抽象表达形式。

(4)正概念的定义项中不得包括否定形式的语词或负概念。

【例9】 "平反是对处理错误的案件进行纠正"。

以下哪个选项最为确切地说明了上述定义的不严格?

A.对案件是否处理错误,应该有明确的标准。

B.应该说明平反的操作程序。

C.应该说明平反的主体及其权威性。

D.对平反的客体应该具体分析。平反了,不等于没错误。

E.对原来重罪轻判的案件进行纠正不应该称为平反。

【正确答案】 E

【深度解析】处理错误的案件:

①事实上无罪,却判有罪——纠正,叫"平反";

②事实上轻罪,却重判——纠正,叫"平反";

③事实上有罪,却判无罪——纠正,罪有应得,不叫"平反";

④事实上重罪,却判轻罪——纠正,罪有应得,不叫"平反"。

综上所述,E选项是正确答案。

【例10】 某机关要从1000名报名者中挑选出10名献血者。最不可能被挑选上的是2003年以来已经献过血,或是2005年以来在献血体检中不合格的人。

如果上述断定是真的,则以下哪项所言及的报名者最有可能被选上?

A.小赵2005年献过血,他的血型是O型,医用价值最高。

B.小钱是市献血标兵,近年来每年献血,这次他坚决要求献血。

C.小孙2006年报名献血,因"乙肝"阳性体检不合格,这次出具了"乙肝"转阴的证明,并坚决要求献血。

D.小李最近一次献血时间是在2002年,他之前因车祸住院,血管中流动着义务献血者的血。他说,我比任何人都有理由献血。

E.小刘 2003 年因体检不合格未能献血,2005 年体检合格献血。

【正确答案】　D

【深度解析】　根据题干信息,最不可能被挑选上的是 2003 年以来已经献过血,或是 2005 年以来在献血体检中不合格的人。

A 选项	2005 年献过血,属于"2003 年以来已经献过血的"。排除
B 选项	近年来每年献血,属于"2003 年以来已经献过血的"。排除
C 选项	2006 年报名献血体检不合格,属于"2005 年以来在献血体检中不合格的人"。排除
E 选项	2005 年体检合格献血,属于"2003 年以来已经献过血的"。排除

综上所述,D 选项是正确答案。

 本章练习

1. "下岗职工"和"失业人员"是人们常常混淆的两个概念。下岗职工是指由于单位的生产和经营状况不善,已经离开本人的生产和工作岗位,并且已不在本单位从事其他工作,但没有与单位解除劳动关系的人员。失业人员与下岗职工的主要区别是:失业人员已与原单位解除劳动关系,档案已转入户口所在地街道劳动和社会保障部门。

   按照以上划分标准,以下哪个选项所述的人员可以称为下岗职工?

   A. 老赵原来在自行车制造厂工作,半年前辞去工作,开了一个修理铺。

   B. 老刘原来是某律师事务所的办公室秘书。最近,公司以经营困难为由,解除了她的工作合同,她只能在家做家务。

   C. 老钱原来在冰箱厂工作,因长期疾病不能工作,经批准提前办理了退休手续。

   D. 老孙原来在某纺织厂工作,长期请病假。其实他的身体并不坏,目前在家里开了个缝纫部。

   E. 老李原来在饲料厂工作,今年 53 岁。去年工厂因产品积压,人员富余,让 50 岁以上的人回家休息,等 55 岁时再办正式退休手续。

2. 某大学寝室中住着若干个学生。其中,1 个是北京人,2 个是北方人,1 个是海南人,2 个在历史系,3 个是定向生。该寝室中恰好住了 8 个人。

   如果题干中关于身份的介绍涉及了寝室中所有的人,则以下各项关于该寝室的断定都不与题干矛盾,除了:

   A. 该校历史系每年都招收定向生。

   B. 该校历史系从未招收过定向生。

   C. 来自海南的室友在历史系就读。

   D. 来自北京的室友在金融系就读。

   E. 该寝室的 3 个定向生都是南方人。

3. 1929 年,美国金融界崩溃,金融危机逐渐转化为全球性的经济危机,此后,全球进入了长达 10 年的经济大萧条时期,这是迄今为止人类社会遭遇的规模最大、历时最长、影响最深刻的经济危机。有一种观点认为,始于 1929 年全球金融危机的 10 年是一个被自私的个人主义破坏了社会凝聚力的时代,但是,这一特征在任何时期都有。在人类历史发展过程中,所有人类行为的动机都是自私的。从人类行为最深层看,即使是最无私的行为,对人类自身的存在来说也

可以看作是自私的。

以下哪个选项表明了上述论证中的错误?

A.关于在人类历史中一直有自私存在的断言与论证实际上并没有。

B.没有统计数据表明人类的自私行为多于人类的无私行为。

C.论证假设自私是当前时代仅有的。

D.论证所提到的只是与人类行为相关,而没有考虑到其他物种行为。

E.论证依赖于在不同的意义上使用"自私"这个概念。

4.诗人:铁血与柔情是能打动人心的品质。但是,一个人柔情并不意味着他铁血,而一个人铁血也不意味着他柔情。在我所遇到的人中,有的人柔情,有的人铁血,但是,却没有人同时具备这两种品质。

若诗人的陈述为真,以下哪个选项陈述不可能为真?

A.没有人柔情但不铁血,也没有人铁血却不柔情。

B.大部分人既柔情,又铁血。

C.没有人既柔情,又铁血。

D.大部分人既不柔情,也不铁血。

E.没有人既柔情又铁血,也没有人既不柔情又不铁血。

5.甲:什么是爱情?

乙:爱情是多巴胺帮助细胞传送脉冲的结果。

甲:什么是多巴胺?

乙:多巴胺是爱情产生的化学原因。

以下哪个选项与上述的对话最为类似?

A.甲:什么是真理?

乙:真理是符合实际的认识。

甲:什么是认识?

乙:认识是人脑对外界的反应。

B.甲:什么是逻辑学?

乙:逻辑学是研究思维形式结构的规律的科学。

甲:什么是思维形式结构的规律?

乙:思维形式结构的规律是逻辑规律。

C.甲:什么是家庭?

乙:家庭是以婚姻、血缘或收养关系为基础的社会群体。

甲:什么是社会群体?

乙:社会群体是在一定社会关系基础上建立起来的社会单位。

D.甲:什么是命题?

乙:命题是用语句表达的判断。

甲:什么是判断?

乙:判断是对事物有所断定的思维形式。

E.甲:什么是人?

乙:人是有思想的动物。

甲:什么是动物?

乙：动物是生物的一部分。

6."马太效应"来自圣经《新约·马太福音》中的一则寓言："凡有的，还要加倍给他叫他多余；没有的，连他所有的也要夺过来"，指强者愈强、弱者愈弱的现象。它广泛应用于社会心理学、教育、金融以及科学领域。中国古代哲学家老子曾提出过类似的思想："天之道，损有余而补不足。人之道则不然，损不足以奉有余。"

下列不属于马太效应的是：

A. 在股市、楼市狂潮中，最赚的总是庄家，最赔的总是散户。

B. 落后地区的人才会流向发达地区，落后地区的资源会廉价流向发达地区，落后地区的制度又通常不如发达地区的合理，于是循环往复，地区差异会越来越大。

C. 任何人都可能只买了一张彩票却中了大奖。

D. 占有人才越多的地方，对人才越有吸引力；反过来，被认可的人才越稀缺。

E. 由于富人掌握了更多的资源而穷人没有，所以富有的人越来越富有，贫穷的人越来越贫穷。

7.某校 2015 年春季入学的学生中有些是师范生。所有的师范生都是北方人。凡北方的学生都是城市户口。

如果以上陈述为真，则以下各项必然为真，除了：

A. 2015 年春季入学的学生中有人是北方人。

B. 凡没有城市户口的学生都不是师范生。

C. 有些城市户口的学生是 2015 年春季入学的。

D. 有些城市户口的学生不是师范生。

E. 有些北方人是师范生。

8.所有创业协会委员都参加了演讲与口才协会。小张、小王和小赵都是创业协会委员。演讲与口才协会不吸收大学三年级学生参加。

如果上述断定为真，则以下哪个选项一定为真？

Ⅰ. 小张、小王和小赵都不是大学三年级学生。

Ⅱ. 所有创业协会委员都不是大学三年级学生。

Ⅲ. 有些演讲与口才协会的成员不是创业协会委员。

A. 只有Ⅰ。　　　　　　　　　　　　B. 只有Ⅱ。

C. 只有Ⅲ。　　　　　　　　　　　　D. 只有Ⅰ和Ⅱ。

E. Ⅰ、Ⅱ和Ⅲ。

9.许多摔伤住院的老人通常都钙质缺乏，但这通常不是由于他们饮食中的钙质缺乏，而是由于他们比其他人有更高的钙质需求量。

对上文论述最好的评价是什么？

A. 没有能够指出摔伤住院的老人钙质缺乏的百分比。

B. 没有给出足够的关于为什么摔伤住院的老人会比其他人有更高的钙质需求量。

C. 文中出现的两次"钙质缺乏"所参照的对象不同。

D. 没有提供其他高钙质需求量的人群钙质缺乏的发生率。

E. 以模糊的方式使用"高需求量"。

10.我最爱阅读外国文学作品，英国的、法国的、古典的，我都爱读。

上述陈述在逻辑上犯了哪项错误？

A.划分外国文学作品的标准混乱,前者是按国别划分,后者是按时代划分。

B.外国文学作品,没有分是诗歌、小说还是戏剧等。

C.没有说最喜好什么。

D.没有说是外文原版还是翻译本。

E.在"古典的"后面,没有紧接着指出"现代的"。

本章练习深度解析

1.【答案】　E

【深度解析】　下岗职工是指由于单位的生产和经营状况不善,已经离开本人的生产和工作岗位,并且已不在本单位从事其他工作,但没有与单位解除劳动关系的人员。

A 选项	半年前辞去工作,所以已经与单位解除了劳动关系。排除
B 选项	公司解除了她的工作合同,所以已经与单位解除了劳动关系。排除
C 选项	提前办理了退休手续,所以已经与单位解除了劳动关系。排除
D 选项	不是"由于单位的生产和经营状况不善"离开工作岗位,而是由于"长期请病假"。排除

综上所述,E 选项是正确答案。

2.【答案】　C

【深度解析】　题干求"关于该寝室的断定都不与题干矛盾,除了"的选项,即求与题干断言矛盾的选项。身份发生重叠是解题的关键。

由于"1 个是北京人,2 个是北方人",因为北京人属于北方人,所以这描述的是 2 个人;再加上"1 个是海南人,2 个在历史系,3 个是定向生",一共是 8 个人。只有使得上述身份发生重叠的选项,才会与题干断言的"题干中关于身份的介绍涉及了寝室中所有的人"发生矛盾。C 选项"来自海南的室友在历史系就读",将会导致 2 个身份重叠成 1 个人,则题干的介绍只涉及 7 个人。

A 选项、B 选项中讲的是"该校历史系",而题干讲的是"本寝室有 2 个人在历史系",题干中的"历史系"指的就是本寝室中的 2 个人。这两者不一样,A、B 选项偷换了概念,相当于讲的是题干没有描述的概念,所以 A 选项、B 选项不确定。

D 选项讲到"金融系",题干中没有提到,故不确定。

E 选项讲到"南方人",题干中没有提到,故不确定。

综上所述,C 选项是正确答案。

3.【答案】　E

【深度解析】　"所有人类行为的动机都是自私的""对人类自身的存在来说也可以看作是自私的",这里的"自私",是一种理性的评价,强调的是人对自身正当利益诉求的合理性,在经济学理论中,人们这种"自私"的逐利过程,会推动整个社会的不断进步和发展。"自私的个人主义"中的"自私",讲的是只顾自己利益而不顾别人利益和集体利益的思想,其特征是从极端自私的个人目的出发,不择手段地追逐名利、地位和享受。

综上所述,E 选项是正确答案。

4.【答案】　A

【深度解析】 题干的结论有一个状语："在我所遇到的人中"，而五个选项都没有这个状语，所以选项论述的都是基于"所有的人"。

由于"我所遇到的人"只是"所有的人"中的一个部分，他们之间是包含关系，"所有的人"包含了"我所遇到的人"。所以，B 选项、C 选项、D 选项、E 选项都是不确定的，有可能真，有可能假。

A 选项与题干结论明显矛盾，所以选择 A 选项。

> 【提醒】 逻辑解题过程中，状语、关键性词语前面的定语、表示转折的词语之后的内容，还有结论，这四点对于寻找解题的关键信息非常重要。

5.【答案】 B

【深度解析】 在定义题中，被定义项不得直接或间接出现在定义项中。题干的表述犯了"循环定义"的错误。B 选项也出现了这个问题，其余选项均没有出现。

6.【答案】 C

【深度解析】 马太效应，指强者愈强、弱者愈弱的现象。C 选项强调的是每一个人买一张彩票，然后中了大奖，这一事件人人都有均等的可能性。

7.【答案】 D

【深度解析】 使用文氏图法画出下图。

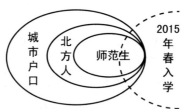

题干求："以下各项必然为真，除了"，即求假的或不确定的。

A 选项、B 选项、C 选项、E 选项是真的；

D 是不确定的。当"师范生"圈小于"城市户口"圈时，D 是真的；当"师范生"圈等于"城市户口"圈时，D 是假的。D 的真假由圆圈的放缩决定。

综上所述，D 选项是正确答案。

8.【答案】 D

【深度解析】 使用文氏图法画出下图。

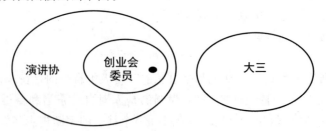

Ⅲ是不确定的。当"演讲协"圈大于"创业会委员"圈时，Ⅲ是真的；当"演讲协"圈等于"创业会委员"圈时，Ⅲ是假的。Ⅲ的真假由圆圈的放缩决定。

综上所述，D 选项是正确答案。

9.【答案】 C

【深度解析】 第一个"钙质缺乏"指的是"身体中的钙质缺乏";第二个"钙质缺乏"指的是"饮食中的钙质缺乏"。C选项指出了两个"钙质缺乏"是不一样的。

综上所述,C选项是正确答案。

10.【答案】 A

【深度解析】 划分是依据某一标准,把一个概念所反映的对象分为若干小类,来揭示这个概念的外延的逻辑方法。划分需要确保在同一个维度上进行。

综上所述,A选项是正确答案。

第二章　直言命题

"概念"之后,我们接着学习"判断"。判断也叫命题,直言命题是逻辑中最简单的命题形式,也叫性质命题。

一、直言命题的基本知识

(一)直言命题的定义

直言命题由四个项目组成:**量项＋主项＋联项＋谓项**

量项	有两种表达形式: 　　所有的(也可以表达为:一切的、任何的) 　　部分的(一般表达为:有、有的、有些)
主项	常用符号 S 表示
联项	有两种表达形式: 　　是 　　不是
谓项	常用符号 P 表示

全称命题:量项是"所有的"的命题称为"全称命题";

特称命题:量项是"有的"的命题称为"特称命题";

肯定命题:联项是"是"的命题称为"肯定命题";

否定命题:联项是"不是"的命题称为"否定命题"。

(二)直言命题的四种标准格式

类别	简记	逻辑形式	定义	举例 S＝本班同学,P＝北京人
全称肯定命题	A	所有 S 是 P	S 的所有元素都是 P 的元素	所有的本班同学是北京人
全称否定命题	E	所有 S 不是 P	S 与 P 是完全排斥的,也就是说 S 中没有元素是 P 的元素	所有的本班同学不是北京人
特称肯定命题	I	有 S 是 P	S 中至少有一个元素是 P 的元素	有的本班同学是北京人
特称否定命题	O	有 S 不是 P	S 中至少有一个元素被 P 的全体元素所排斥	有的本班同学不是北京人

(三)逻辑中"有"字的理解

以"特称肯定命题(I命题):有的本班同学是北京人"来举例说明。

(1)命题肯定了什么?

肯定的是:所有的本班同学中,有的同学是北京人。

(2)命题对全班同学作出了断言吗?

没有对所有的本班同学(即全班同学)作出判断:此命题既没有肯定也没有否定所有的本班同学是北京人。

(3)能否从命题推导出有的本班同学不是北京人呢?

从字面含义看,它并没有断言有的本班同学不是北京人,尽管在某些语境中它可能暗含这样的意思。

(4)"有"字的最小解释。

这个命题的最小解释,即本班同学和北京人之间,有某个或某些元素是共同的。为确定性起见,我们在逻辑中采取最小解释,把"有"看作"至少有一个"的意思。

> 【提醒】 在逻辑中,"有""有的""有些"表示至少有一个、也许有多个、也许是小部分、也许是一半、也许是大部分、也许是全部,但是,一定是"至少有一个"。

【例1】 有些昆虫在第一次繁殖幼虫之后便死去,另一些昆虫则在它们的下一代获得生存保证之后还能活几年。在后一种昆虫中,包括那些对生态系统做出有益贡献的昆虫,如蜜蜂。

如果上述为真,能得出以下哪项结论?

A.在生态系统中不扮演主要角色的昆虫通常在第一次繁殖后便死去。

B.大多数蜜蜂在下一代能够自行生活之后还会活得很好。

C.蜜蜂通常不会在第一次繁殖以后立刻死亡。

D.大多数昆虫一出生就能独立。

E.大多数昆虫在第一次繁殖幼虫之后便死去。

【正确答案】 C

【深度解析】 A选项排除。题干中没有出现"扮不扮演主要角色"。

B选项排除。有两个漏洞。第一,题干是以"昆虫的种类"为单位来讨论的,B选项在蜜蜂种类的内部拆分出一个"大多数蜜蜂"来讨论;第二,题干没有出现"活得好不好"。

D选项、E选项排除。从题干"有些昆虫在第一次繁殖幼虫之后便死去"出发,我们只能得出"至少有一种昆虫在第一次繁殖幼虫之后便死去"的结论;从"另一些昆虫则在它们的下一代获得生存保证之后还能活几年"出发,我们只能得出"至少有一种昆虫在它们的下一代获得生存保证之后还能活几年"的结论,得到的结论都是"至少有一种",所以这二者之间的数量无法比较。

综上所述,C选项为正确答案。

> 【提醒】 (1)请注意"有"的单位。单位需要与题干保持一致,而不一定是"个"。
> (2)正确答案一般需要满足话题相关。

（四）直言命题的主项、谓项的周延性

命题本身直接或间接地对其某个词项（主项或谓项）的全部外延做了断定的，就称这个词项（主项或谓项）是周延的，反之不周延。

1. 全称命题的主项是周延的

以全称肯定命题举例说明："所有 S 都是 P"断定了所有的 S 都是 P。主项 S 被全部断定，所以 S 是周延的。

如：命题"所有的狗都是动物"中，主项"狗"是周延的；

命题"所有的猫都不是卵生动物"中，主项"猫"是周延的。

2. 特称命题的主项是不周延的

以特称肯定命题举例说明："有些 S 是 P"只断定了有的 S 是 P，没有断定全部 S 是 P，所以 S 是不周延的。

如：命题"有些玫瑰是蓝色的"中，主项"玫瑰"是不周延的；

命题"有的本班同学不是汉族"中，主项"本班同学"是不周延的。

3. 否定命题的谓项是周延的

以特称否定命题举例说明："有 S 不是 P"，断定了有的 S 不是 P 的任何分子，断定了 P 类的全部外延，所以 P 是周延的。

如：命题"有的本班同学不是北京人"中，谓项"北京人"是周延的；

命题"所有的山寨手机都不是 IOS 系统"中，谓项"IOS 系统"是周延的。

4. 肯定命题的谓项是不周延的

以特称肯定命题举例说明："有 S 是 P"断定了有的 S 是 P 的分子，但并没有断定有的 S 是 P 的全部，也就是说没有断定 P 的全部外延，所以 P 是不周延的。

如：命题"有的本班同学是北京人"中，谓项"北京人"是不周延的；

命题"所有的联想电脑都是中国生产的"中，谓项"中国生产的"是不周延的。

【**总结**】 分析主项是否周延，看主项前面的量项。

如果量项是全称的，那么主项是周延的；如果量项是特称的，那么主项是不周延的。

分析谓项是否周延，看谓项前面的联项。

如果联项是否定的，那么谓项是周延的；如果联项是肯定的，那么谓项是不周延的。

二、直言命题间的对当关系

直言命题之间的对当关系，是指主、谓项都相同的 A、E、I、O 四种判断之间的一种特定的真假制约关系（其中一个判断的真假可以制约其他三个判断的真假），这种制约关系可以用一个正方图形来表示，这个正方图形就叫作"直言命题对当方阵"，如下图所示。

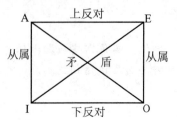

矛盾关系	A与O E与I	不能同真	一个为真,则另一个必为假
		不能同假	一个为假,则另一个必为真
上反对关系	A与E	不能同真	一个为真,则另一个必为假
		但可以同假	一个为假,则另一个可真可假(不确定)
下反对关系	I与O	不能同假	一个为假,则另一个必为真
		但可以同真	一个为真,则另一个可真可假(不确定)
从属关系	A与I E与O	可以同真 可以同假	大的真来,小的真 (A、E为大;I、O为小)
			大的假来,小不知 (A、E为大;I、O为小)
			小的假来,大的假 (A、E为大;I、O为小)
			小的真来,大不知 (A、E为大;I、O为小)

【例 2】 已知"有的湖南人不爱吃辣椒"为真,则据此不能确定真假的命题有:

Ⅰ.所有的湖南人都爱吃辣椒。

Ⅱ.所有的湖南人都不爱吃辣椒。

Ⅲ.有的湖南人爱吃辣椒。

Ⅳ.有的湖南人不爱吃辣椒。

A.Ⅰ和Ⅳ。

B.Ⅱ和Ⅲ。

C.仅Ⅱ。

D.仅Ⅲ。

E.均可确定真假。

【正确答案】 B

【深度解析】 将"不爱吃辣椒"视为谓项"P",则"有的湖南人不爱吃辣椒"是一个I命题,即I命题为真。

由I命题真,可以推知与其具有矛盾关系的E命题假。

由A命题、E命题上反对关系,"不可以同真,但可以同假",所以由E命题为假,可以推知A命题不确定。

由A命题不确定,可以推知与其具有矛盾关系的O命题不确定。

(上述推理过程,见下图1、2、3、4四个步骤)

Ⅰ是E命题,E命题假;

Ⅱ是A命题,A命题不确定;

Ⅲ是O命题,O命题不确定;

Ⅳ是I命题,I命题真。

【提醒】 上述解析过程,我们将"不爱吃辣椒"设为谓项"P"。事实上,将"爱吃辣椒"设为谓项"P",对解题没有影响。考生可以尝试按照这个设法再推一次。

【例3】 所有的五星级酒店都搜查过了,没有发现涉案嫌疑人的踪迹。

如果上述断定为真,则在下面四个断定中:

Ⅰ.没有五星级酒店被搜查过。

Ⅱ.有的五星级酒店被搜查过。

Ⅲ.有的五星级酒店没有被搜查过。

Ⅳ.怀疑涉案嫌疑人躲藏的某个五星级酒店已被搜查过。

可以确定为假的是:

A.仅Ⅰ和Ⅱ。

B.仅Ⅰ和Ⅲ。

C.仅Ⅱ和Ⅲ。

D.仅Ⅰ、Ⅲ和Ⅳ。

E.Ⅰ、Ⅱ、Ⅲ和Ⅳ。

【正确答案】 B

【深度解析】 将"搜查过了"视为谓项"P",则"所有的五星级酒店都搜查过了"是一个 A 命题,即 A 命题为真。

由 A 命题真,可以推知与其具有矛盾关系的 O 命题假。

由 A 命题、E 命题是上反对关系,"不可以同真,但可以同假",所以由 A 命题真,可以推知 E 命题假。

由 E 命题假,可以推知与其具有矛盾关系的 Ⅰ 命题真。

（上述推理过程,见下图 1、2、3、4 四个步骤）

Ⅰ等值于"所有五星级酒店都没有被搜查过",这是 E 命题,假;

Ⅱ是 Ⅰ 命题,真;

Ⅲ是 O 命题,假;

Ⅳ是真的,由 A 命题真可以推知。

综上所述,B 选项为正确答案。

【例4】 近 2 个月来,中国股市经历了一次惊心动魄的下挫,大盘以 6% 的幅度暴跌,如果算上之前 2 个月的疯狂上涨,中国股市在整整 4 个月里,带着全国股民体验了超长时间乘坐过山车般的晕眩。没有人知道这辆车的终点在哪里,当然更没有人知道该怎样下车。

如果以上陈述为真,以下哪个选项陈述必然为假?

A.所有的人都不知道这辆车的终点在哪里,并且有的人都不知道该如何下车。

B.有的人知道这辆车的终点在哪里,但所有的人都不知道该如何下车。

C.有的人不知道这辆车的终点在哪里,并且有的人不知道该如何下车。

D. 没有人知道这辆车的终点在哪里,并且有的人不知道该如何下车。

E. 没有人知道这辆车的终点在哪里,并且所有的人都不知道该如何下车。

【正确答案】 B

【深度解析】 题干"没有人知道这辆车的终点在哪里,当然更没有人知道该怎样下车"等值于"所有人都不知道这辆车的终点在哪里,所有人都不知道该怎样下车"。

A	所有的人都不知道这辆车的终点在哪里	真	有的人都不知道该如何下车(根据从属关系,由"大真来,小的真"可知)	真
B	有的人知道这辆车的终点在哪里(由E命题真,可知I命题假)	假	所有的人都不知道该如何下车	真
C	有的人不知道这辆车的终点在哪里(根据从属关系,由"大的真来,小的真"可知)	真	有的人不知道该如何下车(根据从属关系,由"大的真来,小的真"可知)	真
D	没有人知道这辆车的终点在哪里	真	有的人不知道该如何下车(根据从属关系,由"大的真来,小的真"可知)	真
E	没有人知道这辆车的终点在哪里	真	所有的人都不知道该如何下车	真

综上所述,B选项为正确答案。

三、直言命题真假话

直言命题"真假话",是每年真题一定会涉及的题型。其特征是:题干给出若干个命题,并且告知有几个命题是真的,几个命题是假的,然后要求考生按照题干提问来完成推理。

直言命题真假话题型的解题步骤如下:

步骤一:整理题干信息。

整理方向:(1)变代词为题干具体所指;

(2)变假言命题为相容选言命题(注:方法后续章节讲解)。

步骤二:观察题干命题之间的关系。

基于直言命题对当关系:先找矛盾再包含/反对,条件不足作假设。

步骤三:结合题干补充条件和提问,进行推理。

【例5】 何平在玩"勇士向前冲"游戏,进入第五关时,界面出现四个选项。第一个选项是"选择任意选项都需支付游戏币",第二个选项是"选择本项后可以得到额外游戏奖励",第三个选项是"选择本项后游戏不会进行下去",第四个选项是"选择某个选项不需要支付游戏币"。

如果四个选项中的陈述只有一句为真,则以下哪个选项一定为真?

A. 选择任意选项都需支付游戏币。

B. 选择任意选项都无须支付游戏币。

C. 选择任意选项都不能得到额外游戏奖励。

D. 选择第二个选项后可以得到额外游戏奖励。

E. 选择第三个选项后游戏能继续进行下去。

【正确答案】 E

【深度解析】 题干给出四个命题,并且告知只有 个命题是真的。

命题一等值于:选择所有的选项都需要支付游戏币

命题二等值于:选择第二个选项可以得到额外的游戏奖励

命题三等值于:选择第三个选项游戏不会进行下去

命题四等值于:选择某个选项不需要支付游戏币

运用直言命题对当关系的前提是主项、谓项一致。本题的切入点是第一个命题和第四个命题,因为只有它们的主、谓项是一致的。

命题一是 A 命题,命题四是 O 命题,二者是矛盾关系,所以二者必有一真、一假。题干告诉我们只有一个命题是真的,所以真的必定为 A 命题、O 命题中的某一个。由此可以知道,命题二、命题三都是假的。根据命题三是假的,选择 E 选项。

【例6】 某计算机公司有100人,其中:

Ⅰ. 有的人会潜水。

Ⅱ. 有的人不会潜水。

Ⅲ. 人力资源部经理不会潜水。

已知以上关于潜水的三句话中一真两假,问:该计算机公司有多少人会潜水?

A. 100 人会。

B. 没有人会。

C. 99 人会。

D. 只有 1 人不会。

E. 99 人不会。

【正确答案】 A

【深度解析】 注意提问中的补充条件:三句话中一真两假。

Ⅲ 包含于 Ⅱ,Ⅲ 真,则 Ⅱ 真,所以 Ⅲ 只能假。

由 Ⅲ 假,可知人力资源部经理会潜水,

由人力资源部经理会潜水,可知 Ⅰ 真,由"三句话中一真两假"可推知 Ⅱ 假。

Ⅱ 为 O 命题,由 O 命题假,可知与其具有矛盾关系的 A 命题真。所以所有人(共 100 人)都会潜水。

综上所述,A 选项为正确答案。

四、直言命题的负命题

(一)负命题的定义

令"P"表示某一个完整的命题,则"并非 P"表示推翻 P 这个命题,我们称"并非 P"为"P"的负命题,此处"并非"为负命题的标志。

【示例】 "所有的重庆人都爱吃花椒鱼",这是一个命题。"并非所有的重庆人都爱吃花椒鱼"是上述命题的负命题。注意,此处的"并非"否定的是整个命题。

【提醒】　命题 P 的负命题有两种常见表达形式：
(1)并非 P；
(2)P 是假的。
第二种表达形式中，"是假的"，否定的是整个命题。如"所有的重庆人都爱吃花椒鱼"的负命题也可以表达为"所有的重庆人都爱吃花椒鱼，这是假的"。

(二)原命题与负命题的关系

如果命题"P"是真的，那么"并非 P"就是假的；
如果命题"P"是假的，那么"并非 P"就是真的。
很明显，"P"与"并非 P"之间是矛盾关系。由此可知，一个命题的负命题，等于该命题的矛盾命题。

(三)直言命题的负命题

基于下图所示的直言命题对当方阵，根据"一个命题的负命题，等于该命题的矛盾命题"，所以：
并非 A 命题＝O 命题；
并非 E 命题＝I 命题；
并非 I 命题＝E 命题；
并非 O 命题＝A 命题。

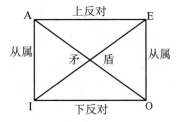

【提醒】　请基于直言命题对当方阵进行"理解"而不是"记忆"。

命题	简记	负命题	简记	负命题等值于
所有 S 都是 P	A	并非 所有 S 都是 P	→A	A 命题的负命题等值于 O 命题
				"并非 所有 S 都是 P"等值于"有些 S 不是 P"
				→A↔O
所有 S 都不是 P	E	并非 所有 S 都不是 P	→E	E 命题的负命题等值于 I 命题
				"并非 所有 S 都不是 P"等值于"有些 S 是 P"
				→E↔I

命题	简记	负命题	简记	负命题等值于
有的 S 是 P	I	并非 有些 S 是 P	→I	I 命题的负命题等值于 E 命题
				"并非 有些 S 是 P"等值于"所有 S 都不是 P"
				→I↔E
有的 S 不是 P	O	并非 有些 S 不是 P	→O	O 命题的负命题等值于 A 命题
				"并非 有些 S 不是 P"等值于"所有的 S 是 P"
				→O↔A

【提醒】 "→"表示"并非";"↔"表示"等值于"。

五、直言命题三段论

(一)三段论的定义

三段论是由包含着一个共同概念的两个直言命题推出一个新的直言命题的必然性推理。

三段论在结构上包括大项、小项和中项。大项是作为结论的谓项的概念,小项是作为结论的主项的概念,中项是在前提中出现两次而在结论中不出现的概念,中项在三段论中非常重要,它起到把大、小前提连接起来,从而推出结论的桥梁和纽带作用。

三段论的两个前提分别叫作大前提和小前提。其中,包含大项的前提叫大前提,包含小项的前提叫小前提。按照通常的习惯,大前提排在前面,小前提排在后面。但是,排列的顺序不是区分大、小前提的标准。区分大、小前提,只能看它们是包含大项还是包含小项。

【示例】 所有的狗都是哺乳动物。
　　　　所有的黑狗都是狗。
　　　　所有的黑狗都是哺乳动物。

上例关于狗的三段论中:大项是哺乳动物,小项是黑狗,中项是狗;
　　　　　　　　　大前提是所有的狗都是哺乳动物;
　　　　　　　　　小前提是所有的黑狗都是狗;
　　　　　　　　　结　论是所有的黑狗都是哺乳动物。

【提醒】 在三段论解题中,关于大、中、小项,考生只要能够挑选出中项即可。
　　　　同理,关于三段论推理的三个命题,考生只要能够指出哪些是前提,哪个是结论即可。

在三段论中,大项通常用字母 P 表示,小项用字母 S 表示,中项用字母 M 表示。这样,上述推理的一般公式可以表示为:

所有 M 都是 P。

<u>所有 S 都是 M。</u>

所有 S 都是 P。

三段论的构词法	三段论定义的总结： 1. 两个前提, 推一个结论 2. 一共有三个概念 3. 必然性推理

【例 7】 电视广告:这酒嘛,年头要长一点,工艺要精一点。好酒,可以喝一点。(广告者打量手中的东风酒)嗯,东风酒,可以喝一点。

为了使题干中最后一句话成为前面几句话的逻辑推论,需要补充下面哪一个前提?

A. 茅台酒是中国最著名的好酒。

B. 东风酒年头很长。

C. 五粮液和东风酒都是好酒。

D. 东风酒工艺很精。

E. 东风酒口碑很好。

【正确答案】 C

【深度解析】 首先分析题干的逻辑推理过程。

题干给了我们一个前提和一个结论,要我们补充一个前提。题干给的前提是:好酒,可以喝一点;题干的结论是:东风酒可以喝一点。

题干的前提有"好酒",而结论没有"好酒",说明"好酒"是中项,补充的前提需要出现中项;题干结论中出现"东风酒",而给出的前提没有出现,说明补充的前提还需要出现"东风酒"。

满足如上"三段论构词法"分析过程的选项只有 C。

综上所述,C 选项为正确答案。

(二)三段论的判定规则

一个三段论是否正确,可以通过下述规则来加以判定。

规则 1:一个正确的三段论有且只能有三个不同的概念。

三段论的实质就是要借助前提中一个共同概念(即中项)作为媒介,使大、小项发生逻辑关系,从而推出结论。违反这条规则,通常出现的逻辑错误称为"四概念"。

【示例】 村上春树的小说不是一天能够读完的。

<u>《挪威的森林》是村上春树的小说。</u>

所以,《挪威的森林》不是一天能够读完的。

上述第一个前提中的"村上春树的小说"是一个集合概念,指的是村上的所有小说作品之和,第二个前提中的"村上春树的小说"是一个个体概念,专指《挪威的森林》这部小说。所以如上的三段论推导过程,犯了"四概念"的错误。

【例 8】 没有软体动物是脊椎动物,所有的草鱼都是脊椎动物,所以,没有草鱼属于蜗牛。

下列哪项陈述是上述推理所必须假设的?

A. 所有蜗牛都是脊椎动物。

B. 所有蜗牛都是软体动物。

C. 没有蜗牛是软体动物。

D. 没有软体动物是草鱼。

E. 所有的软体动物是草鱼。

【正确答案】 B

【深度解析】 首先分析题干的逻辑推理过程。题干给了"①没有软体动物是脊椎动物，②所有的草鱼都是脊椎动物，所以，③没有草鱼属于蜗牛"。①＋②推出了第一个结论，第一个结论再作为一个前提，加上正确选项，得出最终结论③。

由①（等值于：所有的软体动物都不是脊椎动物）和②，可以推出第一个结论：所有的软体动物都不是草鱼。

所有的软体动物都不是草鱼（第一个结论）

＋正确选项

得出③没有草鱼属于蜗牛（最终结论）。

根据三段论的构词法，正确选项中需要包含"蜗牛""软体动物"，所以答案在 B、C 选项中。

在此处提前使用一下三段论推理的规则 4：两个否定前提推不出结论。由于第一个结论是否定命题，C 选项也是否定命题，所以选择 B 选项。

规则 2：在一个正确的三段论中，中项至少要周延一次（针对中项而言）。

中项要起到联结大项、小项的媒介作用，必须至少周延一次。违反这条规则，就要犯"中项两次不周延"的逻辑错误。

【示例】 狗都爱吃骨头。

你都爱吃骨头。

你是狗。

上例的中项"爱吃骨头"，在上述的两个前提中都是肯定命题的谓项，肯定命题的谓项是不周延的，所以上例犯了"中项两次不周延"的逻辑错误。

规则 3：在前提中不周延的词项，在结论中也不能周延（针对大项、小项而言）。

三段论是一种必然性的推理，它要求不能从部分推出所有，即不能从不周延的大项（小项）出发，得到一个周延的大项（小项）的结论。这样从部分推所有的推理是不具有必然性的。违反这条规则所犯的逻辑错误有"大项不当周延"和"小项不当周延"。

"大项不当周延"是指大项在前提中不周延，而在结论中变得周延了。

"小项不当周延"是指小项在前提中不周延，而在结论中变得周延了。

【示例】 所有的狗都是哺乳动物。

猫不是狗。

所以猫不是哺乳动物。

错误原因：大项不当周延。

验证过程："哺乳动物"是大项，在前提中它是肯定命题的谓项，是不周延的；而在结论中，它是否定命题的谓项，是周延的。换一种方式理解，上述推理的错误在于，从一个关于"一部分外延的哺乳动物"的前提出发，得出了一个关于"全部外延的哺乳动物"的必然性结论。

【示例】 鸸鹋是会飞的。

<u>鸸鹋是会游泳的。</u>

会游泳的都是会飞的。

错误原因:小项不当周延。

验证过程:"会游泳的"是小项,在前提中它是肯定命题的谓项,是不周延的;而在结论中,它是全称命题的主项,是周延的。换一种方式理解,上述推理的错误在于,从一个关于"一部分外延会游泳"的前提出发,得出了一个关于"全部外延会游泳"的必然性结论。

【提醒】 所有的 S 都是 P = S 都是 P = 所有 S 是 P

【例 9】 有些演员留长发,因此,有些留长发的人是高嗓门。

为使上述推理成立,必须补充以下哪个选项作为前提?

A.有些演员是高嗓门。

B.所有高嗓门的人都是演员。

C.所有演员都是高嗓门。

D.有些高嗓门的不是演员。

E.有些演员不是高嗓门。

【正确答案】 C

【深度解析】 首先分析题干的逻辑推理过程。题干给了我们一个前提和一个结论。

根据三段论的构词法,正确答案应该包含"演员""高嗓门"两个概念。

"演员"是中项,三段论推理中,中项必须至少周延一次,而在题干的前提中,"演员"是特称命题的主项,是不周延的,所以选项中的"演员"必须周延。根据这一点,可以排除 A 选项、B 选项、E 选项。

在此处提前使用一下三段论推理的规则 6:两个特称前提推不出结论,根据这一点排除 D 选项。

综上所述,C 选项为正确答案。

规则 4:两个否定前提推不出结论。

如果三段论的两个前提都是否定的,那么小项和大项必然都同中项相排斥,这样,中项就无法起到联结大、小项的作用,也就没有构成有效的推导,无法推出结论。

【示例】 中国人不是日本人。

<u>这些人不是中国人。</u>

这些人是日本人。

规则 5:如果前提中有一个是否定的,那么结论就是否定的;如果结论是否定的,那么前提中必有一个是否定的。

如果前提中有一个是否定的,那么小项和大项之一必然同中项相排斥。无论是小项同中项相排斥,还是大项同中项相排斥,在结论中,小项同大项必然相排斥,所以结论必然是否定的。反之,如果结论是否定的,那么大项同小项互相排斥。因此,在前提中,大项和小项之一必然同中项相排斥,前提中必然有一个是否定的。

【示例】 所有奖学金获得者都是成绩优秀的。

刘子豪同学的成绩不优秀。

刘子豪没有获得奖学金。

【例10】　中关村所有开车上班的白领都回家吃午饭。因此,有些家在郊区的中关村的白领不开车上班。

为使上述论证成立,以下哪个选项关于中关村的断定是必须假设的?

A.开车上班的白领家都不在郊区。

B.回家吃午饭的白领都开车上班。

C.家在郊区的白领都不回家吃午饭。

D.有些家在郊区的白领不回家吃午饭。

E.有些不回家吃午饭的白领家不在郊区。

【正确答案】　D

【深度解析】　题干要我们求的是"必须假设的"。

首先分析题干的逻辑推理过程。题干给了我们一个前提和一个结论。前提是一个全称的肯定的命题,结论是一个特称的否定的命题,所以我们需要补充的是一个"特称的""否定的"命题。A选项、B选项、C选项有"都"字,是全称命题,排除。

再根据"中项必须至少周延一次",中项是"回家吃午饭",在题干的前提中是肯定命题的谓项,是不周延的,所以在正确选项中必须周延。E选项的"不回家吃午饭"是特称命题的主项的部分,是不周延的,排除。

综上所述,D选项为正确答案。

> 【提醒】　如果本题的提问改为:"选择下面哪个选项,可以推出题干结论?"则答案为C选项和D选项。
>
> 　　题干的前提"中关村所有开车上班的白领都回家吃午饭",加上C选项"家在郊区的白领都不回家吃午饭",可以推出结论:"所有家在郊区的中关村的白领都不开车上班"。从这个结论可以直接推出"有些家在郊区的中关村的白领不开车上班"。根据直言命题对当关系,二者是从属关系,"大的真来,小的真"。但"C选项"不是推出题干结论的"必须假设",请体会"可以推出"和"必须假设"的区别。

规则6:两个特称前提推不出结论。

【示例】　有的律师不是硕士。

有些硕士是东北人。

　　　　　　　?

显然,两个特称前提推不出结论。

规则7:如果前提中有一个是特称的,那么结论就是特称的。

【例11】　某些歌手留长发,因此,某些留长发的人穿皮夹克。

下述哪项如果为真,足以佐证上述论断的正确性?

A.某些歌手不喜欢穿皮夹克。

B.某些穿皮夹克的歌手不留长发。

C.所有歌手都穿皮夹克。

D. 某些歌手不喜欢留长发。

E. 所有穿皮夹克的人都是歌手。

【正确答案】 C

【深度解析】 首先分析题干的逻辑推理过程。题干给了我们一个前提和一个结论。前提是一个特称命题,结论是一个特称命题。根据"两个特称前提推不出结论",所以我们需要补充的是一个全称的前提。由此可以排除 A 选项、B 选项、D 选项。

再根据"中项必须至少周延一次",中项是"歌手",在题干的前提中是特称命题的主项,是不周延的,所以在正确选项中必须周延。E 选项的"歌手"是肯定命题的谓项,是不周延的,排除。

综上所述,正确答案为 C 选项。

【例 12】 三亚人都是南方人,有些三亚人不是教师。

以上命题为真,则以下哪一项肯定为真?

A. 有些南方人是教师。

B. 有些南方人不是教师。

C. 有些教师是南方人。

D. 有些教师不是南方人。

E. 有些三亚人不是南方人。

【正确答案】 B

【深度解析】 作为一种必然性推理,三段论推理也可以转化为文氏图来解决。

三亚人中,至少有一个人不是教师。

而所有的三亚人都是南方人,所以至少有一个南方人不是教师,可知有些南方人不是教师。

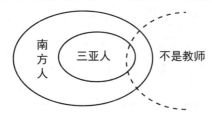

综上所述,正确答案为 B 选项。

六、直言命题变形推理

直言命题的变形推理包括换质推理、换位推理以及二者的综合运用。

(一)换质推理

(1)改变直言命题的联项,即将"是"改为"不是",或将"不是"改为"是"。

(2)同时还需要把结论中的谓项变为前提谓项的矛盾概念,即将"P"改为"非 P",或将"非 P"改为"P"。

(二)换位推理

换位推理时,除了需要交换主项和谓项的位置外,还需要注意在前提中不周延的词项,在结论中也不能周延。

换质推理	A	"所有的 S 是 P"可以换质成"所有的 S 不是非 P"
		【例】所有的人都是有意识的 → 所有的人都不是没有意识的
	E	"所有的 S 不是 P"可以换质成"所有的 S 都是非 P"
		【例】所有生命都不是长生不死的 → 所有生命都是要死的
	I	"有 S 是 P"可以换质成"有 S 不是非 P"
		【例】有的史前动物是卵生的 → 有的史前动物不是非卵生的
	O	"有 S 不是 P"可以换质成"有 S 是非 P"
		【例】有的金鱼不是美丽的 → 有的金鱼是丑陋的
换位推理	A	"所有的 S 是 P"可以换位为"有些 P 是 S"
		【例】所有北京人都是中国人 → 有些中国人是北京人
	E	"所有的 S 不是 P"可以换位为"所有的 P 不是 S"
		【例】所有北京人不是天津人 → 所有天津人不是北京人
	I	"有 S 是 P"可以换位为"有 P 是 S"
		【例】有些北京人是男人 → 有些男人是北京人
	O	"有 S 不是 P"不能换位为"有 P 不是 S"
		【例】有些人不是大学生 不能换位为 有些大学生不是人
		【思考】为什么"有 S 不是 P"不能换位为"有 P 不是 S" 因为：在前提中不周延的词项在结论中不能周延（S 在前提中不周延，在结论中周延）

(三)换质推理和换位推理的综合运用

根据具体推理过程的需要,可以:
(1)通过换质推理得到的结论还可以进行换位。
(2)通过换位推理得到的结论还可以进行换质。

【示例】 从"证人都必须是精神上没有缺陷的人",可以推导出"精神上有缺陷的人都不能作证人"吗?

可以,具体步骤如下。
步骤一:令"证人"＝S,"精神上没有缺陷的人"＝P,
则前提可写为"所有的 S 是 P"。
步骤二:根据换质推理的规则,由"所有的 S 是 P"可推出"所有的 S 不是 非 P"。
步骤三:根据换位推理的规则,由"所有的 S 不是 非 P"可推出"所有的 非 P 不是 S"。
步骤四:代入步骤一设的 S 和 P,可得
"所有的精神上有缺陷的人都不是证人"。

整理后可得:

"(所有的)精神上有缺陷的人都不能做证人"。

【例13】 所有的熊猫都是国宝。

如果为真,以下哪个选项一定为假?

A.国宝一定都是熊猫。

B.有些国宝一定是熊猫。

C.有些国宝一定不是熊猫。

D.任何国宝都不是熊猫。

E.不是国宝就肯定不是熊猫。

【正确答案】 D

【深度解析】 A选项,不确定。使用文氏图法,根据放缩可知。

B选项,真。由换位推理可知。

C选项,不确定。使用文氏图法,根据放缩可知。

E选项,真。由文氏图法可知。

综上所述,D选项为正确答案。

【例14】 在一次舞蹈比赛中,每一名舞者都有评委投了优秀票。

如果上述断定为真,以下哪个选项不可能为真?

Ⅰ.有的评委投了所有舞者优秀票。

Ⅱ.有的评委没有给任何舞者投优秀票。

Ⅲ.有的舞者没有得到一张优秀票。

A.只有Ⅰ。

B.只有Ⅱ。

C.只有Ⅲ。

D.只有Ⅱ和Ⅲ。

E.只有Ⅰ和Ⅲ。

【正确答案】 C

【深度解析】 Ⅰ不确定;

Ⅱ不确定;

Ⅲ假。

综上所述,C选项为正确答案。

【例15】 说明下面两个推理的正确性。

推理①:有些宇宙中的双子星是恒星。所以,有些恒星是宇宙中的双子星。

推理②:有些宇宙中的双子星不是恒星。所以,有些恒星不是宇宙中的双子星。

A.都正确 。

B.都不正确。

C.①正确,②不正确。

D.②正确,①不正确。

E.不能确定真假。

【正确答案】 C

【深度解析】 ①正确。由"有S是P",可换位推理,知"有P是S";

②不正确。由"有 S 不是 P"，不能推出"有 P 不是 S"。

综上所述，C 选项为正确答案。

本章练习

1. 每周日芒果台的节目部都会评议观众对电视节目发表意见的来信。某周，芒果台收到了 100 封赞扬娱乐节目的信和 20 封批评新闻节目的信。根据这些信息，节目部主持人认为既然有观众不喜欢新闻节目，那就肯定有人喜欢它。所以，他决定将该节目继续办下去。

以下哪个选项指出了节目主持人在做出决定过程中存在的问题？

A. 他没有认识到人们更喜欢写批评的信，而不是表扬的信。

B. 他不能从有些人不喜欢新闻节目的事实中引申出有人喜欢它。

C. 他没有考虑到所收到的表扬信和批评信在数目上的差异。

D. 他没有考虑到娱乐节目和新闻节目之间的关系。

E. 他没有等到至少收到 100 封批评新闻节目的信时再做决定。

2. 关于某公司人员会使用 Mac 操作系统的情况有以下断定：

(1)该公司所有人员都会使用 Mac 操作系统。

(2)该公司的王帅会使用 Mac 操作系统。

(3)该公司有些人会使用 Mac 操作系统。

(4)该公司有些人不会使用 Mac 操作系统。

经过详细考察，发现上述断定中只有两个是对的。

以下哪个选项结论可以从上述条件中必然推出？

A. 该公司的王帅会使用 Mac 操作系统。

B. 该公司有些人不会使用 Mac 操作系统。

C. 该公司所有人都会使用 Mac 操作系统。

D. 该公司所有人都不会使用 Mac 操作系统。

E. 该公司没有一个人会使用 Mac 操作系统。

3. 已知判断"有些作家来自北京"为真，判断以下命题一定假的情况。

A. 有些作家不是来自北京。

B. 所有作家来自北京。

C. 所有作家都不是来自北京。

D. 张萍是作家，来自北京。

E. 张萍是作家，但不是来自北京。

4. 某次体能训练检查后，四个教练有如下结论：

甲：所有同学都没有完成计划的任务。

乙：张同学没有完成计划的任务。

丙：同学们不都没有完成计划的任务。

丁：有的同学没有完成计划的任务。

如果四人中只有一人断定属实，则以下哪个选项是真的？

A. 甲断定属实，张同学没有完成计划的任务。

B. 丙断定属实，张同学完成了计划的任务。

C.丙断定属实,张同学没有完成计划的任务。

D.丁断定属实,张同学没有完成计划的任务。

E.不能确定真假。

5.临江县有些得到国家一减一免政策的国有企业仍然未扭亏为盈,这让县委书记格外着急。以下哪个选项论断最符合以上论述的基本思想?

A.该县得到国家一减一免政策的国有企业都没有赢利,县委书记为此着急。

B.该县得到国家一减一免政策的国有企业没有亏损,不需要扭亏,县委书记不必着急。

C.该县没有得到国家一减一免政策的国有企业都有赢利,县委书记对他们放心。

D.该县的非国有企业都有赢利,即使没有赢利,县委书记也不着急。

E.该县的所有不盈利的企业都让县委书记着急,尤其是其中的试点单位。

6.并非不参加晚自习的同学都是不努力的。

下列哪项与上述命题含义相同?

A.所有不参加晚自习的同学都不是不努力的。

B.不参加晚自习的同学中有不努力的。

C.有的不参加晚自习的同学不是不努力的。

D.没有一个不参加晚自习的同学不是不努力的。

E.有的参加晚自习的同学是不努力的。

7.大多数受过高等教育的人都事业有成。有些未受过高等教育的人同样事业有成。事业有成有各种原因,但一个共同原因是有良好的成长环境。

如果上述断定为真,以下哪个选项一定为真?

A.每个有良好成长环境的人都受过高等教育。

B.有些有良好成长环境的人没有受过高等教育。

C.有些有良好成长环境的人没有事业有成。

D.大多数有良好成长环境的人是受过高等教育的。

E.有良好成长环境的、未受过高等教育的人,少于有良好成长环境的、受过高等教育的人。

8.世界上最漂亮的狗中有一些是贵宾犬。然而,人们必须承认,所有的贵宾犬都是骄傲的,并且所有骄傲的狗都是让人觉得可爱的。

如果上面的陈述正确,下面的每一个陈述也必然是正确的,除了:

A.世界上最漂亮的狗中有一些是让人觉得可爱的。

B.一些让人觉得可爱的贵宾犬是世界上最漂亮的狗。

C.任何不让人觉得可爱的狗不是贵宾犬。

D.一些骄傲的狗属于世界上最漂亮的狗。

E.一些让人觉得可爱且最漂亮的狗不是贵宾犬。

9.有些教师有博士学位,因此,有些获得博士学位的人教学水平很高。

为使上述推理成立,必须补充以下哪个选项作为前提?

A.所有教学水平高的人都是教师。

B.所有教师的教学水平都很高。

C.有的教师教学水平很高。

D.有些教学水平很高的人并没有获得博士学位。

E.有些有博士学位的教师教学水平并不高。

10. 在精神文化不断发展进步的中国乃至全球,影视明星以其得体入时的穿着、斯文潇洒的举止,引导着社会的时尚潮流。宋承宪穿着十分得体,举止也十分斯文,一定是影视明星中的一员。
   下列哪项陈述最准确地指出了上述判断在逻辑上的缺陷?
   A. 有些影视明星穿着也很普通,举止并不潇洒。
   B. 有些穿着得体,举止斯文的人没有从事令人羡慕的影视工作。
   C. 穿着举止是一个人的爱好、习惯,也与工作性质有一定的关系。
   D. 宋承宪的穿着举止受社会时尚的影响很大。
   E. 影视明星的工作性质决定了他们应当穿着得体、举止斯文。

 本章练习深度解析

1.【答案】 B
【深度解析】 题干中,节目部主管由"有观众不喜欢新闻节目"推出了"肯定有人喜欢它"。
"有观众不喜欢新闻节目",这是一个 O 命题;
"有人喜欢它",这是一个 I 命题。
I 命题、O 命题是下反对关系。下反对关系的口诀是:不可以同假,但是可以同真。所以已知 O 命题真,则 I 命题的真假是不确定的,所以不能得出"肯定有人喜欢它"的结论。
综上所述,B 选项为正确答案。

2.【答案】 B
【深度解析】 这是一个真假话判断题,首先整理题干信息。
(1)A 命题。
(2)不属于 A、E、I、O 的任意一个命题。
(3)I 命题。
(4)O 命题。
并且题干补充了条件:上述断定中只有两个是对的。
首先,由于(1)、(4)是矛盾关系,一真一假,可以推知,(2)(3)也必定是一真一假。然后,由于(2)包含于(3),如果(2)真,则(3)真,所以(2)只能假,(3)只能真。最后,由于(2)是假的,所以王帅不会使用 Mac 操作系统,则可以推知"有人不会使用 Mac 操作系统"。
综上所述,B 选项为正确答案。

3.【答案】 C
【深度解析】 相当于,已知 I 命题为真,运用直言命题对当方阵。

A 选项,O 命题,不确定;
B 选项,A 命题,不确定;
C 选项,E 命题,假;
D 选项,不确定;

E 选项,不确定。

综上所述,C 选项为正确答案。

4.【答案】　B

【深度解析】　这是一个真假话判断题,首先整理题干信息。

甲:E 命题;

乙:非张;

丙:I 命题;

丁:O 命题;

并且题干补充了条件:四人中只有一人断定属实。

甲的 E 命题和丙的 I 命题是矛盾关系,所以一真一假。而又只有一个人的断定为真,所以真话必定出现在甲、丙之中,故可以推出,乙、丁说的都是假话。

由乙说的是假话,可知,"张同学完成了计划的任务",可以推出"有的同学完成了计划的任务"。注意,丙所说的"同学们不都没有完成计划的任务",可以变形为"有的同学完成了计划的任务"。

综上所述,B 选项为正确答案。

5.【答案】　E

【深度解析】　由题干知"有些得到国家一减一免政策的国有企业仍然未扭亏为盈",相当于已知 O 命题真,主项是"得到国家一减一免政策的国有企业",谓项是"扭亏为盈"。

A 选项、B 选项的主项、谓项与题干的已知命题一致,可以运用直言命题对当方阵。

A 选项是 E 命题,不确定。

B 选项是 A 命题,假。

C 选项的主项是"没有得到国家一减一免政策的国有企业",题干没有讨论这个话题,话题不相关,所以 C 选项是不确定的。

D 选项的主项是"非国有企业",题干没有讨论这个话题,话题不相关,所以 D 选项是不确定的。

E 选项是正确答案。题干中"这让县委书记格外着急"的程度副词"格外"是解题的关键。

综上所述,E 选项为正确答案。

【提醒】　状语、核心词前的定语、表转折的词语、结论是解题的关键。

6.【答案】　C

【深度解析】　"不参加晚自习的同学都是不努力的",主项是"不参加晚自习的同学",谓项是"不努力的",这是一个 A 命题。并非 A 命题 ＝ O 命题,所以选择 C 选项。

请注意 E 选项的主项是"参加晚自习的同学",题干没有讨论这个话题,话题不相关,所以 E 选项是不确定的,不选。

7.【答案】　B

【深度解析】　使用文氏图法。

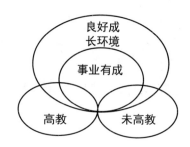

A 选项,假;

B 选项,真;

C 选项,不确定,其真假由"事业有成"圈的放缩决定;

D 选项,不确定;

E 选项,不确定。

题干"大多数受过高等教育的人都事业有成"中的"大多数"指的是"受过高等教育的所有人中超过 50％";题干"有些未受过高等教育的人同样事业有成"中的"有些"指的是"未受过高等教育的人中至少有一个",其比例关系是不确定的。

如果我们把题干改成"大多数受过高等教育的人都事业有成,小部分未受过高等教育的人同样事业有成",D 选项、E 选项依然是不确定的。因为我们只知道两个百分比,"受过高等教育的人中超过 50％"和"未受过高等教育的人中小于 50％",但我们不知道"受过高等教育的人"和"未受过高等教育的人"这两者基数的大小,所以无法进行具体人数的比较。

综上所述,B 选项为正确答案。

8.【答案】 E

【深度解析】 使用文氏图法。

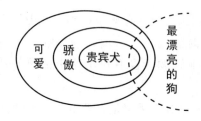

A 选项,真;

B 选项,真;

C 选项,真;

D 选项,真;

E 选项,不确定,其真假由三个圆圈的放缩决定。

综上所述,E 选项为正确答案。

9.【答案】 B

【深度解析】 这是一个直言命题三段论的推导。相当于已经给了一个前提和一个结论,要补充一个前提。根据三段论的推理规则,由于已知的前提是一个特称命题,所以必须补充一个全称命题,由此可以排除 C、D、E 选项。题干的前提中出现了"教师",而题干结论中没有"教师",所以"教师"是中项。根据三段论的推理规则,中项必须至少周延一次,所以我们选择 B 选项。

前提的"教师"是特称命题的主项,不周延;

A 选项的"教师"是肯定命题的谓项,不周延;

B 选项的"教师"是全称命题的主项,周延。

综上所述,B 选项为正确答案。

10.【答案】 B

【深度解析】 题干给了我们一个前提"宋承宪穿着十分得体,举止也十分斯文",给了一个结论"宋承宪一定是影视明星中的一员"。这其中隐藏了一个前提"所有穿着得体、举止斯文的人都是影视明星"。题干的提问要求找出题干推理逻辑上的缺陷,则我们只需要找到说明这个隐藏前提是不成立的选项即可。

综上所述,B 选项为正确答案。

第三章　复合命题

一、选言命题

（一）定义

选言命题是在几种可能的事物情况中至少有一种情况存在的命题。

选言命题由选言肢和选言联结项两部分构成：

选言肢是表示事物的可能情况的肢判断；

选言联结项是把若干个选言肢联结起来，并表示它们之间具有选择关系的概念。

【示例】　这份报表或者是数据有错误，或者是公式有错误。

"数据有错误""公式有错误"这两个是选言肢。

"或者……或者……"就是选言联结项。

（二）分类

1. 相容选言命题

【定义】　至少有一个选言肢为真，可以有多个选言肢为真的选言命题，称为相容选言命题。

一般用"P 或 Q"表示相容选言命题。

【示例】　今天中午我或者吃鸡，或者吃鸭。

如果这个命题为真，它表示了三种可能性：(1)吃鸡，没吃鸭。

(2)没吃鸡，吃鸭。

(3)吃鸡，吃鸭。

如果这个命题为假，则只有一种情况：没吃鸡，没吃鸭。

【符号表达】　$P \vee Q$　"$\vee$"读作"析取"

【负命题】　$\neg(P \vee Q) = \neg P \wedge \neg Q$

"$\wedge$"表示"且"，同时发生的意思；

"$\neg$"表示"非"，否定的意思。

【常见命题】　或者……或者……；可能……也可能……；也许……也许……；等。

2. 不相容选言命题

【定义】　有且只能有一个选言肢为真的选言命题，称为不相容选言命题。

一般用"要么 P，要么 Q"表示不相容选言命题。

【示例】　我生物学意义上的父亲，要么是张三，要么是李四。

如果这个命题为真，它表示了两种可能性：(1)是张三，不是李四。

(2)不是张三，是李四。

如果要让这个命题为假，我们从其定义上去推翻：

（是张三,且是李四）或（不是张三,且不是李四）

【符号表达】　$P \veebar Q$　"$\veebar$"读作"不相容析取"

【负命题】　$\neg(P \veebar Q)=(P \wedge Q) \vee (\neg P \wedge \neg Q)$

【常见命题】　要么……要么……;不是……就是……;……二者必居其一;等。

（三）选言命题一览表

选言命题	相容选言命题	定义	至少有一个,可以有多个选言肢同时为真的选言命题
		命题为真	至少有一个,或者有多个选言肢为真,则相容选言命题为真 若"$P \vee Q$"为真:或者 P 为真;或者 Q 为真;或者 P 与 Q 均为真
		命题为假	它的各个选言肢都为假,则相容选言命题为假 若"$P \vee Q$"为假:P 为假,且 Q 为假 $\neg P \wedge \neg Q$
		逻辑形式	或者 P,或者 Q
		符号表示	$P \vee Q$(P"析取"Q)
		常见命题	或者……或者……;可能……也可能……;也许……也许……;等
	不相容选言命题	定义	有且只能有一个选言肢为真的选言命题
		命题为真	有且仅有一个选言肢为真,则不相容选言命题为真
		命题为假	"它的各个选言肢都为假,则不相容选言命题为假"或者"有超过一个选言肢为真,则不相容选言命题为假" "$P \veebar Q$"为假:"P 假,且 Q 假";或者"P 真,且 Q 真" $(P \wedge Q) \vee (\neg P \wedge \neg Q)$
		逻辑形式	要么 P,要么 Q
		符号表示	$P \veebar Q$(P"不相容析取"Q)
		常见命题	要么……要么……;不是……就是……;……二者必居其一;等

【例 1】　"或者犹太民族的人是聪明的,或者犹太民族的人是努力的"为真,则下面命题是真,是假,还是不确定?

(1)犹太民族的人是聪明的;

(2)犹太民族的人是努力的;

(3)犹太民族的人既是聪明又是努力的;

(4)犹太民族的人不是聪明的;

(5)犹太民族的人不是努力的;

(6)犹太民族的人既不是聪明的又不是努力的。

【正确答案】　(1)不确定

(2)不确定

(3)不确定

（4）不确定

（5）不确定

（6）假

【例2】 "或者犹太民族的人是勤劳的,或者犹太民族的人是勇敢的"为假,则下面命题是真是假,还是不确定?

（1）犹太民族的人是勤劳的;

（2）犹太民族的人是勇敢的;

（3）犹太民族的人既是勤劳的又是勇敢的;

（4）犹太民族的人不是勤劳的;

（5）犹太民族的人不是勇敢的;

（6）犹太民族的人既不是勤劳的又不是勇敢的。

【正确答案】（1）假

（2）假

（3）假

（4）真

（5）真

（6）真

【例3】 "或者杨大考上了东北财经大学,或者王二没考上上海财经大学"为真。增加以下哪个选项条件,能推出杨大考上了东北财经大学?

A. 小赵和王二至少有一人未考上上海财经大学。

B. 小赵和杨大至少有一人未考上东北财经大学。

C. 小赵和王二都考上了上海财经大学。

D. 小赵和杨大都未考上东北财经大学。

E. 小赵和王二都未考上上海财经大学。

【正确答案】 C

【深度解析】 已知题干"或者杨大考上了东北财经大学,或者王二没考上上海财经大学"为真,如果"王二没考上上海财经大学"为假,那么"杨大考上东北财经大学"一定为真。

综上所述,C选项为正确答案。

> **【提醒】** 对一个为真的、两个肢的相容选言命题而言,否定一个肢,则必肯定一个肢;肯定一个肢,则另一个肢可真可假、不确定。简记为"对于一个为真的两个肢的相容选言命题,否定一个必肯定一个"。

【例4】 某大学正在组建队伍参加国际大学生围棋赛。杨明和李乔是两个候选选手。

甲说:"要么杨明入选,要么李乔入选。"

乙说:"或者杨明入选,或者李乔入选。"

组队结果说明,两人的预测只有一个成立。

上述断定能推出以下哪个结论?

A. 杨明和李乔都入选。

B. 杨明和李乔都未入选。

C. 杨明入选,李乔未入选。

D.杨明未入选,李乔入选。

E.题干的条件不足以推出两人是否入选的确定结论。

【正确答案】　A

【深度解析】　甲说的和乙说的,分别是相容选言和不相容选言命题,两个肢相同。要让这样的两个命题一真一假,只能两个肢都为真。

如果两个肢都为假,则两个命题都为假;

如果两个肢一真一假,则两个命题都为真;

如果两个肢都为真,则相容选言命题为真,不相容选言命题为假。

综上所述,A选项为正确答案。

【例5】　已知:第一,《日出日落》的首次翻译出版用的或者是法语或者是西班牙语,二者必居其一;第二,《日出日落》的首次翻译出版或者在巴黎或者在马德里,二者必居其一;第三,《日出日落》的译者或者是张平或者是刘豪,二者必居其一。

如果上述断定都是真的,则以下哪个选项也一定是真的?

Ⅰ.《日出日落》不是张平用法语在巴黎首次翻译出版的。因此,《日出日落》是刘豪用西班牙语在马德里首次翻译出版的。

Ⅱ.《日出日落》是张平用法语在马德里首次翻译出版的。因此,《日出日落》不是刘豪用西班牙语在马德里首次翻译出版的。

Ⅲ.《日出日落》的首次翻译出版是在马德里,但不是张平用法语翻译出版的。因此一定是刘豪用西班牙语翻译出版的。

A.仅Ⅰ。

B.仅Ⅱ。

C.仅Ⅲ。

D.仅Ⅱ和Ⅲ。

E.Ⅰ、Ⅱ和Ⅲ。

【正确答案】　B

【深度解析】　翻译的人有2个,翻译的地点有2个,翻译的语言有2个,共有8种组合。

"Ⅰ"描述的是:"一个事件的发生有8种可能性,排除了8种可能性中的1种后,得出了一个结论,一定是剩余7种情况中指定的1种必然发生。""Ⅰ"可能真、可能假,是不确定的;

"Ⅱ"描述的是:"一个事件的发生有8种可能性,事实上有1种已经发生了,则剩余的7种情况中指定的1种没有发生。""Ⅱ"是真的。

"Ⅲ"由于地点已经确定了,描述的是"一个事件的发生有4种可能性,排除了4种可能性中的1种后,得出了一个结论,一定是剩余3种情况中指定的1种必然发生。"所以"Ⅲ"可能真、可能假,是不确定的。

综上所述,B选项为正确答案。

【提醒】　(1)一个事件的发生有若干种可能性,排除其中一种,并不能推出剩余的某种可能性必然发生;

(2)一个事件的发生有若干种可能性,事实上某种已经发生了,则剩余的可能性没有发生。

二、联言命题

（一）定义

联言命题是断定几种事物情况同时发生的命题。

联言命题由两个以上的联言肢和联言联结项构成：

1. 联言肢是组成联言判断的肢判断；

2. 联言联结项是把各个联言肢联结起来，并表示它们之间是同时发生的。

（二）示例

杨岳是逻辑老师，并且杨岳是写作老师。

如果此命题为真，它表达了：杨岳是逻辑老师；杨岳是写作老师，二者都为真。

如果此命题为假，它表达了三种可能性：(1)杨岳不是逻辑老师，杨岳是写作老师。

　　　　　　　　　　　　　　　　　　　(2)杨岳是逻辑老师，杨岳不是写作老师。

　　　　　　　　　　　　　　　　　　　(3)杨岳不是逻辑老师，杨岳不是写作老师。

上述三种可能性可以合并表达为：杨岳不是逻辑老师，或者，杨岳不是写作老师。

（三）符号表达

$P \wedge Q$　"$\wedge$"读作"且"，表示同时发生

（四）负命题

$\neg(P \wedge Q) = \neg P \vee \neg Q$

（五）联言命题一览表

	定义	断定几种事物情况同时存在的命题
联言命题	命题为真	所有联言肢同时为真，则联言命题为真
	命题为假	只要有一个联言肢为假，则联言命题为假　　　$\neg P \vee \neg Q$
	逻辑形式	P 并且 Q
	符号表示	$P \wedge Q$（P"合取"Q）
	常见命题	并且；既……又……；不但……而且……；一面……一面……；虽然……但是……

【例6】"王志在公司里既做技术又做管理"为假，那么下面命题是真是假，还是不确定？

(1)王志在公司里做技术；

(2)王志在公司里做管理；

(3)王志在公司里不做管理；

(4)王志在公司里不做技术；

(5)王志在公司里既不做技术又不做管理。

【正确答案】 (1)不确定

(2)不确定

(3)不确定

(4)不确定

(5)不确定

三、负命题

(一)负命题的结构

负命题由两部分构成:原命题和否定联结词。

我们用 P 来表示原命题,则 P 的负命题用"并非 P"表示,记作"→ P"。

负命题的常用形式还有:"并不是 P""非 P""P 是假的"等。

> 【提醒 1】 负命题不同于直言命题中的否定命题,二者否定的对象不同。
>
> (1)直言命题中的否定命题,如"所有 S 不是 P""有些 S 不是 P",其中的联结项"不是",是对谓项的否定。
>
> (2)负命题"并非 P"中,否定联结词是对整个命题 P 的否定。

> 【提醒 2】 一个命题的负命题,等于这个命题的矛盾命题。
>
> 因为一个命题与其矛盾命题之间是矛盾关系,而一个命题与其负命题之间也是矛盾关系。
>
> 原命题假,则它的负命题真;原命题真,则它的负命题假;
>
> 负命题真,则它的原命题假;负命题假,则它的原命题真。

(二)直言命题的负命题

命题	命题的逻辑符号	负命题	负命题的逻辑符号	负命题等值于
所有 S 都是 P	A	并非所有 S 都是 P	→A	A 命题的负命题等值于 O 命题
				"并非所有 S 都是 P"等值于"有些 S 不是 P"
				→A↔O
所有 S 都不是 P	E	并非所有 S 都不是 P	→E	E 命题的负命题等值于 I 命题
				"并非所有 S 都不是 P"等值于"有些 S 是 P"
				→E↔I

命题	命题的逻辑符号	负命题	负命题的逻辑符号	负命题等值于
有些 S 是 P	I	并非有些 S 是 P	→I	I 命题的负命题等值于 E 命题
				"并非有些 S 是 P"等值于"所有 S 都不是 P"
				→I↔E
有些 S 不是 P	O	并非有些 S 不是 P	→O	O 命题的负命题等值于 A 命题
				"并非有些 S 不是 P"等值于"所有的 S 是 P"
				→O↔A

（三）联言命题、选言命题的负命题

命题		负命题	负命题等值于
联言命题	P 并且 Q	并非 P 并且 Q	并非 P 并且 Q↔或者 P 假或者 Q 假
		"P 并且 Q"是假的	→(P∧Q)＝→P∨→Q
	只要有一个联言肢为假，联言命题即为假，则联言命题的负命题为真		
	联言命题的负命题是一个相容选言命题		
相容选言命题	P 或者 Q	并非 P 或者 Q	并非 P 或者 Q↔P 假并且 Q 假
		"P 或者 Q"是假的	→(P∨Q)＝→P∧→Q
	所有选言肢都是假的，相容选言命题才是假的，则相容选言命题的负命题为真		
	相容选言命题的负命题是一个联言命题		
不相容选言命题	要么 P，要么 Q	并非要么 P，要么 Q	并非要么 P，要么 Q↔非 P 且非 Q，或者 P 且 Q
		"要么 P，要么 Q"是假的	→(P∨Q)＝(P∧Q)∨(→P∧→Q)
	在"各个选言肢都为假"或者"有超过一个选言肢为真"的情况下，不相容选言命题为假，则不相容选言命题的负命题为真		
	两个肢的不相容选言命题的负命题是一个相容选言命题，其两个肢都是联言命题		

（四）联言、选言判断的数字表示

如果我们用数字 0、1、2 表示 P、Q 事件发生的情况，可以有以下几种情况：0 表示 P、Q 都不发生；1 表示 P、Q 中只发生一个（也就是要么 P，要么 Q）；2 表示 P、Q 都发生（也就是 P 且 Q）。请认真学习下表：

命题	数字表示	对应负命题	数字表示
P 且 Q	2	非 P 或者非 Q	0、1
P 或 Q	1、2	非 P 且非 Q	0
要么 P,要么 Q	1	P 且 Q;非 P 且非 Q	2,0

【提醒】 若"P"表示"P 事件发生","非 P"表示"P 事件不发生";"Q"表示"Q 事件发生","非 Q"表示"Q 事件不发生":

"P、Q 同时发生", 记为: $P \wedge Q$

"P、Q 同时不发生", 记为:$\neg P \wedge \neg Q$

"P、Q 至少有一个发生",记为: $P \vee Q$

"P、Q 至多有一个发生",记为:$\neg P \vee \neg Q$

【例7】 并非王平负责生产或者负责设计工作。

如果上述陈述为真,以下哪个选项陈述与题干等值?

A. 王平既不负责生产也不负责设计。

B. 王平负责设计但不负责生产。

C. 王平负责生产但不负责设计。

D. 如果王平不负责设计,那么他负责生产。

E. 如果王平负责设计,那么他不负责生产。

【正确答案】 A

【深度解析】 并非(生产或设计)=非生产且非设计

符号表达为:

$\neg$(生产 $\vee$ 设计)=$\neg$生产 $\wedge$ $\neg$设计

综上所述,A 选项为正确答案。

【例8】 一对夫妻闹别扭,妻子生气地说:"要么离婚,要么分居。"丈夫说:"我不同意。"

根据丈夫的回答,以下哪个选项实际上是丈夫必须同意的?

A. 离婚但不分居。

B. 分居但不离婚。

C. 既不离婚也不分居。

D. 既离婚又分居。

E. 如果做不到既不离婚也不分居,那么就必须接受离婚又分居。

【正确答案】 E

【深度解析】 并非(要么离婚,要么分居)=(不离婚且不分居)或(离婚且分居)

E 选项运用了:对于一个为真的两个肢的相容选言命题,否定一个必肯定一个。

综上所述,E 选项为正确答案。

【例9】 并非帝都俱乐部的会员都是北京人并且都是企业主。

如果上述断定是真的,那么,下述哪项一定是真的?

A. 帝都俱乐部的会员都不是北京人,并且帝都俱乐部的会员都不是企业主。

B. 帝都俱乐部的会员都不是北京人,或者帝都俱乐部的会员都不是企业主。

C.帝都俱乐部的会员不都是北京人,并且帝都俱乐部的会员不都是企业主。

D.帝都俱乐部的会员不都是北京人,或者帝都俱乐部的会员不都是企业主。

E.帝都俱乐部的会员有的不是北京人,并且帝都俱乐部的会员不都是企业主。

【正确答案】 D

【深度解析】 并非(帝都俱乐部的会员都是北京人　且　帝都俱乐部的会员都是企业主)

＝有的帝都俱乐部的会员不是北京人　或　有的帝都俱乐部的会员不是企业主

体会如下变形:

帝都俱乐部的会员不都是北京人＝有的帝都俱乐部的会员不是北京人

帝都俱乐部的会员不都是企业主＝有的帝都俱乐部的会员不是企业主

请注意,题干是求一个联言命题的负命题,而联言命题的负命题是一个相容选言命题,由此可以直接排除 A 选项、C 选项、E 选项。

综上所述,D 选项为正确答案。

四、假言命题

(一)假言命题的基本常识

假言命题是断定一事物情况存在是另一事物情况存在的条件的命题,也叫条件命题。它反映客观事物之间存在着条件与结果的关系。

假言命题由前件、后件、联结项三个部分组成:

前件是表示条件的肢判断;

后件是表示结果的肢判断;

联结项是把前件和后件联系起来,并表示前件与后件之间一定关系的概念。

【示例】 如果天下雨,那么地湿。

前件:天下雨。

后件:地湿。

联结项:如果……那么。

条件关系主要有三种,即充分条件、必要条件和充要条件。

(1)充分条件。充分条件就是产生某一结果的充足的条件。有这个条件,结果是确定的(肯定有);没有这个条件,结果是不确定的(可能有,也可能没有)。

(2)必要条件。必要条件就是产生某一结果所必需的不可缺少的条件。没有这个条件,一定不会产生结果;有这个条件,不一定会产生结果(可能有,也可能没有)。

(3)充要条件。既是产生某一结果的充分条件,又是必要条件,就称为充要条件。有此条件必有此结果;无此条件必无此结果。

(二)充分条件假言命题

【定义】 前件是后件的充分条件的假言命题,称为充分条件假言命题。

一般用"如果 P,那么 Q"表示充分条件假言命题。

【符号表达】 P→Q(P 蕴含 Q)

【负命题】 P 且非 Q 　(P∧¬Q)

【提醒】　从充分条件假言命题的定义出发来理解其负命题。原命题说 P 是 Q 的充分条件,负命题就是要说明 P 不是 Q 的充分条件,"P 且非 Q"证明了 P 不是 Q 的充分条件。

【常见命题】　如果……那么……;只要……就……;若……则……;所有……都……;等。

【提醒】　(1)"若……则……"是"如果……那么……"的文言表达形式;

(2)请注意区分"只要……就……"和"只有……才……"。

"只要……就……"表充分条件,

"只有……才……"表必要条件;

(3)"所有 S 都 P"等于"如果 S 那么 P"(重要的等价变换)。

【充分条件假言命题一览表】

充分条件假言命题	定义	前件是后件的充分条件的假言命题
	逻辑形式	如果 P,那么 Q(其中 P 是前件,Q 是后件)
	符号表示	P→Q(P 蕴含 Q)
	真假判断	如果前件是后件的充分条件,那么这个"充分条件假言命题"为真
		如果前件不是后件的充分条件,那么这个"充分条件假言命题"为假
	常见命题	如果……那么……;只要……就……;若……则……;所有……都……;等
	★对于一个真的充分条件的假言判断来说,它的前件与后件的真假值情况有下面三种: (1)前件真后件真;(2)前件假后件真;(3)前件假后件假	

【例 10】　如果宋江是教师,那么他一定学过教育学。

上述判断是基于以下哪个前提作出的?

A.一个好教师应该学习教育学。

B.只有学过教育学的人才可以做教师。

C.有的教师真的不懂教育学。

D.教育学知识有助于提高教学效果。

E.宋江曾经说过他非常喜欢教育学。

【正确答案】　B

【提醒】　充分条件假言命题和必要条件假言命题可以互相转化,只需要把条件和结果交换位置,则充分变必要,必要变充分。

用公式表达为:如果 P,那么 Q=只有 Q,才 P

【例 11】　如果你在 2002 年购买联想电脑,则一定安装了 Windows XP 操作系统。

这一断定可由以下哪个选项得出?

A.只有 2002 年购买的联想电脑才安装 Windows XP 操作系统。

B.2002 年市场上的联想电脑都是 2001 年生产的。

C. 2002 年以前市场上的联想电脑不安装 Windows XP 操作系统。

D. 2002 年市场上的所有电脑都安装 Windows XP 操作系统。

E. Windows XP 操作系统在 2001 年已经开发出来了。

【正确答案】　D

> 【提醒】　所有 S 都是 P ＝ 如果 S,那么 P
>
> 　　　　所有 S 都是非 P ＝ 如果 S,那么非 P
>
> 请注意,上述公式有两个运用思路:
>
> (1)一个全称命题,可以变成一个等价的充分条件假言命题;
>
> (2)一个充分条件假言命题,可以变成一个等价的全称命题。

(三)必要条件假言命题

【定义】　前件是后件的必要条件的假言命题,称为必要条件假言命题。

一般用"只有 Q,才 P"表示必要条件假言命题。

【符号表达】　Q←P（Q 反蕴含 P）

【负命题】　非 Q 且 P（→Q∧P）

> 【提醒】　从必要条件假言命题的定义出发来理解其负命题。原命题说 Q 是 P 的必要条件,负命题就是要说明 Q 不是 P 的必要条件,"非 Q 且 P"证明了 Q 不是 P 的必要条件。

【常见命题】　只有……才……;必须……才……;不……不……;没有……就没有……;除非……否则……;如果不……;那么不……;等。

> 【提醒】　(1)如果不 A,那么不 B＝不 A 不 B ＝ 没有 A 没有 B ＝ 只有 A,才 B
>
> (2)除非……否则…… ＝ 只有……才非……。
>
> (3)"必须"后面跟的一般是必要条件。

【必要条件假言命题一览表】

	定义	前件是后件的必要条件的假言命题
必要条件假言命题	逻辑形式	只有 Q,才 P(其中 Q 表示前件,P 表示后件)
	符号表示	Q←P(Q 反蕴含 P)
	真假判断	如果前件是后件的必要条件,那么这个"必要条件假言命题"为真
		如果前件不是后件的必要条件,那么这个"必要条件假言命题"为假
	常见命题	只有……才……;必须……才……;不……不……;没有……就没有……;除非……否则……;如果不……;那么不……;等
	★对于一个真的必要条件假言判断来说,它的前件与后件的真假情况有下面三种: (1)前件假后件假;(2)前件真后件真;(3)前件真后件假	

【例 12】　只有总体素质高的大学生,才能考上公务员。

如果这个断定成立,则以下哪个选项一定为真?

A.杨真儿是总体素质高的大学生,所以她考上了公务员。

B.小赵考上了公务员,所以他的总体素质一定不低。

C.有越来越多的大学生准备考公务员。

D.总体素质高低,和考上公务员没有关系。

E.总体素质高的大学生,也可以考研究生。

【正确答案】　B

【深度解析】　题干说明了"总体素质高的大学生"是"考上公务员"的必要条件。

A 选项,把"总体素质高的大学生"理解成了"考上公务员"的充分条件,排除;

B 选项,肯定了结果"考上公务员",肯定可以推出结果的必要条件,正确答案;

C 选项,话题不相关,排除;

D 选项,"总体素质高低"和"考上公务员"有关系,题干已经清楚说明了,排除;

E 选项,话题不相关,排除。

综上所述,B 选项为正确答案。

【例 13】　方正证券准备在全市范围内开展一次证券投资竞赛。在竞赛报名事宜里规定有"没有证券投资实际经验的人不能参加本次比赛"这一条。黄伟曾经在很多大的投资公司中实际从事过证券买卖操作。

那么,关于黄伟,以下哪个选项是根据上文能够推出的结论?

A.他一定可以参加本次比赛,并获得优异成绩。

B.他参加比赛的资格将取决于他证券投资经验的丰富程度。

C.他一定不能参加本次比赛。

D.他可能具有参加本次比赛的资格。

E.他参加比赛的资格将取决于他以往证券投资的业绩。

【正确答案】　D

【深度解析】　规定是:"没有证券投资实际经验的人不能参加本次比赛"。根据"没有 A 没有 B ＝ 只有 A,才 B",所以题干表达了"证券投资实际经验"是"参加本次比赛"这个结果的必要条件。

黄伟具备这个必要条件,所以他可能具有参加本次比赛的资格,可能不具有参加本次比赛的资格。

请注意:只具备一个必要条件,是无法推出一个必然性结论的,A 选项、C 选项出现了"一定",所以直接排除。

综上所述,D 选项为正确答案。

【例 14】　有人说:"只有参加辅导班的 MBA 考生才能考上研究生。"

如果以上命题是真的,可能或一定出现的情况是:

Ⅰ.某 MBA 考生参加辅导班,没有考上研究生。

Ⅱ.某 MBA 考生没有参加辅导班,考上研究生。

Ⅲ.某 MBA 考生没有参加辅导班,没有考上研究生。

Ⅳ.某 MBA 考生参加辅导班,考上研究生。

A.仅Ⅳ

B.仅Ⅱ、Ⅲ

C.仅Ⅲ、Ⅳ

D.仅Ⅱ、Ⅲ、Ⅳ

E.仅Ⅰ、Ⅲ、Ⅳ

【正确答案】　E

【深度解析】　根据必要条件假言命题的前后件真假值关系。

Ⅰ可能真（前件真，后件假）；

Ⅱ必然假（前件假，后件真）；

Ⅲ必然真（前件假，后件假）；

Ⅳ可能真（前件真，后件真）。

综上所述，E选项为正确答案。

（四）充要条件假言命题

【定义】　前件是后件的充分必要条件的假言命题，称为充要条件假言命题。

一般用"只要而且只有P，才Q"表示充要条件假言命题。

【符号表达】　P↔Q（P 等值 Q）

【负命题】　（P 且 非 Q）或（非 P 且 Q）

从充要条件假言命题的定义出发来理解其负命题。原命题说 P 是 Q 的充要条件，负命题就是要说明，P 不是 Q 的充分条件，或 P 不是 Q 的必要条件。"P 且 非 Q"证明了 P 不是 Q 的充分条件，"非 P 且 Q"证明了 P 不是 Q 的必要条件。"P 且 非 Q"和"非 P 且 Q"这两者中，只要有一者成立，就推翻了 P 对于 Q 的充要性，所以二者用"或"相连。

【常见命题】　如果……那么……并且只有……才……；只要……就……并且只有……才……；……当且仅当……

> 【提醒】　充要条件假言命题最常见的考查形式是"……当且仅当……"，两个省略号何者为 P 何者为 Q 没有区别，因为充要条件假言命题的前后件是"同真同假"的关系。

【充要条件假言命题一览表】

	定义	前件是后件的充要条件的假言命题
充要条件假言命题	逻辑形式	只要而且只有P，才有Q
	符号表示	P↔Q（P 等值 Q）
	真假判断	如果前件是后件的充要条件，那么这个"充要条件假言命题"为真
		如果前件不是后件的充要条件，那么这个"充要条件假言命题"为假
		一个假言判断，只有当其前后件具有逻辑上的等值关系（即两个判断间的同真同假关系）时，它才是一个真的充要条件假言判断
		★如果一个充要条件假言判断是真的，必须同时满足以下两个条件： (1)前件真后件真；(2)前件假后件假
		★在下列两种情况下，"充要条件假言判断"为假： (1)前件真后件假；(2)前件假后件真
	常见命题	如果……那么……并且只有……才……；只要……就……并且只有……才……；……当且仅当……

(五)假言命题的负命题

	命题	负命题	负命题等值于
充分条件假言命题	如果 P,那么 Q	并非"如果 P,那么 Q"	并非 如果 P,那么 Q↔P 且非 Q
		"如果 P,那么 Q"是假的	
		有 P,但是非 Q(P 且非 Q)	
	在"有 P,但是非 Q"(前件真,后件假)情况下,充分条件假言命题为假,则其负命题为真		
	充分条件假言命题的负命题,等值于一个相应的联言命题		
必要条件假言命题	只有 Q,才 P	并非"只有 Q,才 P"	并非 只有 Q,才 P↔非 Q 且 P
		"只有 Q,才 P"是假的	
		非 Q,但是 P(非 Q 且 P)	
	在"非 Q,但是 P"(前件假,后件真)情况下,必要条件假言命题为假,则其负命题为真		
	必要条件假言命题的负命题,等值于一个相应的联言命题		
充要条件假言命题	只要而且只有 P,才 Q	并非"只要而且只有 P,才 Q"	并非 只要而且只有 P,才 Q↔(P 且非 Q)或(非 P 且 Q)
		"只要而且只有 P,才 Q"为假	
		P,且非 Q 或者 非 P,且 Q	
	在"(P 且非 Q)或(非 P 且 Q)"(前件真后件假,或前件假后件真)的情况下,充要条件假言命题为假,则其负命题为真		
	充要条件假言命题的负命题,等值于两个相应的联言命题构成的相容选言命题		

【例 15】　小雅:"每当我看悲剧电影,我就睡不着。"

小美:"我恰恰相反。"

以下哪个选项是小美的意思?

A. 我不看悲剧电影,就睡不着。　　　　B. 我看悲剧电影,也能睡着。

C. 我不看悲剧电影,才能睡着。　　　　D. 我不看悲剧电影,就能睡着。

E. 看悲剧电影和睡觉没有关系。

【正确答案】　B

【深度解析】　小雅给的是原命题:如果看悲剧电影,那么睡不着,即如果 P,那么 Q;

小美是求小雅的负命题:P 且 非 Q。

综上所述,B 选项为正确答案。

【例 16】　在评价一个企业领导者的能力时,有人说:"如果企业能获得利润,其领导者的能力就是强的。"

以下各项都是对上述看法的质疑,除了:

A. 某电脑公司领导层用牺牲企业长远利益的办法获得近期利润。

B. 某化肥厂领导采取不正当竞争,损害其他单位利益,获得自己企业的利润。

C. 某地的钢铁厂连年利润可观,但领导层中挖出了一个贪污集团。

D. 某冰箱厂的领导任人唯亲,工厂越办越糟,群众意见很大。

E. 某粮油公司近几年获利在同行中名列前茅,但有逃避关税的问题。

【正确答案】 D

【深度解析】 原命题是:如果企业获得利润,那么领导者能力强,即如果 P,那么 Q;
其负命题是:P 且 非 Q。

题干求"以下各项都是对上述看法的质疑,除了",即求的是不满足其负命题表达形式的选项。选择 D 选项,因为该选项没有 P,即该企业没有利润。

综上所述,D 选项为正确答案。

(六)假言命题的运用技巧

1. 充分、必要假言命题间的形式转换

充分条件假言命题和必要条件假言命题之间可以互相转化,只需要把条件和结果交换位置,则充分变必要,必要变充分。

即:如果 P,那么 Q ＝ 只有 Q,才 P

★2. 万能公式(充分条件、必要条件假言命题的矛盾与等价命题)

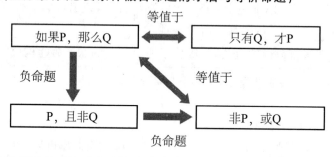

【提醒】 万能公式的两个运用思路:

(1)真假话判断题:将题干给的假言命题,通过万能公式转化为相容选言命题;

(2)推理题:将题干给的相容选言命题,通过万能公式转化为充分条件假言命题。

【例 17】 古代一位将军率领张、王、李、赵、钱五位队长一起打猎,每人的箭上均刻有自己的姓氏。围猎中,一只狼中箭倒下,但却不知是何人所射。将军令众队长猜测。

张说:"或者是我射中的,或者是李队长射中的。"

王说:"不是钱队长射中的。"

李说:"如果不是赵队长射中的,那么就是王队长射中的。"

赵说:"既不是我射中的,也不是王队长射中的。"

钱说："既不是李队长射中的，也不是张队长射中的。"

将军令人把射中狼的箭拿来，看了看，说："你们五位队长的猜测，只有两个人的话是真的。"

根据将军的话，可判定以下哪个选项是对的？

A. 张队长射中此狼。

B. 王队长射中此狼。

C. 李队长射中此狼。

D. 赵队长射中此狼。

E. 钱队长射中此狼。

【正确答案】　E

【深度解析】　这是一个真假话判断题。思路是运用万能公式，将题干信息中的假言命题，转化为相容选言命题，然后再观察题干条件之间的关系。

我们用"张"表示"张射中狼"，"非张"表示"张没有射中狼"，依此类推。

(1)张说：张 或 李

(2)王说：非钱

(3)李说：赵 或 王

(4)赵说：非赵 且 非王

(5)钱说：非张 且 非李

对题干信息进行整理后，可以清晰得出，(1)和(5)是矛盾关系，(3)和(4)是矛盾关系，都是一真一假。由于题干告知"只有两个人的话是真的"，很明显推知(2)是假的，所以"非钱"是假的，"钱"是真的，所以钱射中了狼。

综上所述，E选项为正确答案。

本章练习

1. 彭微和刘攀登是特长班的同学，他们是无话不说的好朋友，他们发现班里每一个人或者喜欢舞蹈，或者喜欢音乐。彭微喜欢舞蹈，刘攀登不喜欢音乐。

根据以上陈述，以下哪个选项必定为真？

Ⅰ. 刘攀登喜欢舞蹈。

Ⅱ. 彭微不喜欢音乐。

Ⅲ. 特长班不喜欢舞蹈的人喜欢音乐。

Ⅳ. 特长班的人一半喜欢舞蹈，一半喜欢音乐。

A. 只有Ⅰ。

B. 只有Ⅲ。

C. 只有Ⅰ和Ⅱ。

D. 只有Ⅰ、Ⅲ。

E. 只有Ⅱ、Ⅲ、Ⅳ。

2. 对本次省博物馆陶瓷展的所有展品进行观赏，没有发现商周时期展品。

如果以上陈述为假，则以下哪个选项一定为真？

Ⅰ. 或者有的展品没有进行观赏，或者发现了商周时期展品。

Ⅱ. 虽然有的展品没有进行观赏，但还是发现了商周时期展品。

Ⅲ. 如果对所有的展品进行了观赏,则一定发现了商周时期展品。

　A. 只有Ⅰ。

　B. 只有Ⅱ。

　C. 只有Ⅲ。

　D. 只有Ⅰ和Ⅲ。

　E. 只有Ⅱ和Ⅲ。

3. 这两个《规定》或者属于规章,或者属于规范性文件,任何人均无权依据这两个《规定》将本来属于当事人选择公证的事项规定为强制公证的事项。

　根据以上信息,可以得出以下哪个选项一定为真?

　A. 将本来属于当事人选择公证的事项规定为强制公证的事项属于违法行为。

　B. 这两个《规定》如果一个属于规章,那么另一个属于规范性文件。

　C. 规章或规范性文件或者不是法律,或者不是行政法规。

　D. 这两个《规定》如果都不属于规范性文件,那么就属于规章。

　E. 规章或者规范性文件既不是法律,也不是行政法规。

4. 关于确定参加数学竞赛的人选,甲、乙、丙三位老师的意见分别是:

　甲:如果不选派李同学,那么不选派王同学。

　乙:如果不选派王同学,那么选派李同学。

　丙:要么选派李同学,要么选派王同学。

　以下诸项中,同时满足甲、乙、丙三人意见的方案是:

　A. 选派李同学,不选派王同学。

　B. 选派王同学,不选派李同学。

　C. 两人都选派。

　D. 两人都不选派。

　E. 不存在这样的方案。

5. 如果甲和乙都没有通过职业技能鉴定的话,那么丙就一定通过了。

　上述前提再增加以下哪个选项,就可以推出"甲通过了职业技能鉴定"的结论?

　A. 丙通过了。

　B. 丙没有通过。

　C. 乙没有通过。

　D. 乙和丙都没有通过。

　E. 乙和丙都通过了。

6. 并非徐同学负责考勤或者负责卫生工作。

　如果上述陈述为真,以下哪个选项陈述与题干等值?

　A. 徐同学既不负责考勤也不负责卫生。

　B. 徐同学负责卫生但不负责考勤。

　C. 徐同学负责考勤但不负责卫生。

　D. 如果徐同学不负责卫生,那么他负责考勤。

　E. 如果徐同学负责卫生,那么他不负责考勤。

7. 刘子豪并非既懂股票又懂基金。

　如果上述断定为真,那么下述哪项断定必定为真?

A. 刘子豪懂基金但不懂股票。

B. 刘子豪懂股票却不懂基金。

C. 刘子豪既不懂股票也不懂基金。

D. 如果刘子豪懂股票,那么他一定不懂基金。

E. 如果刘子豪不懂基金,那么他一定懂股票。

8. 张华对女朋友李京说:如果我这次中了奖,我就送你一个白金戒指。李京说:你说的是假话,骗人。

以下哪个选项最能表述李京的意思?

A. 你没中奖,也没送我白金戒指。

B. 你中了奖,送了我白金戒指。

C. 你中了奖,但是没送我白金戒指。

D. 你没中奖,却送了我白金戒指。

E. 以上都不是李京的意思。

9. 并非只有进大公司才能成为精英。

与这一判断等值的是哪项?

A. 不进大公司就不能成为精英。

B. 不进大公司但也能成为精英。

C. 如果进大公司,就能成为精英。

D. 并非如果不成为精英就是没进大公司。

E. 进大公司和成为精英有密切的关系。

10. 关于选派哪位同学参加全国大专辩论赛,甲、乙、丙三位老师的意见分别是:

甲:如果不选派方同,那么不选派王兵。

乙:如果不选派王兵,那么选派方同。

丙:要么选派方同,要么选派王兵。

以下诸项中,同时满足甲、乙、丙三人意见的方案哪项?

A. 选派方同,不选派王兵。

B. 选派王兵,不选派方同。

C. 两人都选派。

D. 两人都不选派。

E. 不存在这样的方案。

11. 某校要推选一位省级优秀毕业生,推举委员会提出,作为省级优秀毕业生的候选人须满足如下的要求:

(1)各门课程的成绩都是优;

(2)是足球爱好者或者是篮球爱好者;

(3)挑战杯比赛中得过名次或者在省级以上学术期刊上发表过文章。

如果一定要推选出一位省级优秀毕业生,那么对于下列条件:

Ⅰ.既是足球爱好者又是篮球爱好者。

Ⅱ.各门课程的成绩都是优并且在省级以上学术期刊上发表过文章。

Ⅲ.既在挑战杯比赛中得过名次又是足球爱好者。

Ⅳ.各门课程的成绩都是优。

哪些是可以不满足的？

A. 仅Ⅰ和Ⅲ。

B. 仅Ⅱ和Ⅲ。

C. 仅Ⅲ和Ⅳ。

D. 仅Ⅰ、Ⅱ和Ⅲ。

E. Ⅰ、Ⅱ、Ⅲ和Ⅳ。

12. 秦城公安系统收容了一批当地吸毒犯，其中发现有艾滋病毒感染者。另据有关统计数据显示，近年来中国的艾滋病毒感染病例呈现出明显上升趋势。艾滋病的感染途径按其感染率，第一位是静脉注射吸毒，其次是同性恋，再次是卖淫嫖娼。除此以外，没有其他感染途径。

如果上述断定是真的，并且上述统计数据是准确反映事实的，则以下哪个选项的断定也一定是真的？

Ⅰ. 该批吸毒犯中有用静脉注射方式吸毒的。

Ⅱ. 该批吸毒犯中有同性恋者。

Ⅲ. 该批吸毒犯中有卖淫嫖娼者。

A. Ⅰ、Ⅱ和Ⅲ。

B. 仅Ⅰ。

C. 仅Ⅱ。

D. 仅Ⅲ。

E. Ⅰ、Ⅱ和Ⅲ都不一定是真的。

13. 孔子说：己所不欲，勿施于人。

下面哪一个选项不是上面这句话的逻辑推论？

A. 只有己所欲，才能施于人。

B. 若己所欲，则施于人。

C. 除非己所欲，否则不施于人。

D. 凡施于人的都应该是己所欲的。

E. 如果施于人，必为己所欲。

14. 北影的一位老师对学生说："不想当明星的演员一定不是一个好演员。"

老师的这句话与下列哪句话的含义是相同的？

A. 想当明星的演员就一定是好演员。

B. 除非想当明星，否则不是一个好演员。

C. 坏演员是不想当明星的。

D. 坏演员也是想当明星的。

E. 不想当明星的演员，也可以是一个好演员。

15. 所有参加此次运动会的选手都是身体强壮的运动员，所有身体强壮的运动员都是很少生病的，但是有一些身体不适的选手参加了此次运动会。

以下哪个选项不能从上述前提中得出？

A. 有些身体不适的选手是极少生病的。

B. 极少生病的选手都参加了此次运动会。

C. 有些极少生病的选手感到身体不适。

D. 有些身体强壮的运动员感到身体不适。

E.参加此次运动会的选手都是极少生病的。

16.某国的国民都分别居住在两座城中,一座"真城",一座"假城"。所有真城的人都说真话,所有假城的人都说假话。得知这一情况的某国外游客来到两城中的某一座城市,他只向遇到的该国国民提了一个问题,就明白了自己所到的是真城还是假城。

这位国外游客提了下列哪个问题呢?

A.你是真城的人吗?

B.你是假城的人吗?

C.你是说真话的人吗?

D.你是说假话的人吗?

E.你是这座城的人吗?

17.杨、徐、邬、黄四人进入辩论赛的决赛。甲、乙、丙、丁四位老师对决赛结果有如下预测:

甲:小杨未进决赛,除非小邬进决赛。

乙:小杨进决赛,小邬未进决赛。

丙:如果小徐进决赛,则小黄未进决赛。

丁:小徐和小邬都未进决赛。

如果四位老师的预测只有一个不对,则以下哪个选项一定为真?

A.甲的预测错,小杨进决赛。

B.乙的预测对,小邬未进决赛。

C.丙的预测对,小徐未进决赛。

D.丁的预测错,小徐进决赛。

E.甲和乙的预测都对,小邬未进决赛。

18.华电集团总部人力资源部在一次对所有员工进行绩效检查后,甲、乙、丙三位人力资源部人员有如下结论:

甲:有的员工存在绩效问题。

乙:有的员工不存在绩效问题。

丙:张宏和肖飞两个员工不存在绩效问题。

如果上述三个结论只有一个正确,则以下哪个选项一定为真?

A.张宏和肖飞都不存在绩效问题。

B.张宏和肖飞都存在绩效问题。

C.张宏存在绩效问题,但肖飞不存在绩效问题。

D.张宏不存在绩效问题,但肖飞存在绩效问题。

E.上述断定都不一定为真。

19.中天集团要招聘 5 名直接参加欧洲事业部管理的职员。最不可能被录用的是学历在大专以下,或是完全没有管理工作经验的人;在有可能被录用的人中,懂德语或懂法语将大大增加被录用的可能性。

如果上述断定是真的,那么以下哪个选项所言及的报名者最有可能被录用?

A.宋缺现年 35 岁,中专学历,毕业后一直没有放松学习,曾到北京经济学院进修过半年。最近,他刚辞去已任职 5 年的华天酒店经理的职务。

B.黄维是某大学商学院教授,博士研究生学历,出版过管理学专著。出于经济的考虑,她表示如被录用将辞去学校工作。

C. 杨霞是广东外语外贸大学专科班的应届毕业生,在学校学习期间,曾任过某公司业务部见习经理。

D. 王琦是北京外国语大学 2005 届本科毕业生,毕业后当过 2 年涉外导游和近 3 年专职翻译,精通德语和法语。

E. 老蒋曾是南方涉外集团公司的老总,曾被誉为是无学历、无背景、白手起家的传奇式企业家。

20. 大小行星悬浮在太阳系边缘,极易受附近星体引力作用的影响。据研究人员计算,有时这些力量会将彗星从奥尔特星云拖出。这样,它们更有可能靠近太阳。两位研究人员据此分别作出了以下两种有所不同的断定:

(1)木星的引力作用要么将它们推至更小的轨道,要么将它们逐出太阳系;

(2)木星的引力作用或者将它们推至更小的轨道,或者将它们逐出太阳系。

如果上述两种断定只有一种为真,可以推出以下哪个选项结论?

A. 木星的引力作用将它们推至最小的轨道,并且将它们逐出太阳系。

B. 木星的引力作用没有将它们推至最小的轨道,但是将它们逐出太阳系。

C. 木星的引力作用将它们推至最小的轨道,但是没有将它们逐出太阳系。

D. 木星的引力作用既没有将它们推至最小的轨道,也没有将它们逐出太阳系。

E. 木星的引力作用如果将它们推至最小的轨道,就不会将它们逐出太阳系。

21. 某酒店发生了一起凶杀案,经调查:

第一、罪犯或者用的是枪,或者用的是匕首,二者必居其一。

第二、案发时间或者是凌晨六点,或者在晚上十点,二者必居其一。

第三、罪犯或者是甲,或者是乙,二者必居其一。

如果以上断定是真的,那么以下哪个选项也一定是真的?

(1)死者不是甲用枪在凌晨六点杀害的,因此,死者是乙用匕首在晚上十点杀害的。

(2)死者是甲用枪在晚上十点杀害的,因此,死者不是乙用枪在晚上十点杀害的。

(3)案发时间是凌晨六点,但死者不是甲用枪杀害的,因此,死者一定是乙用匕首杀害的。

A. 仅(1)。　　　　　　　　　　　　　　B. 仅(2)。

C. 仅(3)。　　　　　　　　　　　　　　D. 仅(1)(2)(3)。

E. 仅(2)和(3)。

【22～23 基于以下同一个题干】

22. 对于上市公司而言,有分红的企业才能发行新的股票。可是,如果一个企业有分红,那它就不需要融资。如果它需要融资,就没有办法分红。

如果以上陈述为真,以下哪个选项陈述不可能为假?

A. 一个上市公司不需要融资,或者不是有分红的企业。

B. 一个上市公司需要融资,或者是没有分红的企业。

C. 一个上市公司不需要发行新股票,或者不是有分红的企业。

D. 一个上市公司融资的唯一渠道是发行新股票。

E. 一个上市公司需要融资,或者是有分红的企业。

23. 如果以上陈述为真,以下哪个选项陈述不可能为真?

A. 一个上市公司需要融资,而且没有办法分红。

B. 一个上市公司不是需要融资,就是没有办法分红。

C. 一个上市公司不需要融资,就一定会分红。

D. 一个上市公司既需要融资,也有办法分红。

E. 一个上市公司需要融资,则有办法分红。

24. 甲、乙、丙三位老师正在对三位同学期末考试的英语成绩走势进行预测。

甲说:"王婷的成绩会有一些上升,但不能期望过高。"

乙说:"蔡石的成绩可能下跌,除非王婷的成绩上升超过 5%。"

丙说:"如果蔡石的成绩上升,李萍的成绩也会上升。"

三位老师果然厉害,期末考试后的英语成绩表明他们的预言都对,而且李萍的成绩下跌了。

以下哪个选项叙述最可能是那一天成绩变动的情况?

A. 王婷成绩上升了 9%,蔡石成绩上升了 4%。

B. 王婷成绩上升了 7%,蔡石成绩下跌了 3%。

C. 王婷成绩上升了 4%,蔡石成绩持平。

D. 王婷成绩上升了 5%,蔡石成绩上升了 2%。

E. 王婷成绩上升了 2%,蔡石成绩有所上升。

 本章练习深度解析

1.【答案】 D

【深度解析】 从相容选言命题的定义出发,根据题干信息即可完成如下判断:

Ⅰ必然真;

Ⅱ不确定;

Ⅲ必然真;

Ⅳ不确定。

综上所述,D 选项为正确答案。

2.【答案】 D

【深度解析】 因为"对本次省博物馆陶瓷展的所有展品进行观赏,没有发现商周时期展品"为假,

所以,并非"对本次省博物馆陶瓷展的所有展品进行观赏,没有发现商周时期展品"为真,

即,并非"对本次省博物馆陶瓷展的所有展品进行观赏 且 没有发现商周时期展品"为真,

即,"有的展品没有进行观赏 或 发现了商周时期展品"为真。

Ⅰ真。

Ⅱ不确定。

Ⅲ真。

综上所述,D 选项为正确答案。

【提醒】 (1)由"A 或 B"为真,可知"A、B 中至少有一个为真",所以"A 且 B"不确定。

(2)已知"A 或 B"为真,又已知 A 假,则 B 一定为真。

即对于一个为真的两个肢的相容选言命题,否定一个必肯定一个。

3.【答案】 D

【深度解析】 已知"A 或 B"为真,又已知 A 假,则 B 一定为真。

即对于一个为真的相容选言命题,否定一个必肯定一个。

综上所述,D 选项为正确答案。

4.【答案】 A

【深度解析】 根据万能公式"如果 P,那么 Q ＝ 非 P,或 Q",可以整理题干信息为:

甲:李 或 非王。

乙:王 或 李。

丙:要么李,要么王。

让三者同时为真,根据定义,只能选择"李"。

综上所述,A 选项为正确答案。

5.【答案】 D

【深度解析】 由"如果 P,那么 Q＝非 P,或 Q"可知,

原题干等于:(甲通过 或 乙通过)或 丙通过。

先确定"丙不通过"。

根据"对于一个为真的两个肢的相容选言命题,否定一个必肯定一个",可知"甲通过 或 乙通过"为真。

再确定"乙不通过"。

由"对于一个为真的两个肢的相容选言命题,否定一个必肯定一个"可知"甲通过"为真。

所以,丙不通过;乙不通过。

综上所述,D 选项为正确答案。

6.【答案】 A

【深度解析】 并非(负责考勤 或 负责卫生)＝不负责考勤 且 不负责卫生

综上所述,A 选项为正确答案。

7.【答案】 D

【深度解析】 并非(懂股票 且 懂基金)＝不懂股票 或 不懂基金

D 选项相当于:已知"不懂股票 或 不懂基金"为真,否定一个,必肯定一个。

综上所述,D 选项为正确答案。

> 【提醒】 已知"A 或 B"为真,又已知 A 假,则 B 一定为真。
>
> 已知"A 或 B"为真,又已知 A 真,则 B 的真假不确定。
>
> 即对于一个为真的相容选言命题,否定一个必肯定一个;
>
> 对于一个为真的相容选言命题,肯定一个,则另一个真假不确定。

8.【答案】 C

【深度解析】 如果 P,那么 Q 的负命题 ＝ P 且 非 Q

综上所述,C 选项为正确答案。

9.【答案】 B

【深度解析】 只有 Q,才 P 的负命题 ＝ 非 Q 且 P

综上所述,B 选项为正确答案。

10.【答案】 A

【深度解析】 根据万能公式"如果 P,那么 Q＝非 P,或 Q",整理题干信息为:

甲:方 或 非王;

乙:王 或 方;

丙:要么方,要么王。

要让三者同时为真,只能选择"方"。

综上所述,A 选项为正确答案。

11.【答案】　D

【深度解析】　对于相容选言命题"P 或 Q"而言,一个肢或两个肢真,则整个命题真;对于联言命题"P 且 Q"而言,两个肢都真,则整个命题真。

综上所述,D 选项为正确答案。

12.【答案】　E

【深度解析】　题干:如果感染了艾滋病,那么(静脉注射吸毒 或 同性恋 或 卖淫嫖娟)。

吸毒犯中发现有艾滋病毒感染者,说明吸毒犯中有人"静脉注射吸毒 或 同性恋 或 卖淫嫖娟",这三者至少一者为真,有可能二者同时真或三者同时真,故Ⅰ、Ⅱ、Ⅲ都为不确定。

综上所述,E 选项为正确答案。

13.【答案】　B

【深度解析】　已所"不"欲,"勿"施于人,这属于"不 A,不 B"的表达形式。

不 A,不 B＝只有 A,才 B

只有 A,才 B＝如果 B,那么 A

如果 B,那么 A＝若 B,则 A

不 已所欲,不 施于人 ＝ 只有 已所欲,才 施于人

＝ 如果 施于人,那么 已所欲

＝ 若施于人,则已所欲

所以,"施于人"是"已所欲"的充分条件。

而 B 选项将"已所欲"理解成了"施于人"的充分条件,故与题干不一致。其他的选项都是题干的等值变换。

综上所述,B 选项为正确答案。

14.【答案】　B

【深度解析】　题干:不想当明星的演员一定不是一个好演员,

即,不"想当明星的演员",不"是一个好演员";

即,只有"想当明星的演员",才"是一个好演员"。

B 选项:除非想当明星,否则不是一个好演员,

即,除非"想当明星",否则"不是一个好演员";

即,只有"想当明星",才非"不是一个好演员";

即,只有想当明星,才是一个好演员。

综上所述,B 选项为正确答案。

> 【提醒】　不 A,不 B ＝ 没有 A,没有 B ＝ 只有 A,才 B
>
> 除非……,否则…… ＝ 只有……,才非……
>
> 所有的 P 都是 Q ＝ 如果 P,那么 Q ＝ 只有 Q,才 P

15.【答案】　B

【深度解析】　使用文氏图法。画图如下:

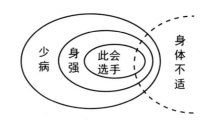

A 选项:可以得出;

B 选项:不确定;

C 选项:可以得出;

D 选项:可以得出;

E 选项:可以得出。

综上所述,B 选项为正确答案。

【提醒】 当题干只出现两种命题表达格式:所有的……是……;有的……是……,讨论若干个概念彼此间的关系,则一般可以使用文氏图法解题。

16.**【答案】** E

【深度解析】 国外游客提出的问题,必须真城和假城的人会给出不一样的回答,才可以完成判断。

E 选项:提问"你是这座城的人吗?"

若他来到的是真城,则得到的回答为"是";

若他来到的是假城,则得到的回答为"不是"。

而如果选择别的选项,只会得到相同的回答,故而无法判断。

A 选项:提问"你是真城的人吗?"

若他来到的是真城,则得到的回答为"是";

若他来到的是假城,则得到的回答为"是"。

B 选项:提问"你是假城的人吗?"

若他来到的是真城,则得到的回答为"不是";

若他来到的是假城,则得到的回答为"不是"。

综上所述,E 选项为正确答案。

17.**【答案】** C

【深度解析】 运用万能公式整理题干信息,将所有的假言命题变成相容选言命题,以便更好地观察条件之间的关系。

甲:除非邬,(否则)非杨

＝ 只有邬,才杨

＝ 如果杨,那么邬

＝ 非杨 或 邬

甲:非杨 或 邬

乙:杨 且 非邬

丙:非徐 或 非黄

丁:非徐 且 非邬

因为甲、乙是矛盾关系,所以甲、乙中肯定是一个真一个假,同时题干已知"只有一个不对",所以四个当中一假三真,由此可知丙、丁真。

综上所述,C选项为正确答案。

【提醒】 由万能公式可知,如果P,那么Q = 非P 或 Q

18.【答案】 B

【深度解析】 因为,丙包含于乙,若丙真,则乙真;又因为,上述三个结论只有一个正确,所以丙只能假。

由丙假,可知甲真;由甲真,可知乙假。

而乙是直言命题中的O命题,根据直言命题对当关系可知,O假则A真。

所以可知:所有员工都有绩效问题,因此B选项为正确答案。

19.【答案】 C

【深度解析】 根据题干:满足"学历在大专以下 或 完全没有管理工作经验"的人,将"最不可能被录用"。

A选项:满足"学历在大专以下";

B选项:满足"完全没有管理工作经验";

D选项:满足"完全没有管理工作经验";

E选项:满足"学历在大专以下"。

综上所述,C选项为正确答案。

20.【答案】 A

【深度解析】 题干给了两个命题,告诉我们一真一假。

观察已知的两个判断,一个是不相容选言命题,一个是相容选言命题,并且它们的肢是相同的,所以可以总结为:

(1)要么P,要么Q;

(2)或者P,或者Q。

要让这两个命题只有一个为真,只有两个肢同时为真(即"P且Q")方可实现,故选择A选项。

综上所述,A选项为正确答案。

21.【答案】 B

【深度解析】 整理题干信息可知:

(1)要么枪,要么匕首;

(2)要么凌晨六点,要么晚上十点;

(3)要么甲,要么乙。

所以,这一起凶杀案可能的情况有八种。

(1)不确定。

(1)死者不是甲用枪在凌晨六点杀害的,因此,死者是乙用匕首在晚上十点杀害的。本命题通过排除"甲用枪在凌晨六点杀害"这一种可能,便推出"死者是乙用匕首在晚上十点杀害"。事实上还有其他可能,例如"甲用枪在晚上十点杀害"。

(2)是真的。

(2)死者是甲用枪在晚上十点杀害的,因此,死者不是乙用枪在晚上十点杀害的。本命题通过肯定"甲用枪在晚上十点杀害",排除了"乙用枪在晚上十点杀害"的可能性。

(3)不确定。

(3)案发时间是凌晨六点,但死者不是甲用枪杀害的,因此,死者一定是乙用匕首杀害的。本命题先确定了案发时间是凌晨六点。所以凶杀案可能的情况还有四种。本命题通过排除"甲用枪杀害的"这一种可能,便推出一定是"乙用匕首杀害的"。事实上还有其他可能,例如"甲用匕首杀害的"。

综上所述,B选项为正确答案。

> 【提醒】 一个事件的发生有若干种可能性:
> (1)排除其中一种可能性,不能推出剩余的某种可能性必然发生;
> (2)如果某种可能性事实上已经发生,则剩余的任意一种可能性都没有发生。

22.【答案】 A

【深度解析】 题干给了三个命题,并且三个都是真的,然后求不可能假。

不可能假,即"必为真"。为真的三个命题的等价命题必定为真。

运用万能公式"如果P,那么Q = 只有Q,才P = 非P或Q"来进行等值变换。

(1)有分红的企业才能发行新的股票。

简记为:有分红,才能发行新股
　　　　 =不发新股,或 有分红

(2)如果一个企业有分红,那它就不需要融资。

简记为:若有分红,则不需融资
　　　　 =没有分红,或不需融资

(3)如果它需要融资,就没有办法分红。

简记为:若需融资,则无法分红
　　　　 =不需融资,或无法分红

选项A与上述(2)的等值变换是相同的,故为正确答案。

23.【答案】 D

【深度解析】 题干给了三个命题,并且三个都是真的,然后求不可能真。

不可能真,即"必为假"。为真的三个命题的负命题必定为假。

"如果P,那么Q = 只有Q,才P"的负命题是"P且非Q"

(1)有分红的企业才能发行新的股票。

简记为:有分红,才能发行新股

负命题为:没有分红,也发行新股

(2)如果一个企业有分红,那它就不需要融资

简记为:若有分红,则不需融资

负命题为:有分红,也需融资

(3)如果它需要融资,就没有办法分红。

简记为:若需融资,则无法分红

负命题为:需融资,也有分红

故选择 D 选项。

请注意,"如果 P,那么 Q = 只有 Q,才 P"的负命题是一个联言命题,所以 B 选项、C 选项、E 选项可以直接排除。

B. 一个上市公司不是需要融资,就是没有办法分红。

不是……就是……,表示不相容选言命题。

C. 一个上市公司不需要融资,就一定会分红。

相当于"(如果)……,就……",即"如果……,那么……",表示充分条件假言命题。

E. 一个上市公司需要融资,则有办法分红。

相当于"(如果)……,则……",即"如果……,那么……",表示充分条件假言命题。

综上所述,D 项为正确答案。

24.【答案】　C

【深度解析】　整理题干信息:

甲说:王婷上升,但不高;

乙说:只有王婷上升超 5%,蔡石才可能不下跌

＝蔡石可能下跌,或 王婷上升超 5%;

丙说:蔡石不上升,或李萍上升。

上述三个命题都是真的。

由题干信息知"李萍的成绩跌了",所以丙说的"李萍上升"这个肢是假的,由此可知,"蔡石不上升"是真的。

由"蔡石不上升"是真的,可以推知:A 选项、D 选项、E 选项均为假。

B 选项、C 选项都满足"丙说"。因为"蔡石成绩下跌"和"蔡石成绩持平"都满足"蔡石不上升"。

B 选项、C 选项都满足"乙说"。因为"蔡石可能下跌",并没有说一定。所以"蔡石成绩下跌"和"蔡石成绩持平"都满足"蔡石可能下跌"。

B 选项、C 选项都满足"甲说",但是 C 选项比 B 选项能更好地满足"甲说"。因为甲说"王婷上升,但不高",B 选项描述"王婷成绩上升了 7%",C 选项描述"王婷成绩上升了 4%",所以 C 选项能更好地满足"上升但不高"。

综上所述,C 选项为正确答案。

【提醒】　如果 P,那么 Q = 只有 Q,才 P = 非 P 或 Q

除非……否则…… = 只有……才非……

对于一个为真的两个肢的相容选言命题"P 或 Q",否定一个必肯定一个。

第四章　模态命题

一、模态命题

模态命题主要是反映事物情况存在或发展的必然性或可能性的命题。模态命题包含"必然"或"可能"等模态词。包含"必然"的命题称必然命题，包含"可能"的命题称可能命题。

必然命题	必然肯定命题	例：《甄嬛传》必然引起收视狂潮
	必然否定命题	例：华妃必然当不了皇后
可能命题	可能肯定命题	例：安陵容可能喜欢甄衍
	可能否定命题	例：雍正可能不是好皇帝

二、模态方阵

模态命题"必然P"、"必然非P"、"可能P"、"可能非P"在真假方面存在着必然性的制约关系，它们相互之间的关系可以用一个正方图形来表示，该正方图形被称为模态方阵。

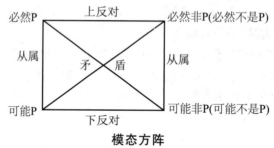

模态方阵

> 【提醒】　模态方阵中，对"矛盾"、"上反对"、"下反对"、"从属"四种关系的定义，与直言命题对当方阵中对该四种关系的定义是一致的。

【示例】　如果"天上不可能掉馅饼"为真，判定下列命题的真假。

(1)天上可能掉馅饼。

(2)天上可能不掉馅饼。

(3)天上一定不会掉馅饼。

(4)天上不一定会掉馅饼。

(5)天上不一定不会掉馅饼。

【深度解析】　(1)假

(2)真

(3)真

(4)真

(5)假

三、基于模态命题的四个等值转换

根据模态方阵中的矛盾关系,可以得知:

由于,一个命题的原命题与其负命题之间是矛盾关系,

所以,一个命题的负命题等于该命题的矛盾命题,

由此可知,一个模态命题的负命题等于它的矛盾命题。

【示例】　"不必然＝可能不"吗？如果是,该如何推导？

是,具体步骤如下。

第一步:模态命题"必然 P"的负命题是"并非必然 P",而"必然 P"的矛盾命题是"可能非 P"。

第二步:根据"一个模态命题的负命题,等于它的矛盾命题",可知:

并非必然 P＝可能非 P

第三步:由于"并非"即"不"的意思,所以,不必然 P＝可能不 P,把 P 约掉,得出结论:不必然＝可能不。

【模态命题的四个等值转换】

不必然＝可能不

不必然不＝可能

不可能＝必然不

不可能不＝必然

【示例】　作为世界劲旅,2250 年世界杯小组赛,中国队不可能不出线。

以下哪个选项和上述断定的意思相同？

A. 中国队可能出线。

B. 中国队必然不出线。

C. 中国队必然出线。

D. 中国队已经出线了。

E. 中国队出线的可能性很大。

【正确答案】　C

【深度解析】　根据"模态命题的四个等值转换"可知,"不可能不 ＝ 必然"。

四、直言模态命题的负命题的等值命题

"直言模态命题"是在直言命题的基础上,加上模态词。例如,"必然所有人都会犯错误","可能有的鸟不会飞"等。

"直言模态命题的负命题"的标准表达形式,是在"直言模态命题"的整个命题前,加上"并非"两个字。

"求直言模态命题的负命题的等值命题",即求"并非＋直言模态命题"是什么意思。

求一个直言模态命题的负命题的等值命题,需要对这个直言模态命题中所有的逻辑概念都

加以否定：

(1)必然→可能；可能→必然。

(2)全部→部分；部分→全部。

(3)P→非 P；非 P→P。

【示例】 从"不可能有些人不死"可以推出"必然所有人都会死"吗？

可以，步骤如下。

步骤一："不可能有些人不死"是"可能有些人不死"这个直言模态判断的负命题，其中"不"是负命题的标志。

步骤二：对"可能有些人不死"这个直言模态判断的所有的逻辑概念加以否定：

　　　　可能→必然；有些人→全部；不死→死。

步骤三：整理可得："必然所有人都会死"。

【例 1】 不可能所有的错误都能避免。

以下哪个选项断定的含义，与上述断定最为接近？

A.可能所有的错误都不能避免。

B.可能有的错误不能避免。

C.可能有的错误能避免。

D.必然所有的错误都不能避免。

E.必然有的错误不能避免。

【正确答案】 E

【深度解析】 命题"不可能所有的错误都能避免"中，"不"字是负命题的标志。把负命题的标志"不"字去掉后，把剩余命题"可能所有的错误都能避免"中所有的逻辑概念各加非一次。

"可能"变成"必然"；"所有错误"变成"有的错误"；"能避免"变成"不能避免"。

整理后可得："必然有的错误不能避免"。

所以正确答案为 E 选项。

> 【提醒】 "不可能＋命题"，只有"不"这一个字是负命题的标志。

【例 2】 不可能所有的错误决策都不付出代价，但所有的错误决策不一定都会造成严重后果。

如果上述断定为真，则以下哪个选项也与题干等值？

A.有的正确决策也可能付出代价，但所有的正确决策都不可能造成严重后果。

B.有的错误决策必然要付出代价，但所有的错误决策可能不会造成严重后果。

C.所有的正确决策都不可能付出代价，但有的正确决策也可能造成严重后果。

D.有的错误决策必然要付出代价，但有的错误决策可能不会造成严重后果。

E.所有的错误决策都必然要付出代价，但有的错误决策不一定造成严重后果。

【正确答案】 D

【深度解析】 命题"不可能所有错误决策都不付出代价"中，负命题的标志是"不"字，去掉负命题的标志后，剩余的逻辑概念各加非一次。

"可能"变成"必然"，"所有错误决策"变成"有的错误决策"，"不付出代价"变成"付出代价"。整理后可得："必然有的错误决策要付出代价"，即"有的错误决策必然要付出代价"。

命题"所有的错误决策不一定都会造成严重后果"，"不一定"出现在命题中间，根据模态命题的四个等值转换可知,"不必然 ＝ 可能不",可得:"所有的错误决策可能不都会造成严重后果",即可能不所有的错误决策会造成严重后果。请注意,"都"指代的是"所有的错误决策"。

综上可知,正确答案为 D 选项。

【提醒】 "模态命题的四个等值转换"只有出现在命题中间,才可以直接替换。

 本章练习

1. 林平之和令狐冲都申请了五岳剑派候补盟主资格,关于他们的申请结果有如下四个断言:

(1)他们两人至少有一个通过;

(2)林平之并不必然通过;

(3)令狐冲确实通过了;

(4)并非林平之可能没通过。

最后结果表明:这四个断言中有两个是真的,两个是假的。

下面哪一个结果可以从上述条件推出?

A.林平之通过了,令狐冲没通过。

B.林平之和令狐冲都通过了。

C.林平之和令狐冲都没通过。

D.令狐冲通过了,林平之没通过。

E.以上都不正确。

2. 一方面确保法律面前人人平等,同时又允许有人触犯法律而不受制裁。这是不可能的。

以下哪个选项最符合题干的断定?

A.或者允许有人凌驾于法律之上,或者任何人触犯法律都要受到制裁。这是必然的。

B.任何人触犯法律都要受到制裁。这是必然的。

C.有人凌驾于法律之上,触犯法律而不受制裁。这是可能的。

D.如果不允许有人触犯法律可以不受制裁,那么法律面前人人平等是可能的。

E.一方面允许有人凌驾于法律之上,同时声称任何人触犯法律都要受到制裁。这是可能的。

3. 人都不可能不犯错误,不一定所有人都会犯严重错误。

如果上述断定为真,则以下哪个选项与题干等值?

A.人都可能犯错误,但有的人可能不犯严重错误。

B.人都可能犯错误,但所有的人都可能不犯严重错误。

C.人都一定会犯错误,但有的人可能不犯严重错误。

D.人都一定会犯错误,但所有的人都可能不犯严重错误。

E.人都可能犯错误,但有的人一定不犯严重错误。

4. 并非有的保镖有时警备状态不好。

如果上述断定为真,则以下哪个选项与题干等值?

A.有时有的保镖警备状态很好。

B.所有的保镖在某一时刻警备状态都好。

C.并非所有保镖在任何时刻警备状态都好。

D.某个保镖在所有时刻警备状态都好。

E. 每个保镖在任何时刻警备状态都好。

5. 奥格·曼狄诺是当今世界撰写自我帮助方面书籍的最流行、最有灵感的作家。他著有 14 本书，全球销量超过 3000 万册，被译成 18 种语言。成千上万的来自生活中各行各业的人，都盛赞奥格·曼狄诺改变了他们的生活，从他的书中得到了神奇的力量。他的书充满智慧、灵感和爱心。他的著作包括：《世界上最伟大的奇迹》《世界上最伟大的推销员》《世界上最伟大的成功》等。奥格曾说："最高明的推销员，可能在某个时刻说服所有的人，也可能所有的时刻说服某些人，但不可能在所有的时刻说服所有的人。"

如果奥格的上述断定是真的，那么下述哪项真假不确定？

A. 奥格可能在某个时刻被说服。

B. 奥格可能在任何时候都不被说服。

C. 最高明的推销员也可能在某个时刻被说服。

D. 不存在某个时刻所有的人都必然不被说服。

E. 不存在某一时刻有人可能不被说服。

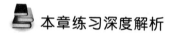 本章练习深度解析

1.【答案】 A

【深度解析】 第一步：整理题干信息：

(1) 林 或 令。

(2) 林 可能不 通过。

(3) 令。

(4) 林 必然 通过。

已知"林平之并不必然通过"，根据"模态命题的四个等值转换"中的"不必然 = 可能不"，可得"林平之可能不通过"，即上述 (2)。

已知"并非林平之可能没通过"，视"并非"为负命题的标志，"并非林平之可能没通过"等值于"林平之必然通过"，即上述 (4)。

第二步：根据模态方阵，上述 (2)、(4) 为矛盾关系，故一真一假。

题干告知"四个断言中两个是真的，两个是假的"，所以 (1)、(3) 也是一真一假。

第三步：由于 (1)、(3) 是包含关系，若 (3) 真则 (1) 必然真，故 (3) 只能假，即令狐冲没有通过，由 (1) 为真可知，林平之通过了。

综上所述，A 选项为正确答案。

2.【答案】 A

【深度解析】 题干结构为：

(a 且 b)，这是不可能的

= 不可能 (a 且 b)

= 必然 (非 a 或 非 b)

所以正确答案要满足如下两个特征：

(1) 有"必然"。

(2) 有"或者"。请注意，根据万能公式，"或者"的相容选言命题，也可以用"如果……那么……"或"只有……才……"的假言命题来表达。

满足如上两个特点的选项,只有 A 选项。

综上所述,A 选项为正确答案。

3.【答案】 C

【深度解析】 题干"人都不可能不犯错误",根据"模态命题的四个等值转换"中的"不可能不 = 必然",可得"人都必然犯错误"的结论。

题干"不一定所有人都会犯严重错误",视"不"为负命题的标志,可得"可能有的人不会犯严重错误"的结论。

整理后可得,"人都一定会犯错误,但有的人可能不犯严重错误",即 C 选项。

4.【答案】 E

【深度解析】 命题"并非有的保镖有时警备状态不好"中,"并非"两个字是负命题的标志。去掉负命题的标志后,将剩余命题"有的保镖有时警备状态不好"中的所有逻辑概念各加非一次。

"有的保镖"变成"所有保镖","有时"变成"所有时候","警备状态不好"变成"警备状态好"。

整理后可得"所有保镖所有时候警备状态好",即"每个保镖在任何时刻警备状态都好"。所以综上所述,E 选项为正确答案。

5.【答案】 B

【深度解析】 "A.奥格可能在某个时刻被说服"是真的。

因为"最高明的推销员,可能在某个时刻说服所有的人"。奥格属于"所有人"之一,所以选项 A 为真。

"B.奥格可能在任何时候都不被说服"是不确定的。

因为"最高明的推销员,也可能所有的时刻说服某些人"。如果奥格属于"某些人"之一,选项 B 是假的;如果奥格不属于"某些人"之一,选项 B 是真的。所以选项 B 是不确定的,即为正确答案。

"C.最高明的推销员也可能在某个时刻被说服"是真的。

因为"最高明的推销员,可能在某个时刻说服所有的人"。最高明的推销员属于"所有人"之一,所以选项 C 为真。

"D.不存在某个时刻所有的人都必然不被说服"是真的。

根据模态命题的四个等值转换可知,"必然不 = 不可能",所以

不存在某个时刻所有的人都必然不被说服

= 不存在某个时候所有的人都不可能被说服

"不存在某个时刻所有的人都不可能被说服"中,"不存在"三个字是负命题的标志,去掉负命题的标志后,所以逻辑概念各加非一次,D 选项等值于"所有的时刻有的人可能被说服",与题干信息一致,所以选项 D 是真的。

"E.不存在某一时刻有人可能不被说服"是假的。

"不存在某一时刻有人可能不被说服"等值于"所有时刻所有人必然被说服",与题干信息"最高明的推销员,但不可能在所有的时刻说服所有的人"冲突,所以选项 E 是假的。

综上所述,B 选项为正确答案。

第五章 复合命题推理

一、P位、Q位推理

从充分条件假言命题"如果P，那么Q"的定义出发，它告诉我们"P是Q的充分条件"，所以如果给出P这个充分条件，那么就一定可以得到结果Q。

由此可以得到口诀1：肯定P，必肯定Q。

从必要条件假言命题"只有Q，才P"的定义出发，它告诉我们"Q是P的必要条件"，所以如果没有Q这个必要条件，那么就一定没有P这个结果。

由此可以得到口诀2：否定Q，必否定P。

根据"如果P，那么Q＝只有Q，才P"可知，口诀1和口诀2对充分条件假言命题和必要条件假言命题都成立。

【总结】 对于"如果P，那么Q"、"只有Q，才P"而言，有如下推理规则：

1.肯P必肯Q；（必须记住）

2.否Q必否P；（必须记住）

3.否定P，不能否定Q；（可以不记）

4.肯定Q，不能肯定P。（可以不记）

> **【提醒】** (1)如果P，那么Q。这是充分条件假言命题的标准表达形式。
>
> "如果"后面固定是P位，"那么"后面固定是Q位。
>
> (2)只有Q，才P。这是必要条件假言命题的标准表达形式。
>
> "只有"后面固定是Q位；"才"后面固定是P位。
>
> (3)P位Q位推理规则告诉我们，一个有效的充分条件假言命题推理，我们只能通过肯定P位来肯定Q位，或者只能通过否定Q位来否定P位。
>
> 从否定P位出发，无法完成必然性推理。
>
> 从肯定Q位出发，无法完成必然性推理。

【例1】 如果状态很好，我们就会认真学习。

如果心情不佳，我们就不会认真学习。

如果图书馆有座位，我们就会认真学习。

假定上面的陈述属实，如果我们现在正在认真学习，则下面的哪项也必定是真的？

Ⅰ.状态很好。 Ⅱ.心情佳。 Ⅲ.书馆有座位。

A.仅Ⅰ。

B.仅Ⅰ、Ⅲ。

C.仅Ⅲ。

D.仅Ⅱ。

E. Ⅰ、Ⅱ、Ⅲ。

【正确答案】 D

【深度解析】 题干给了三个条件：

(1)如果状态很好(P 位)，我们就会认真学习(Q 位)。

(2)如果心情不佳(P 位)，我们就不会认真学习(Q 位)。

(3)如果图书馆有座位(P 位)，我们就会认真学习(Q 位)。

题干告知："正在认真学习"，

对条件(1)而言，"正在认真学习"相当于肯定 Q 位，无法完成必然性推理；

对条件(2)而言，"正在认真学习"相当于否定 Q 位，根据"否定 Q 必否定 P"可知，"心情佳"；

对条件(3)而言，"正在认真学习"相当于肯定 Q 位，无法完成必然性推理。

所以 D 选项为正确答案。

【例 2】 只有认真上课且大量做题的同学才能考上研究生。李婷没有考上研究生。

从上述断定能得出以下哪个选项结论？

Ⅰ.认真上课的同学只有在大量做题的同学中才能发现。

Ⅱ.李婷既没有认真上课，又没有大量做题。

Ⅲ.如果李婷认真上课，则肯定没有大量做题。

A. 只有Ⅰ。

B. 只有Ⅱ。

C. 只有Ⅲ。

D. 只有Ⅰ和Ⅱ。

E. Ⅰ、Ⅱ和Ⅲ都不是。

【正确答案】 E

【深度解析】 题干:只有认真上课且大量做题的同学才能考上研究生，即

只有 Q(认真上课且大量做题)，才 P(考上研究生)

李婷没有考上研究生，相当于否定 P 位，而否定 P 位是无法完成必然性推理的。所以Ⅰ、Ⅱ和Ⅲ都无法必然得出，故 E 选项为正确答案。

上述是推出答案的最快解法。如果不理解，下面再逐一解释选项。

"Ⅰ.认真上课的同学只有在大量做题的同学中才能发现"，这是在 Q 位的内部推理。而根据 P 位 Q 位推理规则，我们只能"通过肯定 P 位来肯定 Q 位"、"通过否定 Q 位来否定 P 位"，没有在 Q 位的内部或 P 位的内部推理的规则，故Ⅰ不确定。

Ⅱ从"李婷没有考上研究生"出发，得出"李婷既没有认真上课，又没有大量做题"的结论。Ⅱ相当于通过否定 P 位来否定 Q 位。而事实上，我们只有"通过肯定 P 位来肯定 Q 位"、"通过否定 Q 位来否定 P 位"这两条规则，没有从"否定 P 位"出发的规则，所以Ⅱ是不确定的。

Ⅲ也是在 Q 位的内部推理。故Ⅲ不确定。

综上所述，E 选项为正确答案。

【例 3】 一项发表于美国《国家科学院学报》的研究报告称，空气污染使中国北方居民寿命平均缩短 5.5 年，并且提高了肺癌、心脏病和中风的发病率。雾霾、沙尘暴等日趋恶化的环境问题使人们担心:如果我们不从现在起加强环境保护，那么，人类终有一天将无法在这个地球上生活。

以下哪个选项最确切地表达了上述担心的含义？

A. 终将有那么一天，人类将无法在地球上生活。

B. 只有从现在起加强环境保护，人类才不至于在这个地球上无法生活。

C. 如果从现在起加强环境保护，人类就可以在这个地球上继续生活。

D. 人类有一天在这个地球上无法生活，那是因为我们没有从现在起就加强环境保护。

E. 环境、生态问题的严重性，必须引起我们的高度重视。

【正确答案】 B

【深度解析】 题干：如果我们不从现在起加强环境保护，那么，人类终有一天将无法在这个地球上生活，其结构可以抽象为："如果不……，那么不……"的形式。

所以可以直接变形为：

只有 从现在起加强环境保护，才人类能在地球上生活。

整理为：只有从现在起加强环境保护，人类才不至于在这个地球上无法生活。

所以，B 选项为正确答案。

> 【提醒】 如果不 A，那么不 B
>
> ＝ 如果 B，那么 A（根据"否定 Q 位，必否定 P 位"可知）
>
> ＝ 只有 A，才 B（根据"如果 P，那么 Q ＝只有 Q，才 P"）

【例 4】 除非不把无知当个性，否则会让人觉得性格有缺陷。

以下各项都表达了与题干相同的含义，除了：

A. 如果不把无知当个性，就不会让人觉得性格有缺陷。

B. 如果把无知当个性，就会让人觉得性格有缺陷。

C. 只有让人觉得性格有缺陷，才会把无知当个性。

D. 只有不把无知当个性，才不会让人觉得性格有缺陷。

E. 除非让人觉得性格有缺陷，否则不会把无知当个性。

【正确答案】 A

【深度解析】 题干：

除非不把无知当个性，否则会让人觉得性格有缺陷

＝1. 只有不把无知当个性，才不会让人觉得性格有缺陷（除非……否则……＝只有……才非……）

＝2. 如果不会让人觉得性格有缺陷，那么不把无知当个性（只有 Q，才 P ＝如果 P，那么 Q）

＝3. 如果把无知当个性，那么会让人觉得性格有缺陷（如果 P，那么 Q ＝如果非 Q，那么非 P）

＝4. 只有让人觉得性格有缺陷，才把无知当个性（如果 P，那么 Q ＝只有 Q，才 P）

由上述"1. 只有不把无知当个性，才不会让人觉得性格有缺陷"可知，"不把无知当个性"是"不会让人觉得性格有缺陷"的必要条件。而选项 A 将"不把无知当个性"理解成了"不会让人觉得性格有缺陷"的充分条件，明显与题干不一致，所以 A 选项为正确答案。

B 选项等于上述"3"，与题干的含义相同；

C 选项等于上述"4"，与题干的含义相同；

D 选项等于上述"1"，与题干的含义相同；

E 选项"除非让人觉得性格有缺陷，否则不会把无知当个性"，根据"除非……否则……＝只有……才非……"，E 选项可以变形为"只有让人觉得性格有缺陷，才会把无知当个性"，等于上述"4"，与题干的含义相同。

综上所述,A 选项为正确答案。

【例 5】 早在 20 世纪末,上海男人就被贴上"周全细致""会做家务"的标签,不论是在龙应台、余秋雨的书里,还是在外地人的口口相传中,似乎都是如此。1997 年,龙应台在《啊,上海男人》里,就描绘了每日买菜烧饭还笑眯眯的可爱男人形象。很多人也由此得出结论:凡是不会做饭的男人都无法成为好伴侣。

以下各项陈述都可以从上述结论中逻辑地推出,除了:

A.有些不会做饭的男人无法成为好伴侣。

B.有些会做饭的男人能成为好伴侣。

C.凡是能成为好伴侣的男人都是会做饭的。

D.凡是无法成为好伴侣的男人都是不会做饭的。

E.有些成为好伴侣的男人是会做饭的。

【正确答案】 D

【深度解析】 凡是不会做饭的男人都无法成为好伴侣

= 1.所有不会做饭的男人都无法成为好伴侣

= 2.如果不会做饭的男人,那么无法成为好伴侣(所有的 S 都 P=如果 S,那么 P)

= 3.如果能成为好伴侣,那么是会做饭的男人(如果 P,那么 Q=如果非 Q,那么非 P)

= 4.所有能成为好伴侣的男人都是会做饭的(如果 S,那么 P=所有的 S 都 P)

"A.有些不会做饭的男人无法成为好伴侣"是真的。

由上述 1 可知,所有不会做饭的男人都无法成为好伴侣。根据从属关系可知,A 选项真。

"B.有些会做饭的男人能成为好伴侣"是真的。

由上述 4 可知,所有能成为好伴侣的男人都是会做饭的。根据直言命题变形推理中的换位推理,"所有 S 是 P"可以换位为"有 P 是 S",所以 B 选项真。

"C.凡是能成为好伴侣的男人都是会做饭的"是真的。

由上述 4 可知,选项 C 是真的。

"E.有些成为好伴侣的男人是会做饭的"是真的。

由上述 4 可知,所有能成为好伴侣的男人都是会做饭的。根据从属关系可知,E 选项真。

"D.凡是无法成为好伴侣的男人都是不会做饭的"是不确定的。

凡是无法成为好伴侣的男人都是不会做饭的

= 所有无法成为好伴侣的男人都是不会做饭的

= 如果无法成为好伴侣的男人,那么是不会做饭的

而题干给的信息:凡是不会做饭的男人都无法成为好伴侣

= 2 如果不会做饭的男人,那么无法成为好伴侣

D 选项的推理是从"如果无法成为好伴侣的男人"出发的,相当于从肯定 Q 位出发。而 P 位 Q 位推理规则告诉我们,一个有效的充分条件假言命题推理,我们只能通过肯定 P 位来肯定 Q 位,或者只能通过否定 Q 位来否定 P 位。而从肯定 Q 位出发(或者从否定 P 位出发),是无法完成必然性推理的。所以 D 选项为不确定。

综上所述,D 选项为正确答案。

二、连锁推理

【连锁推理的解题步骤】　（1）整理题干信息。将题干信息一律转化为充分条件假言命题。

（2）整理出推理链条 A→ B→ C→ D。

（3）运用口诀。

口诀1：P 位 Q 位推理口诀。肯 P 必肯 Q；否 Q 必否 P

口诀2：顺着箭头方向，只能以肯定方式完成为真的必然性推理；

逆着箭头方向，只能以否定方式完成为真的必然性推理。

【说明】　口诀2本质上是对口诀1的形象化描述，所以口诀1、2使用其中一种即可。

【例1】　经济学家：现在中央政府是按照 GDP 指标考量地方政府的政绩。要提高地方的 GDP，需要大量资金。在现行体制下，地方政府只有通过转让土地才能筹集大量资金。要想高价拍卖土地，则房价必须高，因此地方政府有很强的推高房价的动力。但中央政府已经出台一系列措施稳定房价，如果地方政府仍大力推高房价，则可能受到中央政府的责罚。

以下哪个选项陈述是这位经济学家论述的逻辑结论？

A.在现行体制下，如果地方政府降低房价，则不会受到中央政府的责罚。

B.在现行体制下，如果地方政府不追求 GDP 政绩，则不会大力推高房价。

C.在现行体制下，地方政府肯定不会降低房价。

D.在现行体制下，地方政府可能受到中央政府的责罚，或者无法提高其 GDP 政绩。

E.在现行体制下，地方政府不会受到中央政府的责罚，或者无法提高其 GDP 政绩。

【正确答案】　D

【深度解析】　题干提供了如下信息：

（1）"要提高地方的 GDP，需要大量资金"，即"如果要提高地方的 GDP，那么需要大量资金"。

（2）"地方政府只有通过转让土地才能筹集大量资金"，即"如果筹集大量资金，那么地方政府转让土地"。

（3）"要想高价拍卖土地，则房价必须高，因此地方政府有很强的推高房价的动力"，即"如果高价拍卖土地，那么地方政府推高房价的动力"。

（4）"如果地方政府仍大力推高房价，则可能受到中央政府的责罚"。

总结上述信息，可得：

"提高 GDP→大量资金→转让土地→推高房价→受到责罚"

"A.在现行体制下，如果地方政府降低房价，则不会受到中央政府的责罚"，从"房价"出发，往"责罚"推，通过否定"推高房价"来否定"受到责罚"，相当于顺着箭头以否定的方式完成了推理，所以 A 选项是不确定的。

"B.在现行体制下，如果地方政府不追求 GDP 政绩，则不会大力推高房价"，从"提高 GDP"出发，往"推高房价"推，通过否定"提高 GDP"来否定"推高房价"，相当于顺着箭头以否定的方式完成了推理，所以 B 选项是不确定的。

"C.在现行体制下，地方政府肯定不会降低房价"不构成推理关系，所以 C 选项是不确定的。

根据推理链条可知："提高 GDP→受到责罚"，即"如果提高 GDP，那么受到责罚"。根据"如果 P，那么 Q ＝ 非 P，或 Q"，可知：不提高 GDP，或者受到责罚。

所以正确答案为 D 选项。

【例 2】　一位适龄女性要在婚恋领域受欢迎,必须既有出众的外貌,又有吸引人的内涵。一位适龄女性,如果没有良好的家庭环境,出众的外貌和吸引人的内涵难以两全;而只有足够优秀的父母,才能保证良好的家庭环境。

以下哪个选项结论可以从题干的断定中推出?

Ⅰ.一位在婚恋领域受欢迎的适龄女性,其中不可能不拥有良好的家庭环境。

Ⅱ.一位父母不够优秀但外貌出众的适龄女性,一定没有吸引人的内涵。

Ⅲ.一位适龄女性,只要既有出众的外貌,又有吸引人的内涵,就一定在婚恋领域受欢迎。

A.只有Ⅰ。

B.只有Ⅱ。

C.只有Ⅲ。

D.只有Ⅰ和Ⅱ。

E.Ⅰ、Ⅱ和Ⅲ。

【正确答案】　D

【深度解析】　题干提供了如下信息:

(1)"一位适龄女性要在婚恋领域受欢迎,必须既有出众的外貌,又有吸引人的内涵",即"如果一位适龄女性要在婚恋领域受欢迎,那么必须既有出众的外貌,又有吸引人的内涵"。

(2)"一位适龄女性,如果没有良好的家庭环境,出众的外貌和吸引人的内涵难以两全",即"一位适龄女性,如果没有良好的家庭环境,那么不会有(出众的外貌 且 吸引人的内涵)"。

根据"否定 Q 必否定 P"可知,"如果有(出众的外貌 且 吸引人的内涵),那么有良好的家庭环境"。

(3)"只有足够优秀的父母,才能保证良好的家庭环境",即"如果有良好的家庭环境,那么有足够优秀的父母"。

总结上述信息,可得:

婚恋领域受欢迎→出众的外貌 且 吸引人的内涵→良好的家庭环境→足够优秀的父母。

"Ⅰ.一位在婚恋领域受欢迎的适龄女性,其中不可能不拥有良好的家庭环境",从"婚恋领域受欢迎"出发,往"良好的家庭环境"推,相当于顺着箭头以肯定的方式完成了推理,所以Ⅰ是真的。

"Ⅱ.一位父母不够优秀但外貌出众的适龄女性,一定没有吸引人的内涵",Ⅱ否定了"足够优秀的父母",根据"否定 Q 必否定 P",可以否定"出众的外貌 且 吸引人的内涵",所以可以得出"没有出众的外貌 或 没有吸引人的内涵"为真的结论。Ⅱ还肯定了"外貌出众",根据"对于一个为真的相容选言命题,否定一个必肯定一个",可知,"没有吸引人的内涵"为真。所以Ⅱ是真的。

"Ⅲ.一位适龄女性,只要既有出众的外貌,又有吸引人的内涵,就一定在婚恋领域受欢迎",请注意,"只要……就……"表示充分条件假言命题,所以Ⅲ相当于从肯定"出众的外貌 且 吸引人的内涵"出发,来肯定"在婚恋领域受欢迎",相当于逆着箭头以肯定的方式完成了推理,所以Ⅲ是不确定的。

综上所述,Ⅰ、Ⅱ真,所以正确答案为 D 选项。

【例 3】　只有当公证员刘浩参加,王志和张平才能签订协议。而刘浩只在自己工作的公证处参与协议签订工作。只有姚艳陪同,王志才去刘浩的公证处。

如果上面的陈述是真实的,下面哪项也必定是真的?

A. 如果姚艳不去公证处,则王志和张平无法签订协议。

B. 如果刘浩参加,则王志和张平签订协议。

C. 如果姚艳去公证处,则王志和张平签订协议。

D. 王志和张平没能签订协议是由于公证员刘浩没有参加。

E. 如果姚艳去了公证处,则刘浩必须参加协议的签订。

【正确答案】 A

【深度解析】 题干信息:

由"只有当公证员刘浩参加,王志和张平才能签订协议"可知,如果王志和张平签订协议,那么公证员刘浩参加。

由"而刘浩只在自己工作的公证处参与协议签订工作"可知,如果刘浩参与协议签订工作,那么在刘浩工作的公证处。

由"只有姚艳陪同,王志才去刘浩的公证处"可知,如果王志才去刘浩的公证处,那么姚艳陪同(去公证处)。

整理可得:

王志和张平签订协议→刘浩参加→在刘浩工作的公证处→姚艳陪同(去公证处)

A 选项是真的。

由于"如果姚艳不去公证处",所以"王志不会去刘浩的公证处",在上述推理链条中,通过逆着箭头的方向,以否定的方式完成推理,可以推知,王志和张平无法签订协议。

B 选项是不确定的。

B 选项从"刘浩参加"出发,得出"王志和张平签订协议"的结论,相当于逆着箭头以肯定的方式完成推导,不满足 P 位 Q 位推理口诀,所以 B 选项是不确定的。

C 选项是不确定的。

C 选项从"姚艳去公证处"出发,得出"王志和张平签订协议"的结论,相当于逆着箭头以肯定的方式完成推导,不满足 P 位 Q 位推理口诀,所以 C 选项是不确定的。

D 选项是不确定的。

D 选项相当于从"公证员刘浩没有参加"出发,得出"王志和张平没能签订协议"的结论,而"刘没有参加"属于"否定 Q 位",无法推出必然性结论。

E 选项是不确定的。

E 选项相当于从"姚艳去了公证处"出发,得出"刘浩参加协议的签订"的结论,相当于逆着箭头以肯定的方式完成推导,不满足 P 位 Q 位推理口诀,所以 E 选项是不确定的。

综上所述,A 选项为正确答案。

三、充要条件假言命题的前件(条件)与后件(结果)的推理规则

对于充分必要条件假言命题:

只要而且只有 P,才 Q(符号表达为:P↔Q,即"P 等值于 Q")。

根据其定义,有:

规则 1:肯定前件,就要肯定后件;肯定后件,就要肯定前件。

规则 2:否定前件,就要否定后件;否定后件,就要否定前件。

【提醒】　充要条件假言命题的试题,常以"……当且仅当……"的形式出现。

四、二难推理

(一)简单构成式

如果 P,那么 Q

如果 R,那么 Q

P 或 R

所以,Q

(二)简单破坏式

如果 P,则 Q

如果 P,则 R

非 Q 或者非 R

所以非 P

(三)复杂构成式

如果 P,那么 Q

如果 R,那么 S

P 或者 R

所以,Q 或者 S

(四)复杂破坏式

如果 P,那么 Q

如果 R,那么 S

非 Q 或者非 S

所以,非 P 或者非 R

【例 1】　如果王伟擅长数学,则他报考清华大学,如果他不擅长数学,则他可以报考北京大学。如果他不报考清华大学,则不能报考北京大学。

由此可推出王伟:

A.不擅长数学。

B.报考北京大学。

C.不报考清华大学。

D.报考清华大学。

E.不报考北京大学。

【正确答案】　D

【深度解析】　设"王伟擅长数学"为 a,"报考清华大学"为 b,"报考北京大学"为 c,

则题干信息可整理为:

（1）如果 a，那么 b。

（2）如果非 a，那么 c。

（3）如果非 b，那么非 c。

针对条件（3），根据"否定 Q 必否定 P"，可得：（4）如果 c，那么 b。

由（2）＋（4）可以推出，如果非 a，那么 b。

根据（1）如果 a，那么 b

所以 b，即"报考清华大学"。

综上所述，D 选项为正确答案。

> 【提醒】 二难推理本质上即假言命题的 P 位 Q 位推理。

【例 2】 某健身房经理对健身课程表设置有如下要求：（1）如果有拉丁舞课，那么也要有瑜伽课；（2）如果没有减脂操课，那么必须有动感单车课；（3）爵士舞课和肚皮舞课不能都有；（4）如果没有拉丁舞课而有减脂操课，则需要有爵士舞课。

如果有肚皮舞课，则关于该课程设置的断定哪项为真？

A.有拉丁舞课。

B.有减脂操课。

C.没有减脂操课。

D.没有瑜伽课和动感单车课。

E.有瑜伽课或动感单车课。

【正确答案】 E

【深度解析】 整理题干信息：

（1）如果有拉丁舞课，那么有瑜伽课。

（2）如果没有减脂操课，那么有动感单车课。

（3）非爵士舞课 或 非肚皮舞课（爵士舞课和肚皮舞课不能都有）。

（4）如果非拉丁舞课 且 有减脂操课，那么有爵士舞课。

第一步：题干给出补充条件"有肚皮舞课"，根据（3）可知，"非爵士舞课"为真。

第二步：将"非爵士舞课"为真代入（4），根据"否定 Q 必否定 P"，可知："非（非拉丁舞课 且 有减脂操课）"为真，即"拉丁舞课 或 非减脂操课"为真。

第三步：将"拉丁舞课 或 非减脂操课"为真代入（1）、（2），根据二难推理（或根据"肯定 P 必肯定 Q"）可知，"瑜伽课 或 动感单车课"为真。

综上所述，E 选项为正确答案。

【例 3】 某教育学期刊指出，在家庭中或者是父亲占强势位置，或者是母亲占强势位置。如果是父亲在家庭中占强势位置，则孩子表达欲较强而不善于倾听；如果是母亲在家庭中占强势位置，则孩子倾听欲较强而不善于表达。

根据上述教育学期刊的断定，可以得出以下哪个选项？

A.孩子将显得表达欲较强而不善于倾听，或者倾听欲较强而不善于表达。

B.如果孩子倾听欲较强而不善于表达，那么是母亲在家庭中占强势位置。

C.如果孩子表达欲较强而不善于倾听，那么是父亲在家庭中占强势位置。

D.孩子可能不会倾听欲较强而不善于表达，也不会表达欲较强而不善于倾听。

E.如果时而表达欲较强而不善于倾听，时而倾听欲较强而不善于表达，那么父亲和母亲都

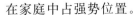

在家庭中占强势位置。

【正确答案】　A

【深度解析】　整理题干信息：

(1)父亲占强势位置 或 母亲占强势位置。

(2)如果是父亲在家庭中占强势位置,则孩子表达欲较强而不善于倾听。

(3)如果是母亲在家庭中占强势位置,则孩子倾听欲较强而不善于表达。

将(1)代入(2)、(3),根据二难推理(或根据"肯定P必肯定Q")可知,"显得表达欲较强而不善于倾听 或 倾听欲较强而不善于表达"为真。

综上所述,A选项为正确答案。

五、结构比较

结构比较题有两种解题思路：

思路一：机械比较法

依照以下口诀比较对照题干与选项的结构,可快速选择正确答案。

命题数量一致,命题性质相同,核心词位置一致,否定词位置相同。

思路二：抽象比较法

抽象出题干的论证逻辑,抽象出选项的论证逻辑,与题干最相似的为正确答案。

【例1】　湖南人爱吃辣椒,秋霞爱吃辣椒,所以,秋霞是湖南人。

以下哪个选项最明确地显示了上述推理的荒谬？

A. 所有的海南人都肤色较黑,刘翰是海南人,所以,刘翰肤色较黑。

B. 影视明星都外形靓丽,潘安外形靓丽,所以,潘安是影视明星。

C. 涵涵爱乐乐,乐乐爱吃话梅,所以,涵涵爱吃话梅。

D. 所有电话都需要用电,所以,有些需要用电的是电话。

E. 韩梅梅喜欢英语,所以,韩梅梅的同学都喜欢英语。

【正确答案】　B

【深度解析】　B选项满足与题干"命题数量一致,命题性质相同,核心词的位置一致,否定位置相同"。

【例2】　王涛说:凡属在美国出生的婴儿都拥有美国国籍,约翰不是在美国出生的婴儿,所以,约翰没有美国国籍。

以下哪一个推理明显说明王涛的论证不成立？

A. 所有通过公务员笔试和面试的人都进入了政府部门工作,张丽没有通过公务员笔试和面试,所以张丽不在政府部门工作。

B. 高校教师都有硕士及以上学历,宋爽有硕士及以上学历,所以,宋爽是高校教师。

C. 所有工商管理专业的大学生都学过《管理学》,赵三平是工商管理专业的大学生,所以,赵三平学过《管理学》。

D. 驾驶机动车辆闯红灯行为都是违反交通法规的行为,违反交通法规的行为都必须扣分,所以,所有驾驶机动车辆闯红灯行为都将被扣分。

E. 如果肉类不接触微生物就不会腐败。铝质包装不滋生微生物。因此,如果将肉类使用铝质包装储存,肉类就不会腐败。

【正确答案】 A

【深度解析】 A选项满足与题干"命题数量一致,命题性质相同,核心词的位置一致,否定位置相同"。

【例3】 如果要通过研究生入学考试,必须花大量时间看书,并做足够量的练习题。有些考生虽然做了足够量的练习题,但没有花大量时间看书。因此,有些做了足够量的练习题的考生没有通过研究生入学考试。

以下哪个选项的逻辑结构与题干的逻辑结构最为类似?

A. 据规定,要获得一等奖学金,必须成绩优秀,并且担任学生会干部。有些一等奖学金的获得者担任学生会干部,但成绩不优秀。因此,学校评选一等奖学金的规定没有得到很好的执行。

B. 一部影视剧要获得高收视率,必须既有精彩的情节,又有优秀的演员。有些高收视率的影视剧情节乏善可陈。因此,有些高收视率的影视剧主要靠优秀的演员。

C. 任何从来上不上《高等数学》课的同学都需要重修该课程,有的同学不需要重修《高等数学》。因此,有的同学几乎从不旷课《高等数学》。

D. 要通过投资二手房获利,必须购买位于城市中心的二手房,或找到增值空间大的房源。有的二手房虽然位于城市中心,但增值空间太小。因此,有的二手房不适合投资。

E. 低龄儿童的睡前读物必须有趣味性而且传递正确价值观,有的睡前读物传递正确价值观但几乎没有趣味性。因此,有的传递正确价值观的睡前读物不适合低龄儿童。

【正确答案】 E

【深度解析】 根据结构比较题型的思路二:抽象出题干的论证逻辑,抽象出选项的论证逻辑,与题干最相似的为正确答案。

题干:要a,必须b且c。有b,但无c,所以非a。

E选项满足题干的论证逻辑。

其他选项不满足,例如B选项的论证为:要a,必须b且c。有a,但无b,所以c。

综上所述,E选项为正确答案。

【例4】 在印度发现了一群不平常的陨石,它们的构成元素表明,它们只可能来自水星、金星和火星。由于水星靠太阳最近,它的物质可能被太阳吸引而不可能落到地球上;这些陨石也不可能来自金星,因为金星表面的任何物质都不可能摆脱它和太阳的引力而落到地球上。因此,这些陨石很可能是某次巨大的碰撞后从火星落到地球上的。

上述论证方式和以下哪个最为类似?

A. 这起谋杀或是劫杀,或是仇杀,或是情杀。但作案现场并无财物丢失;死者家庭和睦,夫妻恩爱,并无情人。因此,最大的可能是仇杀。

B. 如果张甲是作案者,那必有作案动机和作案时间。张甲确有作案动机,但没有作案时间。因此,张甲不可能是作案者。

C. 此次飞机失事的原因,或是人为破坏,或是设备故障,或是操作失误。被发现的黑匣子显示,事故原因的确是设备故障。因此,可以排除人为破坏和操作失误。

D. 所有的自然数或是奇数,或是偶数。有些自然数不是奇数,因此,有的自然数是偶数。

E. 任一三角形或是直角三角形,或是钝角三角形,或是锐角三角形。这个三角形有两个内角之和小于90度。因此,这个三角形是钝角三角形。

【正确答案】 A

【深度解析】 根据结构比较题型的思路二:抽象出题干的论证逻辑,抽象出选项的论证逻辑,与题干最相似的为正确答案。

题干:a 或 b 或 c,非 a,非 b,所以 c。

A 选项满足题干的论证逻辑。

 本章练习

【1~2 基于以下同一个题干】

1.已知四个断定:

(1)任何在高速公路上运行的交通工具的时速必须超过 60 公里。

(2)自行车的最高时速是 20 公里。

(3)我的汽车只有逢双日才被允许在高速公路上驾驶。

(4)今天是 5 月 18 日。

如果上述四个断定都是真的,下面哪项断定也一定是真的?

Ⅰ.自行车不允许在高速公路上行驶。

Ⅱ.今天我的汽车仍然可能不被允许在高速公路上行驶。

Ⅲ.如果我的汽车的时速超过 60 公里,那么当日肯定是逢双日。

A.Ⅰ、Ⅱ和Ⅲ。

B.仅Ⅰ。

C.仅Ⅰ和Ⅱ。

D.仅Ⅰ和Ⅲ。

E.仅Ⅱ和Ⅲ。

2.假设只有高速公路才有最低时速限制,则从上述断定加上以下哪个选项条件可合理地得出结论:"如果我的汽车正在行驶的话,时速不必超过 60 公里。"

A.(2)改为:"自行车的最高时速可达 60 公里"。

B.(1)改为:"任何在高速公路上运行的交通工具的时速必须超过 70 公里"。

C.(3)改为:"我的汽车在高速公路上行驶不受单双日限制"。

D.(4)改为:"今天是 5 月 20 日"。

E.(4)改为:"今天是 5 月 19 日"。

3.稻香园小区有住户家中养了宠物犬。除非小区中有住户家中养宠物犬,否则任何小区都未设立宠物护理中心。玫瑰园小区设立了宠物护理中心。

如果上述断定都为真,则以下哪个选项据此不能断定真假?

Ⅰ.稻香园小区有的住户家中没有养宠物犬。

Ⅱ.稻香园小区设立了宠物护理中心。

Ⅲ.玫瑰园小区的住户家中都养了宠物犬。

A.只有Ⅰ。

B.只有Ⅱ。

C.只有Ⅲ。

D.只有Ⅱ和Ⅲ。

E.Ⅰ、Ⅱ和Ⅲ。

4. 刘莎:要有爱行,必须有爱心。

　　梁远:除非有爱行,否则不会有爱心。

　　以下哪种情况和梁远的断定矛盾,和刘莎的不矛盾?

　　A. 如果要有爱行,那么就要有爱心。

　　B. 只有有爱行,才会有爱心。

　　C. 丙无爱心但有爱行。

　　D. 丁无爱心且无爱行。

　　E. 甲有爱心但无爱行。

5. 如果梅长苏智技卓绝,那么他就一定有办法洗刷赤焰军的冤屈,而且对爱情畏畏缩缩;如果梅长苏确实武艺高强,那么他就不可能在到达金陵后受伤。事实上,梅长苏对爱情非常勇敢,到达金陵后屡次受伤。

　　根据以上陈述,可以得出以下哪个选项结论?

　　A. 即使梅长苏确实武艺高强,也不一定对爱情非常勇敢。

　　B. 虽然梅长苏对爱情非常勇敢,但他可能确实武艺高强。

　　C. 如果梅长苏失去了武功,那么他智技卓绝。

　　D. 如果梅长苏并非智技卓绝,那么他武艺高强。

　　E. 梅长苏并非智技卓绝,而且他并非武艺高强。

6. 某超市仓库发生了失窃案。超市店长分析确定,这是一起典型的内盗案,可以断定仓库管理员宋江、吴用、范昌、周剑中至少有一人是作案者。

　　超市店长对四人进行了询问,四人的回答如下:

　　宋江:"如果吴用不是窃贼,我也不是窃贼。"

　　吴用:"我不是窃贼,范昌是窃贼。"

　　范昌:"宋江或者吴用是窃贼。"

　　周剑:"吴用或者范昌是窃贼。"

　　后来事实表明,他们四人中只有一人说了真话。

　　根据以上陈述,以下哪个选项一定为假?

　　A. 范昌说的是假话。

　　B. 范昌不是窃贼。

　　C. 吴用不是窃贼。

　　D. 周剑说的是真话。

　　E. 宋江说的是真话。

7. 如果小赵通过考试,那么小钱、小孙和小李将一起通过考试。

　　如果上述断定是真的,那么以下哪个选项也是真的?

　　A. 如果小赵没通过考试,那么小钱、小孙和小李三人中至少有一人没通过考试。

　　B. 如果小赵没通过考试,那么小钱、小孙和小李都没通过考试。

　　C. 如果小钱、小孙和小李都通过了考试,那么小赵通过了考试。

　　D. 如果小李没通过考试,那么小钱和小孙不会都通过考试。

　　E. 如果小孙没通过考试,那么小赵和小李不会都通过考试。

8. 临江市地处东部沿海,下辖临东、临西、江南、江北四个区,近年来,文化旅游产业成为该市的经济增长点。2010 年,该市一共吸引全国游客数十万人次。2010 年 12 月底,关于该市四个

区吸引游客人数多少的排名,各区旅游局长作了如下预测:

临东区旅游局长:如果临西区第三,那么江北区第四;

临西区旅游局长:只有临西区不是第一,江南区才是第二;

江南区旅游局长:江南区不是第二;

江北区旅游局长:江北区第四。

最终的统计表明,只有一位局长的预测符合事实,则临东区当年吸引游客人次的排名是

A. 第一。

B. 第二。

C. 第三。

D. 第四。

E. 在江北区之前。

9. 某出版社近年来出版物的错字率较前几年有明显上升,引起了读者的不满和有关部门的批评,这主要是该出版社大量引进非专业编辑所致。当然,近年来该社出版物的大量增加也是一个重要原因。

上述议论中的漏洞,也类似地出现在以下哪个选项中?

Ⅰ.美国航空公司近两年来的投诉率比前几年有明显的下降,这主要是由于该航空公司在裁员整顿的基础上,有效地提高了服务质量。当然,"9.11"事件后航班乘客数量的锐减也是一个重要原因。

Ⅱ.统计数字表明:近年来我国心血管病的死亡率,即由心血管病导致的死亡率在整个死亡人数中的比例,较前有明显增加,这主要是由于随着经济的发展,我国民众的饮食结构和生活方式发生了容易诱发心血管病的不良变化。当然,由于心血管病主要是老年病,因此,我国人口的老龄化,即人口中老年人比例的增加也是一个重要原因。

Ⅲ.某市去年的高考录取率比前年增加 15%,这主要是由于各中学狠抓了教育质量。当然,另一个重要原因是,该市今年参加高考的人数比去年增加了 20%。

A.仅Ⅰ和Ⅱ。

B.仅Ⅱ和Ⅲ。

C.仅Ⅰ和Ⅲ。

D.仅Ⅰ。

E.Ⅰ、Ⅱ和Ⅲ。

10. 国际足联一直坚称,世界杯冠军队所获得的"大力神"杯是实心的纯金奖杯,某教授经过精密测量和计算认为,世界杯冠军奖杯——实心的"大力神"杯不可能是纯金制成的,否则球员根本不可能将它举过头顶并随意挥舞。

以下哪个选项与这位教授的意思最为接近?

A.若球员能够将"大力神"杯举过头顶并自由挥舞,则它很可能是空心的纯金杯。

B.只有"大力神"杯是实心的,它才可能是纯金的。

C.若"大力神"杯是实心的纯金杯,则球员不可能把它举过头顶并随意挥舞。

D.只有球员能够将"大力神"杯举过头顶并自由挥舞,它才由纯金制成,并且不是实心的。

E.若"大力神"杯是由纯金制成,则它肯定是空心的。

【11~12 基于以下同一个题干】

11. 只要提供水分,绿豆就能发芽。

以下哪个选项正确地表达了上述断定？

(1)如果绿豆能发芽,则一定提供了水分。

(2)如果绿豆没发芽,则一定没提供水分。

(3)除非没有提供水分,否则绿豆就能发芽。

A. 只有(1)。

B. 只有(2)。

C. 只有(3)。

D. 只有(2)和(3)。

E. (1)、(2)和(3)。

12. 以下哪个选项如果为真,说明上述断定不成立？

(1)提供水分,但绿豆没发芽。

(2)没提供水分,但绿豆能发芽。

(3)没提供水分,绿豆没发芽。

A. 只有(1)。

B. 只有(2)。

C. 只有(3)。

D. 只有(2)和(3)。

E. (1)、(2)和(3)。

13. 当我们接受他人太多恩惠时,我们的自尊心就会受到伤害。如果你过分地帮助他人,就会让他觉得自己软弱无能。如果让他觉得自己软弱无能,就会使他陷入自卑的苦恼之中。一旦他陷入这种苦恼之中,他就会把自己苦恼的原因归罪于帮助他的人,反而对帮助他的人心生怨恨。

如果以上陈述为真,以下哪个选项一定为真？

A. 你不要过分地帮助他人,否则使他陷入自卑的苦恼之中。

B. 如果他的自尊心受到了伤害,他一定接受了别人的太多恩惠。

C. 如果不让他觉得自己软弱无能,就不要去帮助他。

D. 只有你过分地帮助他人,才会使他觉得自己软弱无能。

E. 为了使别人的自尊心不受伤害,最好不要给别人帮助。

14. 报考管理类专业硕士,需要参加管理类联考,管理类联考中包含了初等数学、逻辑、写作三个模块。要考上管理类专业硕士,有两个必要条件:第一,在考前训练逻辑历年真题的所有知识点;第二,在真实考场达到一定的准确率。《逻辑复习全书》包含了逻辑历年真题的所有知识点。

如果上述断定是真的,则以下有关报考管理类专业硕士的学生的推断中,哪项是成立的？

Ⅰ.杨杰完整学习了《逻辑复习全书》并且在真实考场达到较高的准确率,因此,他一定考上了管理类专业硕士。

Ⅱ.熊峥考上了管理类专业硕士,但未使用《逻辑复习全书》,因此他肯定在真实考场达到一定的准确率。

Ⅲ.李江在真实考场达到一定的准确率,但没有考上管理类专业硕士,因此,他一定没有在考前训练逻辑历年真题的所有知识点。

A. 仅Ⅰ。

B. 仅Ⅱ。

C. 仅Ⅲ。

D. 仅Ⅱ和Ⅲ。

E. Ⅰ、Ⅱ和Ⅲ。

15. 世界乒乓球锦标赛男子团体赛决赛前,S国的教练在排兵布阵。他的想法是:如果4号队员的竞技状态好并且伤势已经痊愈,那么让4号队员出场。只有4号队员不能出场时才派6号队员出场。

　　如果决赛时6号队员出场,则以下哪一项一定为真?

　　A. 4号队员伤势比较重。

　　B. 4号队员的竞技状态不好。

　　C. 6号队员没有受伤。

　　D. 如果4号队员伤已痊愈,那么他的竞技状态不好。

　　E. 4号队员出场。

16. 国际田径邀请赛在日本东京举行,方明、马亮和丹尼斯三人中至少有一人参加了男子100米比赛。而且:

　　(1)如果方明参加男子100米,那么马亮也一定参加。

　　(2)报名参加男子100米的人必须提前进行尿检,经邀请赛的专家审查通过后才能正式参赛。

　　(3)丹尼斯是在赛前尿检工作结束后才赶来报名的。

　　根据以上情况,以下哪个选项一定为真?

　　A. 方明参加了男子100米比赛。

　　B. 马亮参加了男子100米比赛。

　　C. 丹尼斯参加了男子100米比赛。

　　D. 方明和马亮都参加了男子100米比赛。

　　E. 不能确定。

17. 世界级的马拉松选手每天跑步不少于两小时,除非是元旦、星期天或得了较严重的疾病。

　　若以上论述为真,以下哪个选项所描述的人不可能是世界级马拉松选手?

　　A. 某人连续三天每天跑步仅一个半小时,并且没有任何身体不适。

　　B. 某运动员几乎每天都要练习吊环。

　　C. 某人在脚伤痊愈的一周里每天跑步至多一小时。

　　D. 某运动员在某个星期三没有跑步。

　　E. 某运动员身体瘦高,别人都说他像跳高运动员,他的跳高成绩相当不错。

 本章练习深度解析

1.【答案】 C

　　【深度解析】 Ⅰ是真的。

　　由(1)"任何在高速公路上运行的交通工具的时速必须超过60公里"可知,"时速超过60公里"是交通工具上高速的必要条件。根据(2),自行车是不具备这个必要条件了,所以"自行车不允许在高速公路上行驶"必然真。

Ⅱ是真的。

由(3)"我的汽车只有逢双日才被允许在高速公路上驾驶"可知,"双日"是"我的汽车上高速公路"的必要条件,而根据(4)今天是双日,所以我的汽车只是具备了上高速的必要条件,可能被允许上高速,可能不被允许上高速。故"今天我的汽车仍然可能不被允许在高速公路上行驶"为真。

Ⅲ是不确定的。

根据(1)"任何在高速公路上运行的交通工具的时速必须超过60公里"可知,如果是在高速公路上运行的交通工具,那么时速超过60公里。Ⅲ从"我的汽车的时速超过60公里"出发开始推理,相当于从肯定Q开始推理,不满足P位Q位推理规则,故Ⅲ是不确定的。

综上所述,C选项为正确答案。

2.**【答案】** E

【深度解析】 E选项将上述题干的(4)改为:"今天是5月19日"后,根据(3),我的汽车就不能上高速。根据"假设只有高速公路才有最低时速限制",如果我的汽车不能上高速,所以没有最低时速限制,所以"时速不必超过60公里"必为真。

综上所述,E选项为正确答案。

3.**【答案】** E

【深度解析】 整理题干:

除非小区中有住户家中养宠物犬,否则任何小区都未设立宠物护理中心

即"除非小区中有住户家中养宠物犬,否则未设立宠物护理中心"

= 只有小区中有住户家中养宠物犬,才设立宠物护理中心

= 如果设立宠物护理中心,那么小区中有住户家中养宠物犬

根据题干有如下三个条件:

(1)如果设立宠物护理中心,那么小区中有住户家中养宠物犬。

(2)稻香园小区有住户家中养了宠物犬。

(3)玫瑰园小区设立了宠物护理中心。

Ⅰ是不确定的。

Ⅰ"稻香园小区有的住户家中没有养宠物犬"是直言命题中的O命题。由(2)知,稻香园小区有住户家中养了宠物犬,即直言命题中的I命题真。I、O命题为下反对关系。下反对关系的口诀为"不可同假,但可同真"。I命题为真,所以O命题为不确定。

Ⅱ是不确定的。

Ⅱ从"稻香园小区有住户家中养了宠物犬"出发,根据(1)得出了"稻香园小区设立了宠物护理中心"的结论,相当于通过肯定Q来肯定P,不满足P位Q位推理规则,所以Ⅱ是不确定的。

Ⅲ是不确定的。

根据(3),代入(1),可得出"玫瑰园小区中有住户家中养宠物犬"的结论,这个结论是直言命题中的I命题;Ⅲ"玫瑰园小区的住户家中都养了宠物犬"是直言命题中的A命题。I命题、A命题之间为从属关系,根据从属关系的口诀"小的真来,大不知"可知,Ⅲ为不确定。

综上所述,E选项为正确答案。

4.**【答案】** E

【深度解析】 梁远:除非有爱行,否则不会有爱心

= 只有有爱行,才会有爱心

梁远所给命题的负命题一定和梁远的断定矛盾。

根据"只有 Q,才 P 的负命题为非 Q 且 P",梁远所说命题的负命题为:

没有爱行,也有爱心。

综上所述,E 选项为正确答案。

5.【答案】　E

【深度解析】　整理题干,可知:

(1)如果梅长苏智技卓绝,那么他有办法洗刷赤焰军的冤屈 且 对爱情畏畏缩缩。

(2)如果梅长苏确实武艺高强,那么他就不可能在到达金陵后受伤。

(3)事实上,梅长苏对爱情非常勇敢,到达金陵后屡次受伤。

将(3)中"梅长苏对爱情非常勇敢"代入(1),根据"否定 Q 必否定 P"可知,梅长苏并非智技卓绝。

将(3)中"梅长苏到达金陵后屡次受伤"代入(2),根据"否定 Q 必否定 P"可知,梅长苏并非武艺高强。

综上所述,E 选项为正确答案。

6.【答案】　D

【深度解析】　整理题干信息:

(1)宋江:吴用 或 非宋江

(2)吴用:非吴用 且 范昌

(3)范昌:宋江 或 吴用

(4)周建:吴用 或 范昌

题干已知只有一个人说了真话,

【解法 1】

第一步:若"吴用"为真,则(1)(3)(4)同时真;所以"非吴用"为真,"吴用"为假;

第二步:如果"范昌"真,则(2)(4)同时真;所以"非范昌"为真,"范昌"为假;

第三步:周建说"吴用 或 范昌",所以周建说的话必定为假。

【解法 2】

由于"宋江""非宋江"为矛盾关系,故(1)(3)必有一真,

由于"只有一个人说了真话",故(3)和(4)必为假。所以周建说的话必定为假。

综上所述,正确答案为 D 选项。

7.【答案】　E

【深度解析】　题干"如果小赵通过考试,那么小钱、小孙和小李将一起通过考试"是一个"如果 P,那么 Q"的充分条件假言命题。

A 选项从"小赵没通过考试"出发开始推理,相当于从"否定 P"出发,不满足 P 位 Q 位推理规则,所以 A 选项不确定。

B 选项同 A,故不确定。

C 选项从"小钱、小孙和小李都通过了考试"出发开始推理,相当于从肯定 Q 出发,不满足 P 位 Q 位推理规则,所以 C 选项不确定。

D 选项是在 Q 位的内部进行推理,不满足 P 位 Q 位推理规则,所以 D 选项不确定。

E 选项从"小孙没通过考试"出发,由于"小钱、小孙和小李将一起通过考试"是一个联言命题,所以已知"小孙没通过考试"相当于否定 Q,可以得出否定 P,即"小赵没有通过考试"的结论。

既然小赵没有通过考试,所以"小赵和小李都通过考试"必定为假。

综上所述,E 选项为正确答案。

8.【答案】 D

【深度解析】 整理题干信息:

(1)临西区不是第三 或 江北区第四(根据 如果 P,那么 Q = 非 P 或 Q 可得)。

(2)江南区不是第二 或 临西区不是第一。

(3)江南区不是第二。

(4)江北区第四。

第一步:若(4)真,则(1)真,如此可以推出(4)假,所以"江北区不是第四";

若(3)真,则(2)真;如果可以推出(3)假,所以"江南区在第二";

根据"江北区不是第四"、"江南区是第二"可知:江北区要么是第一,要么是第三。

第二步:根据(4)假、(3)假,再由"一位局长预测真",可知真话出现在第一、第二句,可推知:"临西区不是第一,临西区不是第三"有且必有一个为真,即,临西区不是第一,就是第三。

第三步:根据"江北区要么是第一,要么是第三"、"临西区不是第一,就是第三"知,江北区、临西区一个是第一,一个是第三;再根据"江南区是第二",可推知"临东区只能是第四"。

综上所述,D 选项为正确答案。

9.【答案】 C

【深度解析】 题干认为"近年来该社出版物的大量增加"是"出版物的错字率较前几年有明显上升"的一个重要原因。此处存在漏洞,分析如下。

假设,去年事实上一共发行 1000 万本书。

真实的错字率=(1000 万本书中的所有的错字数/1000 万本书中的所有字数)×100%

一般通过"抽样"的方法来进行统计分析。选择三个样本。

样本一:10 万本书;样本二:50 万本书;样本三:100 万本书。

样本一的错字率=(10 万本书中的所有的错字数/10 万本书中的所有字数)×100%

样本二的错字率=(50 万本书中的所有的错字数/50 万本书中的所有字数)×100%

样本三的错字率=(100 万本书中的所有的错字数/100 万本书中的所有字数)×100%

无论是样本一的错字率,还是样本二、三的错字率,都是对"真实的错字率"的反馈,三个样本的错字率都无限接近真实的错字率,并不会随着样本容量变大,而导致其代表的"真实的错字率"上升。

题干的漏洞在于其认为,样本"近年来该社出版物"容量的变大,是统计指标"错字率"上升的原因,而实际上二者之间是没有关系的。

Ⅰ认为,美航的统计指标"投诉率"下降了,"航班乘客数量的锐减"是一个重要原因。实际上,"航班乘客数量"是统计"投诉率"的样本。Ⅰ的漏洞同题干。

Ⅱ认为,"心血管病的死亡率提高了","我国人口的老龄化"是一个重要原因。而"老龄化"是指在人口中,老年人的比例增加。很明显,"老龄化"描述的是一个相对数,而样本的大与小,是用"绝对数"来描述的。所以Ⅱ与题干不同。

Ⅲ认为,"高考录取率"增加了,"参加高考的人数比去年增加了"是一个重要原因。实际上,"参加高考的人数"是统计"高考录取率"的样本。Ⅲ的漏洞同题干。

综上所述,C 选项为正确答案。

10.【答案】 C

【深度解析】 题干:

世界杯冠军奖杯——实心的"大力神"杯不可能是纯金制成的,否则球员根本不可能将它举过头顶并随意挥舞。

根据"(除非)……否则……=只有……才非……"可知,"只有大力神杯不是(纯金 且 实心的),球员才能举过头顶并随意挥舞",为"只有 Q,才 P"的结构,其中 Q 位是"大力神杯不是(纯金 且 实心的)",P 位是"球员能将之举过头顶并随意挥舞"。

C 选项从"大力神杯是实心的纯金杯"出发,相当于否定 Q,根据"否定 Q 必否定 P"可知,"球员不能将之举过头顶并随意挥舞"。

综上所述,C 选项为正确答案。

11.【答案】 D

【深度解析】 题干:"只要提供水分,绿豆就能发芽",即"如果提供水分,那么绿豆能发芽"。

(1)从"绿豆能发芽"出发,得出"一定提供了水分"的结论,相当于从肯定 Q 出发,不满足 P 位 Q 位推理规则,所以(1)为不确定。

(2)从"绿豆没发芽"出发,得出"一定没提供水分"的结论,相当于"否定 Q 必否定 P",所以(2)是真的。

(3)说"除非没有提供水分,否则绿豆就能发芽",根据"除非……否则……=只有……才非……"可知,(3)等于"只有没提供水分,绿豆才不能发芽";根据"只有 Q,才 P=如果 P,那么 Q"可知,(3)等于"如果不能发芽,那么没提供水分"。(3)等于(2),所以(3)也是真的。

综上所述,D 选项是正确答案。

12.【答案】 A

【深度解析】 已知"只要提供水分,绿豆就能发芽",即"如果提供水分,那么绿豆能发芽"。其负命题一定为假。

根据"如果 P,那么 Q"的负命题为"P 且 非 Q",题干信息中"提供水分"为 P,"绿豆发芽"为 Q,可知,A 选项为正确答案。

13.【答案】 A

【深度解析】 整理题干信息,可得:

过分的帮助他人→觉得自己软弱无能→陷入自卑烦恼→归罪于帮助自己的人

A 选项:

你不要过分地帮助他人,否则使他陷入自卑的苦恼之中

= (除非)你不要过分地帮助他人,否则使他陷入自卑的苦恼之中

= 只有你不要过分地帮助他人,才不会使他陷入自卑的苦恼之中

= 如果不会使他陷入自卑的苦恼之中,那么你不要过分地帮助他人

A 选项相当于针对上述推理链条,从"不陷入自卑烦恼"出发,往"不过分地帮助他人"推,即逆着箭头的方向,以否定的方式完成推理,所以 A 选项必然为真。

14.【答案】 B

【深度解析】 整理题干信息:

(1)要考上管理类专业硕士,有两个必要条件:第一,在考前训练逻辑历年真题的所有知识点;第二,真实考场达到一定的准确率。

即"要考上管理类专业硕士,那么(第一 且 第二)"。

(2)完整学习《逻辑复习全书》是"考前训练逻辑历年真题的所有知识点"的充分条件。

Ⅰ为不确定。因为杨杰只是具备了"考上管理类专业硕士"的两个必要条件，无法推出必然性结论。根据"肯定 Q 不能肯定 P"也可以推出Ⅰ是不确定的。

Ⅱ是真的。因为熊峥考上了管理类专业硕士，可以推出他一定具备两个必要条件。根据"肯定 P 必肯定 Q"也可以推出Ⅱ是真的。

Ⅲ为不确定。因为李江没有考上管理类专业硕士，有可能具备必要条件，也可能不具备必要条件。根据"否定 P 不能否定 Q"也可以推出Ⅲ为不确定。

综上所述，B 选项为正确答案。

15.【答案】 D

【深度解析】 整理题干：

(1)如果（4 号竞技状态好 且 伤愈），那么 4 号出场；

(2)如果 6 号出场，那么 4 号不能出场。

对上述(1)，根据"否定 Q 必否定 P"可知，如果 4 号不出场，那么 4 号竞技状态不好或未伤愈。整理可得推理链条：

6 号出场→4 号不能出场→4 号竞技状态不好 或 未伤愈

题干说"决赛时 6 号队员出场"，可知"4 号竞技状态不好 或 未伤愈"为真。

4 号队员伤已痊愈，根据"对于一个为真的相容选言命题，否定一个必肯定一个"可知，"4 号的竞技状态不好"。

综上所述，D 选项为正确答案。

16.【答案】 B

【深度解析】 整理题干：

(1)方 或 马 或 丹。

(2)如果方，那么马。

(3)非丹。

对上述(2)，根据"否定 Q 必否定 P"可知，如果非马，那么非方。

假设马没有参加，那么方也没有参加。再加上"非方"，则会与"方 或 马 或 丹"矛盾，所以马一定参加了。

综上所述，B 选项为正确答案。

17.【答案】 A

【深度解析】 题干信息可以整理为：如果是世界级马拉松选手，那么每天跑步不少于两小时，元旦、周日或重病除外。

A 选项说"连续三天 且 没有任何身体不适"，已经排除了元旦、周日或重病的可能性。"跑步仅一个半小时"相当于否定了"每天跑步不少于两小时"，根据"否定 Q 必否定 P"可知，A 选项所描述的某人不是世界级马拉松选手。

综上所述，A 选项为正确答案。

第六章　论证逻辑大纲要求及基本技巧

一、论证逻辑的大纲要求

综合能力考试中的逻辑推理部分主要考查考生对各种信息的理解、分析和综合,以及相应的判断、推理、论证等逻辑思维能力,不考察逻辑学的专业知识。试题题材涉及自然、社会和人文等各个领域,但不考查相关领域的专业知识。

论证逻辑的题型:假设型、支持型、削弱型、评价型、解释型、语义型。

论证逻辑的要求:

(1)快速阅读、抓关键信息、找出答案;

(2)严格审题,明确目标;

(3)根据题设要求思考,立足考点,不钻牛角尖。

二、论证逻辑基本技巧

(一)快速抓住题干

题干分为前提和结论(或论据和论点)两个部分。为了方便,一般用"X"指代前提,用"Y"指代结论。

抓准结论非常重要,结论有可能出现在题干的开头、结尾或题干的其它任何一个地方。如下标志能帮助考生快速寻找结论:所以、于是、结果、因此、这样、推出、得出、作为一个结果、显示出等。

(二)快速判断题干类型

题干可以概括为四种类型:原因结果型、问题方法型、差比关系型、其他型。

1. 原因结果型

(1)X、Y 分别表原因、结果

【示例】　26～35 岁之间的年轻人和父母居住在一起的百分比从 2001 年的 48% 上升到 2015 年的 53%。分析认为,在 2015 年,这个年龄组的人更加难以负担独立生活。

【解析】　X:因为——难以负担独立生活。

Y:所以——和父母居住在一起的百分比上升。

(2)Y 内部表原因、结果

【示例】　20 世纪以来,欧洲国家的心理学家认为戴墨镜的病人更易于消沉并患上忧郁症。对因诸如心脏疼痛和消化不良等身体不适而住院的病人进行的心理测试证实了这一联系。或许觉得周围的一切使得心理上痛苦的人选择这样的墨镜去减少视觉刺激,视觉刺激被认为是令人易发怒的。不管怎么说,可以得出结论,如果人们戴上这样的墨镜,是因为戴墨镜者有消沉或患有忧郁症的倾向。

【解析】 Y:如果人们戴上这样的墨镜,这是因为戴墨镜者有消沉或患有忧郁症的倾向。

Y 的内部:因为——有消沉或患有忧郁症的倾向;

所以——戴上这样的墨镜。

(3)X 内部表原因、结果

【示例】 自 20 世纪有色冶金业在世界范围内成为一个产业以来,人们一直担心它所造成的污染将会严重影响人类的健康。但统计数据表明,近半个世纪以来,有色冶金业发达的工业化国家的人均寿命增长率,大大高于有色冶金业不发达的发展中国家。因此,人们关于有色冶金业危害人类健康的担心是多余的。

【解析】 X:这半个世纪以来,有色冶金业发达的工业化国家的人均寿命增长率,大大高于有色冶金业不发达的发展中国家。

Y:人们关于有色冶金业危害人类健康的担心是多余的。

X 的内部:因为——有发达的有色冶金业;

所以——有更高的人均寿命增长率。

2. 问题方法型

(1)X、Y 分别表问题、方法

【示例】 集团董事会决定减少中层管理者的数量。集团董事会计划首先解雇效率较低的中层管理者,而不是简单地按照年龄的长幼决定解雇哪些中层管理者。

【解析】 X:问题——集团董事会决定减少中层管理者的数量。

Y:方法——集团董事会计划首先解雇效率较低的中层管理者。

(2)Y 内部表问题、方法,X 内部表问题、方法

【示例】 尽管有关法律越来越严厉,盗猎现象并没有得到有效扼制,反而有愈演愈烈的趋势,特别是对麋鹿的捕杀。一只没有角的麋鹿对盗猎者是没有价值的,野生动物保护委员会为了有效地保护麋鹿,计划将所有的麋鹿角都切掉,以使它们免遭厄运。

【解析】 Y:野生动物保护委员会为了有效地保护麋鹿,计划将所有的麋鹿角都切掉,以使它们免遭厄运。

Y 的内部:问题——有效地保护麋鹿;

方法——计划将所有的麋鹿角都切掉。

3. 差比关系型

(1)X、Y 之间构建了差比关系

【示例】 法庭的被告中,被指控强奸的定罪率,要远高于被指控贩毒的定罪率。其重要原因是后者能聘请收费昂贵的私人律师,而前者主要由法庭指定的律师辩护。

【解析】 X:两者律师的差——后者能聘请收费昂贵的私人律师,而前者主要由法庭指定的律师辩护。

Y:两者定罪率的差——法庭被告中,被指控强奸的定罪率,要远高于被指控贩毒的定罪率。

(2)Y 内部构建了差比关系

【示例】 是过于集中的经济模式,而不是气候状况,造成近年来 H 国糟糕的粮食收成。K 国和 H 国耕地条件基本相同,但当 H 国的粮食收成连年下降的时候,K 国的粮食收成却连年

上升。

【解析】　X:K 国和 H 国耕地条件基本相同。

H 国的粮食收成连年下降的时候,K 国的粮食收成却连年上升。

Y:是过于集中的经济模式,而不是气候状况,造成近年来 H 国糟糕的粮食收成。

Y 的内部:经济模式差——粮食收成差。

(3)X 内部构建了差比关系

【示例】　在一项试验中,第一组被试验者摄取了大量的味精,第二组则没有吃味精。结果发现,吃味精的人比没有吃味精的人认知能力低。这一试验说明,味精中所含的某种成分会影响人的认知能力。

【解析】　X:在一项试验中,第一组被试验者摄取了大量的味精,第二组则没有吃味精。结果发现,吃味精的人比没有吃味精的人认知能力低。

Y:味精中所含的某种成分会影响人的认知能力。

X 的内部:摄取和不摄取味精的差——认知能力的差。

4. 其他型

上述三种类型以外的题干,称为其他型。

(三)题干成分分析法

分析题干前提与结论的句子成分,重点是分析前提中主语和结论中主语的关系,以及前提中宾语和结论中宾语的关系。

【示例】　临床试验显示,对偶尔食用一定量的水果罐头的人而言,大多数品牌水果罐头的添加剂并不会导致肝肾负担过大。因此,人们可以放心食用水果罐头而无须担心对健康的影响。

以下哪个选项如果为真,最能削弱上述论证?

A. 食用大量水果罐头不利于肝肾健康。

B. 肝肾健康不等于身体健康。

C. 有的水果含有对人体有害的物质。

D. 喜欢吃水果罐头的人往往也喜欢食用其他对肝肾健康有损害的食品。

E. 题干所述临床试验大都是由医学院的实习生在医师指导下完成的。

【正确答案】　B

【深度解析】　题干中的结论是"人们可以放心食用水果罐头而无须担心对健康的影响",结论说的是"水果罐头",而题干的前提说的是"大多数品牌水果罐头";结论说的是"健康",而题干的前提说的是"不会导致肝肾负担过大"。

B 选项描述上述两个不一致中的一个,故为正确答案。

三、快速抓住题干的关键信息

题干的状语、关键性中心词之前的定语、表转折、表绝对、表结论的词语,很有可能提示了解题的关键信息。

（一）状语

【例1】 在洗衣液中,只有芬芳牌洗衣液能提供超强杀菌效果,也只有芬芳牌洗衣液能提供柠檬气味。

如果上述广告词所描述的是真的,那么以下哪个选项不可能是真的?

Ⅰ.菊花牌洗衣液比芬芳牌更受消费者喜爱。

Ⅱ.梦妮柔顺液能提供柠檬气味。

Ⅲ.雨虹牌洗衣液能提供超强杀菌效果。

A.只有Ⅰ。

B.只有Ⅱ。

C.只有Ⅲ。

D.只有Ⅰ和Ⅱ。

E.只有Ⅱ和Ⅲ。

【正确答案】 C

【深度解析】 题干求"不可能是真",即求"必为假"的选项。

题干首先给出了状语"在洗衣液中",已经限定了讨论范围。

"Ⅱ.梦妮柔顺液能提供柠檬气味"讨论的是柔顺液,不属于题干状语限定的讨论范围,所以Ⅱ是不确定的。

"Ⅰ.菊花牌洗衣液比芬芳牌更受消费者喜爱"讨论了"受消费者喜爱"的话题,题干中没有出现,所以Ⅰ是不确定的。

题干给出条件"在洗衣液中,只有芬芳牌洗衣液能提供超强杀菌效果"中的"只有"表绝对,表示其他的洗衣液无法提供超强杀菌效果,所以"Ⅲ.雨虹牌洗衣液能提供超强杀菌效果"是假的。

综上所述,C为正确答案。

（二）关键性中心词前的定语

【例2】 新疆的哈萨克人用经过训练的金雕在草原上长途追击野狼。某研究小组为研究金雕的飞行方向和判断野狼群的活动范围,将无线电传导器放置在一只金雕身上进行追踪。野狼为了觅食,其活动范围通常很广,因此,金雕追击野狼的飞行范围通常也很大。然而两周以来,无线电传导器不断传回的信号显示,金雕仅在放飞地3公里范围内飞行。

以下哪个选项如果为真,最有助于解释上述金雕的行为?

A.金雕的放飞地周边重峦叠嶂、险峻异常。

B.金雕的放飞地2公里范围内有一牧羊草场,成为狼群袭击的目标。

C.由于受训金雕的捕杀,放飞地广阔草原的野狼几乎灭绝了。

D.无线电传导器信号仅能在有限的范围内传导。

E.无线电传导器的安放并未削弱金雕的飞行能力。

【正确答案】 B

【深度解析】 考生容易在B、D两个选项之间徘徊。事实上,注意到题干信息"无线电传导器不断传回的信号显示"中的定语"不断传回的",可以排除D选项。请注意,关键性中心词前面的定语常常是解题的关键。

（三）表转折

【例3】 财务总监:虽然在巴国和伊国扩大投资确实有某种得到高额回报的前景,但是我们必须正视这两个国家军事上不平静的现实。因此,我认为,集团不应批准目前在这两个国扩大投资的议案,除非能提供对此更有说服力的论证。

财务总监的上述议论最符合以下哪个选项?

A. 不能向军事上不平静的国家投资。

B. 军事上的平静是向某个国家投资的首要考虑。

C. 向军事上不平静的国家投资并非不可考虑。

D. 高额回报不是扩大投资的首要考虑。

E. 向军事上不平静的国家投资是一项应当提倡的能得到高额回报的风险投资。

【正确答案】 C

【深度解析】 题干一共给了两句话。第二句话前有一个"因此","此"是一个代词,指代前面的第一句话,很明显,"我认为"之后的内容,是题干的结论。

结论分为前后两个部分,后面一部分用"除非"引导,"除非"表转折,转折之后的信息一般是解题的关键。

所以,"能提供对此更有说服力的论证"既是结论,又是转折,是题干中重要的信息,故选择C选项。

选项A,与"除非"之后的信息不符;

选项B,没有体现出"除非"之后的信息;

选项D,没有体现出"除非"之后的信息;

选项E,不确定。

综上所述,C选项为正确答案。

（四）表绝对

【例4】 某些精神障碍疾病的患者可以通过心理疗法被治愈,例如,焦虑症等。然而,某些精神障碍是因为大脑神经递质化学物质不平衡,例如重度狂躁症,这类疾病的患者只能通过药物进行治疗。

上述论述是基于以下哪个选项假设?

A. 心理疗法对大脑神经递质化学物质的不平衡所导致的精神障碍无效。

B. 对精神障碍患者,药物治疗往往比心理疗法见效快。

C. 大多数精神障碍都不是由大脑神经递质化学物质的不平衡导致的。

D. 对精神障碍患者,心理疗法比药物治疗疗效差些。

E. 心理疗法仅仅是减轻精神障碍患者的病情,根治还是需要药物治疗。

【正确答案】 A

【深度解析】 题干"某些精神障碍是因为大脑神经递质化学物质不平衡,例如重度狂躁症,这类疾病的患者只能通过药物进行治疗"中的"只能"表绝对,由此把握解题的关键信息。

选项B,不确定。题干没有对两种疗法的治疗速度进行对比;

选项C,不确定。题干没有对两种精神障碍患者的数量进行对比;

选项D,不确定。题干没有对两种疗法的治疗效果进行对比;

选项 E,不确定。题干没有讨论应如何根治精神障碍。

综上所述,A 选项为正确答案。

(五)表结论

【例 5】 澳门的博彩业,除了赌场上真刀真枪的幸运博彩外,还包括赛狗和彩票等形式,其中赛狗位居前列。纯种赛狗是昂贵的商品,一种由遗传缺陷引起的疾病威胁着纯种赛狗,使它们轻则丧失赛跑能力,重则瘫痪或者死亡。因此赛狗饲养者认为,一旦发现有此种缺陷的赛狗应停止喂养。这种看法是片面的,因为一般地说,此种疾病可以通过饮食和医疗加以控制。另外,有此种遗传缺陷的赛狗往往特别美,这正是很多赛狗爱好者特别看重的。

以下哪个选项最为准确地概括了题干所要论证的结论?

A. 美观的外表对于赛狗来说特别重要。

B. 有遗传缺陷的赛狗不一定丧失比赛能力。

C. 不应当绝对禁止饲养有遗传缺陷的赛狗。

D. 一些有遗传缺陷的赛狗的疾病未得到控制,是因为缺乏合理的饮食或必要的医疗。

E. 遗传疾病虽然是先天的,但其病变可以通过后天的人为措施加以控制。

【正确答案】 C

【深度解析】 学会快速地对题干的论证结构进行把握,准确划分论点、论据、冗余信息,对论点中出现的代词能正确作出判断。

题干信息整理:

(1)澳门的博彩业,除了赌场上真刀真枪的幸运博彩外,还包括赛狗和彩票等形式,其中赛狗位居前列。(2)纯种赛狗是昂贵的商品,一种由遗传缺陷引起的疾病威胁着纯种赛狗,使它们轻则丧失赛跑能力,重则瘫痪或者死亡。(3)因此赛狗饲养者认为,一旦发现有此种缺陷的赛狗应停止喂养。(4)这种看法是片面的。(5)因为一般地说,此种疾病可以通过饮食和医疗加以控制。(6)另外,有此种遗传缺陷的赛狗往往特别美,这正是很多赛狗爱好者特别看重的。

(3)中的“因此赛狗饲养者认为”中的“此”是一个代词,指代的是(2),(1)是冗余信息。(3)提出了一个论点;

(4)中的“这种看法是片面的”中的“这种”是一个代词,指代的是(3)。(4)也提出了一个论点,即“一旦发现有此种缺陷的赛狗应停止喂养,这是片面的”;

(5)是用来支持(4)的论据;

(6)是次要信息,与题干结论基本无关。

综上所述,C 选项为正确答案。

四、论证方法

(一)演绎论证

【例 1】 龙蒿是一种多年生的草本菊科植物,含挥发油,主要成分为醛类物质,还含少量生物碱。青海民间入药,治暑湿发热、虚劳等。龙蒿的根有辣味,新疆民间取根研末,代替辣椒作调味品。俄罗斯龙蒿和法国龙蒿看起来非常相似,俄罗斯龙蒿开花而法国龙蒿不开花,但是俄罗斯龙蒿的叶子却没有那种类似法国龙蒿成为理想调味品的独特香味。

若植物必须先开花,才能产生种子,从以上论述中一定能推出以下哪个选项结论?

A.作为观赏植物,法国龙蒿比俄罗斯龙蒿更令人喜爱。

B.俄罗斯龙蒿的花可能没有香味。

C.由龙蒿种子长出的植物不是法国龙蒿。

D.除了俄罗斯龙蒿和法国龙蒿外,没有其他种类的龙蒿。

E.俄罗斯龙蒿与法国龙蒿不好区分。

【正确答案】　C

【深度解析】　题干指出"植物必须先开花,才能产生种子",并且"法国龙蒿不开花"。由此可知,法国龙蒿不能产生种子。既然如此,由龙蒿种子长出的植物必然不是法国龙蒿。

综上所述,C选项为正确答案。

【提醒】　由一般推特殊叫"演绎"。

(二)归纳推理

【例2】　陈宁最近搬到了水木华庭小区居住,他租住的房屋是两室两厅的户型。陈宁的同事张伟也住在水木华庭小区。陈宁去张伟家做客时发现,张伟居住的也是两室两厅的户型。于是陈宁得出结论:水木华庭小区的房屋都是两室两厅的户型。

陈宁得出结论的推理方式,与下述哪项最为类似?

A.李京是语文教师,他仔细地阅改了每一篇作文,得出结论:全班同学的文字表达能力普遍有提高。

B.王江检验一批产品,第一件合格,第二件是个次品,于是得出结论:这批产品不全合格。

C.美国挑战者号航天飞机失事的原因或是设备故障,或是操作失误。联邦调查局已经找到了操作失误的证据,因此得出结论:可以排除设备故障的原因。

D.吴琼的邻居的小男孩,头发有两个旋,脾气很犟,吴琼的小侄子,头发也有两个旋,脾气也很犟。吴琼因此得出了结论:头上有两个旋的孩子,脾气都犟。

E.吴琼认为头发上有两个旋的孩子脾气都犟,因此得出结论:自己的孩子脾气不犟是因为头发上只有一个旋。

【正确答案】　D

【深度解析】　题干:陈宁根据自己租住的房屋是两室两厅,张伟居住的也是两室两厅的户型,得出"水木华庭小区的房屋都是两室两厅的户型"的结论,运用的是不完全归纳法,这个结论的真假是不确定的。

A选项:李京阅改了每一篇作文,得出"全班同学的文字表达能力普遍有提高"的结论,运用的完全归纳法。

B选项:王江检验一批产品,第一件合格,第二件是个次品,得出"这批产品不全合格"的结论,这个结论是正确的。

C选项:已知"或是设备故障,或是操作失误",又知"操作失误"为真,得出结论"设备故障为假"。事实上,"设备故障"真假都有可能,是不确定的。此处对相容选言命题的肢判断论据不足。

D选项:吴琼由"邻居的小男孩、小侄子"出发,得出"头上有两个旋的孩子,脾气都犟"的结论,运用的是不完全归纳法,这个结论的真假是不确定的。

E选项和题干的论证方式明显不一致。

综上所述,D选项是正确答案。

> **【提醒】** 由特殊推一般叫"归纳"。归纳又分为"不完全归纳"和"完全归纳"。需要注意,不完全归纳法得出的,有可能是正确的结论,也有可能是错误的结论。

【例3】 学历看得见,能力看不见;行为看得见,思想看不见;情书看得见,爱情看不见。有人由此得出结论:看不见的东西比看得见的东西更有价值。

下面哪个选项使用了与题干中同样的推理方法?

A. 三角形可以分为直角三角形、钝角三角形和锐角三角形三种。直角三角形的三内角之和等于180°,钝角三角形的三内角之和等于180°,锐角三角形的三内角之和等于180°,所以,所有三角形的三角之和都等于180°。

B. 我喜欢"偶然"胜过"必然"。您看,奥运会比赛中充满了悬念,比赛因此激动人心;艺术家的创作大多出自"灵机一动",科学家的发现与发明常常与"直觉"、"顿悟"、"机遇"连在一起;在茫茫人海中偶然碰到"他"或"她",互相射出丘比特之箭,成就人生中很美好的一段姻缘。因此,我爱"偶然",我要高呼"偶然性万岁"!

C. 外科医生在给病人做手术时可以看X光片,律师在为被告辩护时可以查看辩护书,建筑师在盖房子时可以对照设计图,教师备课可以看各种参考书,为什么不允许学生在考试时看教科书及其他相关资料?

D. 玫瑰花好看,因为所有的花都好看。

E. 地球和月球相比,有许多共同属性,如都是球形的,都有自转和公转等。既然地球上有生物存在,因此,月球上也很有可能有生物存在。

【正确答案】 B

【深度解析】 题干运用的是不完全归纳法。这个结论的真假是不确定的。

A选项是完全归纳法。

B选项是不完全归纳法。

C选项不是归纳法。归纳法是由"特殊"推"一般"。C选项的前提和结论都是"特殊"。实际上该选项运用的是"类比推理"。

D选项是演绎法。

E选项运用的是类比推理。

综上所述,B选项是正确答案。

(三)类比推理

【例4】 我国著名的地质学家李四光,在对东北的地质结构进行了长期、深入的调查研究后发现,松辽平原的地质结构与中亚细亚极其相似。他推断,既然中亚细亚蕴藏大量的石油,那么松辽平原很可能也蕴藏着大量的石油。后来,大庆油田的开发证明了李四光的推断是正确的。

以下哪个选项与上述的推理方式最为相似?

A. 他山之石,可以攻玉。

B. 邻居买彩票中了大奖,小张受此启发,也去买了体育彩票,结果没有中奖。

C. 某乡镇领导在考察了荷兰等地的花卉市场后认为要大力发展规模经济,回来后组织全乡镇种大葱,结果导致大葱严重滞销。

D. 每到炎热的夏季,许多商店腾出一大块地方卖羊毛衫、长袖衬衣、冬靴等冬令商品,进行反季节销售,结果都很有市场。小王受此启发,决定在冬季种植西瓜。

E. 乌兹别克地区盛产长绒棉。新疆塔里木河流域与乌兹别克地区在日照情况、霜期长短、气温高低、降雨量等方面均相似,科研人员受此启发,将长绒棉移植到塔里木河流域,果然获得了成功。

【正确答案】 E

【深度解析】 题干运用的是类比推理。根据 A 和 B 在某些方面相同或相似,推出在其他方面也相同或相似。请注意 D 选项,一个为反季节销售一个为反季节种植,两者间没有相同点。

【提醒】 类比,就是由两个对象的某些相同或相似的性质,推断它们在其他性质上也有可能相同或相似的一种推理形式。类比可以是由"一般"推"一般",也可以是由"特殊"推"特殊"。类比所得的结论有可能是正确的,也有可能是错误的。

第七章 假 设

一、"假设型"论证逻辑概述

在通常的假设题干中，给出了一些条件(即前提)，然后得出一个结论。题干结构就是：前提X—结论Y。但是这些前提是不够的、不充分的，需要添加另外的假设，而这个假设就是我们要选择的答案。

(一)"假设"的定义

假设是实现从前提X到结论Y论证过程的一个隐藏的必要性条件。

用一个例子来帮助大家理解"假设"的定义。

【示例】 一个姑娘，她有两条腿，一只鼻子，一张嘴，所以她是美女。

下面的选项，哪个是上述论述的假设？

A. 她有两只眼睛。

B. 她有及腰长发。

C. 她确实有两条腿。

D. 她有一只鼻子。

E. 她有一张嘴。

【正确答案】 A

【深度解析】 将A选项代入题干，"一个姑娘有两只眼睛，两条腿，一只鼻子，一张嘴"并不足以推出"她是美女"的结论。这说明A选项不是推出题干结论的充分条件。

将A选项否定，即"她没有两只眼睛"，再代入到题干中"一个姑娘没有两只眼睛，有两条腿，一只鼻子，一张嘴"，一定会得到"她不是美女"的结论，即"没有A选项，就没有结论Y"。根据"没有A，没有B=只有A才B"可知，A选项是结论Y的必要条件，而且题干信息中没有出现"两只眼睛"，这是隐藏条件。根据假设的定义"一个隐藏的、必要性条件"可知，A选项是题干论证过程的假设。

将B选项否定，即"她没有及腰长发"，但一个没有及腰长发的姑娘，依然有可能是美女，所以否定B选项并不必然否定题干结论Y。这说明B选项不是结论Y的必要条件，可知，B选项不是题干论证过程的假设。

否定选项C、D、E，代入题干后，会得出"她不是美女"的结论。但是请注意，C、D、E选项都不是题干论证过程的假设项。因为选项C、D、E提到的内容，在题干中都已经出现，不属于"隐藏的条件"，不满足假设的定义，故不是假设项。

(二)假设题型的提问方式

(1)上文的说法基于以下哪一个假设？

(2)上述结论隐含的前提是？

(3)得出这一结论的前提条件是?

(4)再加上下列哪个条件能够得出结论?

二、假设题型的应对方法

(一)加非验证法

根据假设的定义,使用"加非验证"是我们进行选项检验常用的方法。

该方法的具体步骤如下:

(1)整理题干:X—Y。

(2)对选项进行加非验证。

(3)具体办法:Z是其中的一个选项,我们判断Z是不是题干的假设的方法就是:否定整个选项,即"并非Z",再将"并非Z"代入题干X—Y,导致题干不能成立,说明Z是本题的一个假设。

【例1】 某知名空调厂商从国外引进了一套最新的质量检验设备。开始使用该设备的3月份和4月份,产品的质量不合格率由2月份的0.05％分别提高到0.08％和0.09％。因此,使用该设备对减少该厂商的不合格产品进入市场起到了重要的作用。

以下哪个选项是上述论证最可能假设的?

A.上述设备检测为不合格的产品中,没有一件事实上是合格的。

B.上述设备检测为合格的产品中,没有一件事实上是不合格的。

C.2月份检测为合格的产品中,至少有一些是不合格的。

D.2月份检测为不合格的产品中,至少有一些是合格的。

E.上述设备是国内目前同类设备中最先进的。

【正确答案】 C

【深度解析】 首先找到题干结论:"使用该设备对减少该厂商的不合格产品进入市场起到了重要的作用"。请注意结论中的关键词"减少""不合格品"。

对选项C进行加非,可得"2月份检测为合格的产品中,所有的都是合格的"。再代入题干中,那么就得不到题干结论"减少该厂商的不合格产品进入市场"了。这说明"没有C选项,就没有结论Y",说明C选项是实现题干论证过程的必要条件。

综上所述,C选项是正确答案。

请注意,由于题干中的质检设备是通过提高不合格品率(即截留下更多的产品判定为不合格品)的方式,来实现减少不合格品进入市场的效果。这说明原来老设备判定为合格品的产品中,肯定有产品实际上是不合格的。假设原来老设备判定为合格品的产品中,事实上所有的产品都是合格的,那么无论多截留多少产品,截留的都是合格品,是起不到"减少不合格产品进入市场"的效果的。

> **【提醒】** 对"2月份检测为合格的产品中,至少有一些是不合格的"进行加非的时候,请注意,状语"2月份检测为合格的产品中"是不能加非的。

【例2】 2015年8月21日,《人民日报》发表了题为"中西医如同左右手"的文章,其主要观点是中西医之间不能互相轻视甚至敌视,而要携手合作。事实上,西医利用现代科学技术手段可以解决很多中医无法解决的病症,而中医依靠对人体经络和气血的特殊理解也治愈了很多令西医束手无策的难题。据此,针对某些复杂疾病,很多人认为中西医结合的治疗方法是有必要的。

上述这些人在论断时作的假设是:

A.针对这些疾病的中医和西医的治疗方法可以相互结合,扬长避短。

B.这些疾病单独用中医疗法或者单独用西医疗法并不能有效治疗。

C.针对这些疾病,医疗界已经掌握了中西医疗法结合的方法。

D.针对这些疾病,医学界已经尝试了中西医结合的疗法并取得了良好的效果。

E.这些疾病中医或者西医能解决。

【正确答案】　A

【深度解析】　"据此"提示了题干结论。题干结论是"针对某些复杂疾病,很多人认为中西医结合的治疗方法是有必要的"。

A选项满足加非验证。对A选项进行加非,得到"针对这些疾病的中医和西医的治疗方法不可以相互结合,不可以扬长避短",代入题干中,我们肯定得不到"针对某些复杂疾病,很多人认为中西医结合的治疗方法是有必要的"的结论。A选项是假设。

将B选项加非后,代入题干中,也会导致题干结论无法得出,但是B选项不是假设,因为B选项的内容不是"隐藏的条件"。题干已经说明"西医利用现代科学技术手段可以解决很多中医无法解决的病症,而中医依靠对人体经络和气血的特殊理解也治愈了很多令西医束手无策的难题"。

C选项不是假设。将C选项加非,得到"针对这些疾病,医疗界没有掌握中西医疗法结合的方法",代入题干中,并不能推出"针对某些复杂疾病,很多人认为中西医结合的治疗方法是没有必要的"的结论。例如,由"目前医学界没有掌握根治癌症的方法"出发,并不能推出"研究根治癌症的方法没有必要"的结论。

D选项不是假设。将D选项加非,得到"针对这些疾病,医学界已经尝试了中西医结合的疗法,但没有取得良好的效果",代入题干中,并不能推出"针对某些复杂疾病,很多人认为中西医结合的治疗方法是没有必要的"的结论。例如,由"目前治疗艾滋病的药物没有取得良好效果"出发,并不能推出"研究治疗艾滋病的药物没有必要"的结论。

E选项削弱了题干的论证,很明显不是假设项。

综上所述,A选项为正确答案。

【提醒】　使用"加非验证"的注意事项:

(1)不建议直接用

因为五个选项要各加非一次,共计五次,加非后代入到题干中共计五次,运算量过大,容易出错,而且耗时太多,不利于在规定的时间内选出正确答案。做假设题,一般先使用其他方法排除若干个选项,最后还剩余两个左右的选项时,再使用加非验证法。

(2)假设复选要用

如果题干给了Ⅰ、Ⅱ和Ⅲ,然后问哪些是题干的假设,则针对Ⅰ、Ⅱ、Ⅲ分别做加非验证来判断。

(3)最后的保险索

针对假设题选出了答案之后,如果担心选错了,可以做加非验证来进行检查。正确的假设项一定满足加非验证。

【例3】 欧氏第五条公理断定:在同一平面上,过直线外一点可以并且只可以作一条直线与该直线平行。在数学发展史上,曾经有许多数学家对这条公理的真理性表示怀疑和担心。

要使数学家的上述怀疑成立,以下哪个选项是必须成立的?

Ⅰ.在同一平面上,过直线外一点可能无法作一条直线与该直线平行。

Ⅱ.在同一平面上,过直线外一点作多条直线与该直线平行是可能的。

Ⅲ.在同一平面上,如果过直线外一点不可能作多条直线与该直线平行,那么,也可能无法只作一条直线与该直线平行。

A.仅仅Ⅰ。

B.仅仅Ⅱ。

C.仅仅Ⅲ。

D.仅仅Ⅰ和Ⅱ。

E.Ⅰ、Ⅱ和Ⅲ。

【正确答案】 C

【深度解析】 欧氏第五条公理是一个"A且B"的联言命题,推翻一个"A且B"所必须的条件是"非A或非B"。所以正确答案是相容选言命题。当然,根据万能公式"如果P,那么Q=只有Q才P=非P或Q",正确答案也可以表达为一个充分条件假言命题或必要条件假言命题。

综上所述,正确答案的表达形式必须为:相容选言命题,或充分条件假言命题,或必要条件假言命题。只有Ⅲ满足,故C选项为正确答案。

> **【提醒】** 推翻"A且B","非A"不是"必须的条件",例如可以用"非B"推翻;"非B"也不是"必须的条件",例如可以用"非A"推翻。推翻"A且B"的必须的条件,一定是它的负命题,即"非A或非B",体会这一点。

【例4】 为了有助于人们选择最满意的小区居住,有关部门实施了一项评选"最舒适小区"的活动。方法是,选择十个方面,包括治安、商业、清洁、绿化、教育、文化等,每个方面按实际质量高低,评为从1～10之间的某一个分值,然后根据平均数确定小区的舒适程度。

以下哪个选项是实施上述活动需要预设的前提?

Ⅰ.小区各个方面的舒适性程度都可以用准确数字表达。

Ⅱ.小区各个方面的舒适性对于居民来说是同等重要的。

Ⅲ.居民有自由选择居住小区的权利,并且都乐于这么做。

A.Ⅰ。

B.Ⅱ。

C.Ⅲ。

D.Ⅰ、Ⅱ。

E.Ⅰ、Ⅱ、Ⅲ。

【正确答案】 E

【深度解析】 "Ⅰ.小区各个方面的舒适性程度都可以用准确数字表达"是假设。加非Ⅰ,得到"小区各个方面的舒适性程度,有的不可以用准确数字表达",那么就无法评分了,将导致无法按设定完成"最舒适小区"的评选。

"Ⅱ.小区各个方面的舒适性对于居民来说是同等重要的"是假设。加非Ⅱ,得到"小区各个方面的舒适性对于居民来说,其重要程度是不同的",那么就无法"根据平均数"确定小区的舒适程度了。因为"平均数"就已经默认了各个指标的权重是等同的。

"Ⅲ. 居民有自由选择居住小区的权利,并且都乐于这么做"是假设。因为题干的第一句话就已经给出了状语"为了有助于人们选择最满意的小区居住"。如果把Ⅲ加非,那么就直接与题干状语冲突了。

综上所述,E选项为正确答案。

（二）直接搭桥法

直接搭桥的思想就是:从前提 X 到结论 Y 的论证过程中,X 和 Y 中包含两个独立的话题,要想让前提和结论之间存在推理关系,需要补充一个话题,将二者联系起来。

【例5】 清除体内自由基可以起到抗衰老的作用。新鲜水果、蔬菜、维生素 C 和维生素 E 片以及胡萝卜素都是清理自由基的行家里手。营养保健师认为,食用黑豆、樱桃、柠檬等食物,能起到降低体内自由基水平的效果。研究者将仓鼠设定为实验动物分为两组,第一组每天喂养含黑豆、樱桃、柠檬的混合食物,第二组喂养一般饲料。研究者观察到,第一组仓鼠的体内自由基比第二组显著降低。科学家由此得出结论:人类食用黑豆、樱桃、柠檬的混合食物同样可以降低体内自由基。

以下哪个选项最可能是上述论证所假设的?

A. 一般人都愿意食用黑豆、樱桃、柠檬的混合食物。

B. 不含黑豆、樱桃、柠檬的混合食物将增加体内自由基。

C. 除食用黑豆、樱桃、柠檬的混合食物外,一般没有其他的途径降低体内自由基。

D. 体内自由基的降低有助于人体的健康。

E. 人对黑豆、樱桃、柠檬的混合食物的吸收和仓鼠相比没有实质性的区别。

【正确答案】 E

【深度解析】 题干结论:"人类食用黑豆、樱桃、柠檬的混合食物同样可以降低体内自由基",是关于"人类"作出的结论。

题干前提:从"仓鼠"出发……。

"人类"和"仓鼠"是两个独立话题,正确的选项需要指出这二者之间的联系。E选项的描述实现了这一点。

综上所述,E选项是正确答案。

【例6】 香蕉叶斑病是一种严重影响香蕉树生长的传染病,它的危害范围遍及全球。香蕉叶斑病的主要防治时间为 5～10 月,其余时间只需在气温较高且雨水较多、病情有明显发展时进行防治即可。这种疾病可由一种专门的杀菌剂有效控制,但喷洒这种杀菌剂会对周边人群的健康造成危害。因此,在人口集中的地区对小块香蕉林喷洒这种杀菌剂是不妥当的。幸亏大规模的香蕉种植园大都远离人口集中的地区,可以安全地使用这种杀菌剂。因此,全世界的香蕉产量大部分不会受到香蕉叶斑病的影响。

以下哪个选项最可能是上述论证所假设的?

A. 人类最终可以培育出抗叶斑病的香蕉品种。

B. 全世界生产的香蕉,大部分产自大规模香蕉种植园。

C. 和在小块香蕉林中相比,香蕉叶斑病在大规模香蕉种植园中传播得较慢。

D. 香蕉叶斑病是全球范围内唯一危害香蕉生长的传染病。

E. 香蕉叶斑病不危害其他植物。

【正确答案】 B

【深度解析】 题干结论是"全世界的香蕉产量,大部分不会受到香蕉叶斑病的影响",是关于"全世界的香蕉产量"作出的结论。题干前提讨论的是"大规模香蕉种植园",正确选项需要将这两个话题联系起来。

综上所述,正确答案是 B 选项。

【例 7】 实验发现,少量口服某种类型的安定药物,可使人们在测谎器的测验中撒谎而不被发现。测谎器所产生的心理压力能够被这类安定药物有效地抑制,同时没有显著的副作用。因此,这类药物可同样有效地减少日常生活的心理压力而没有显著的副作用。

以下哪个选项最可能是题干的论证所假设的?

A.任何类型的安定药物都有抑制心理压力的效果。

B.如果禁止测试者服用任何药物,测谎器就有完全准确的测试结果。

C.测谎器所产生的心理压力与日常生活人们所面临的心理压力类似。

D.大多数药物都有副作用。

E.越来越多的人在日常生活中面临日益加重的心理压力。

【正确答案】 C

【深度解析】 题干结论是"这类药物可同样有效地减少日常生活的心理压力而没有显著的副作用",是关于"日常生活的心理压力"作出的结论。题干前提讨论的是"测谎器所产生的心理压力",正确选项需要将这两个话题联系起来。

综上所述,正确答案是 C 选项。

(三)因果关系法

"X—Y"表示因果关系,我们选择的假设项,本质就是为了保证该因果关系成立。

基于上面的思路,我们通常选择以下假设方式:

(1)因果不倒置,也就是 Y 不会引起 X;

(2)没有他因,也就是不会"Z—Y",强调 X 的作用;

(3)无因就无果(即"没有 X 就没有 Y"),强调 X 的必要性。

【例 8】 因为参加了杨岳老师的课,所以张三考上了研究生。

若下述选项为真,哪些是上述论述的假设?

A.不是因为考上了研究生,张三才去参加杨老师的课。

B.走进考研考场之前,张三并没有大量做各种练习题。

C.如果没有参加杨岳老师的课,那么张三肯定考不上研究生。

【正确答案】 A、B、C

【深度解析】 题干是"因果型",做假设。

A 选项满足"因果不倒置";

B 选项满足"没有他因";

C 选项满足"无因就无果"。

【例 9】 30~35 岁之间的年轻人和父母居住在一起的百分比从 2011 年的 23% 上升到 2015 年的 34%。分析认为,在 2015 年,这个年龄组的人更加难以负担独立生活。

上述结论的得出依赖下列哪一个假设?

A.这个年龄组中不能够自己养活自己的人宁愿与他们同龄人居住在一起,而不是父母。

B.这个年龄组的人,不是因为父母年老才希望孩子与他们住在一起的。

C.与父母居住在一起的这个年龄组的人对于家庭花费不做任何补偿。

D.在 2011~2015 年间,适合于单身生活的出租房屋的数目下降了。

E.这个年龄组的有些人,尽管在调查期间与父母居住在一起,但在此之前是独立生活的。

【正确答案】 B

【深度解析】 题干表达了一组因果关系。

因为:难以负担独立生活,

所以:年轻人和父母居住在一起的百分比上升。

因果型题干做假设,正确答案一般要满足"因果不倒置""没有他因""无因就无果"这三条中的某一条。B选项满足没有他因。

如果我们把 B 选项加非,得到"这个年龄组的人,是因为父母年老才希望孩子与他们住在一起的",然后再代入题干中,就无法得出"这个年龄组的人更加难以负担独立生活"的结论。B选项满足加非验证。

B 选项以没有他因的方式告诉我们,不是因为父母的情感需要这个原因,导致与父母同住的百分比上升,强调的是"这个年龄组的人更加难以负担独立生活"这个原因造成的结果。

综上所述,B选项为正确答案。

【例 10】 立法者:我们不应该再在政府的创造就业项目上浪费纳税者的钱了。实际上,此项目开始生效后,该国的失业率上升了,所以,显然该项目是失败的。

立法者的论述基于下列哪项假设?

A.创造就业项目的预算每年明显增多。

B.如果没有这个创造就业项目生效,失业率不会比现在攀升得更高。

C.失业率高于创造就业项目开始的任何时间。

D.如果创造就业项目更有效地运作,则可以更好地达到目的。

E.其他政府项目在减少失业方面不比创造就业项目更有效。

【正确答案】 B

【深度解析】 题干表达了一组因果关系。

因为:此项目生效,

所以:失业率上升。

因果型题干做假设,正确答案一般要满足"因果不倒置""没有他因""无因就无果"这三条中的某一条。B 选项满足无因就无果。强调没有"此项目生效",就没有"更高的失业率",强调"此项目"对于"失业率上升"的必要性。

综上所述,B选项为正确答案。

【提醒】 根据必要条件假言命题的常见表达形式:

"没有 X 就没有 Y",等于"只有 X,才 Y",说明了 X 是 Y 的必要条件。

【例 11】 长时间以来,法国的医生认为戴墨镜的病人更易于消沉并患上忧郁症。对诸如因心脏疼痛和消化不良等身体不适而住院的病人进行的心理测试证实了这一联系。或许觉得周围的一切使得心理上痛苦的人选择这样的墨镜去减少视觉刺激,视觉刺激被认为是令人易发怒的。不管怎么说,可以得出结论,如果人们戴上这样的墨镜,是因为戴墨镜者有消沉或患有忧郁症的倾向。

上述论证以下面哪项为假设?

A.消沉在某些情况下不是由身体的有机条件造成的。

B.戴墨镜者认为墨镜不是一种把自己与别人疏远开来的方法。

C.消沉有很多原因,包括任何人消沉都合乎情理的真实条件。

D. 对于戴墨镜的忧郁症患者来说,墨镜可以作为让别人看来戴墨镜者健康不佳的视觉信号。

E. 墨镜没有把光线变得如此黯淡以致使戴墨镜者的心情急剧消沉。

【正确答案】 E

【深度解析】 题干结论:"如果人们戴上这样的墨镜,是因为戴墨镜者有消沉或患有忧郁症的倾向"。题干结论包含了一组因果关系,具体如下:

因为:有消沉或患有忧郁症的倾向,

所以:戴墨镜。

因果型题干做假设,正确答案一般要满足"因果不倒置""没有他因""无因就无果"这三条中的某一条。E 选项满足"因果不倒置"。

综上所述,E 选项为正确答案。

【例 12】 自从 20 世纪中叶化学工业在世界范围内成为一个产业以来,人们一直担心,它所造成的污染将会严重影响人类的健康。但统计数据表明,近半个世纪以来,化学工业发达的工业化国家的人均寿命增长率,大大高于化学工业不发达的发展中国家。因此,人们关于化学工业危害人类健康的担心是多余的。

以下哪个选项是上述论证必须假设的?

A. 20 世纪中叶,发展中国家的人均寿命低于发达国家。

B. 如果出现发达的化学工业,发展中国家的人均寿命增长率会因此更低。

C. 如果不出现发达的化学工业,发达国家的人均寿命增长率不会因此更高。

D. 化学工业带来的污染与它带给人类的巨大效益相比是微不足道的。

E. 发达国家在治理化学工业污染方面投入巨大,效果明显。

【正确答案】 C

【深度解析】 题干结论是"人们关于化学工业危害人类健康的担心是多余的",题干的前提是"近半个世纪以来,化学工业发达的工业化国家的人均寿命增长率,大大高于化学工业不发达的发展中国家"。题干的前提包含了一组因果关系,具体如下:

因为:发达的化学工业,

所以:更高的人均寿命增长率。

因果型题干做假设,正确答案一般要满足"因果不倒置""没有他因""无因就无果"这三条中的某一条。C 选项满足"无因就无果"。强调"发达的化学工业"对于"更高的人均寿命增长率"的必要性。

综上所述,C 选项为正确答案。

(四)差比关系法

这类题的思路变化较大,我们将通过具体的题目将经典的思路展现给大家。

一般是:通过观察题干,发现前提是一个"差",结论是一个"差",我们要保证是前提的"差"导致了结论的"差",必须假设没有"他差"。

【例 13】 为了考上研究生,小明每天做 100 道题,小红每天做 50 道题,最终,小明考上了研究生,小红没有考上研究生。

若下述选项为真,哪项是上述论述的假设?

A. 小明每天早自习 60 分钟,小红每天早自习 60 分钟。

B. 小明每天早自习 30 分钟,小红每天早自习 60 分钟。

C. 小明每天早自习 60 分钟, 小红每天早自习 30 分钟。

D. 小明和小红是同班同学, 小明的基础一直比小红好。

E. 小明和小红是同班同学, 小明的基础一直比小红差。

F. 小明和小红是同班同学, 他们俩基础差不多, 班级排名也一样。

【正确答案】 AF

【深度解析】 题干是差比关系型。

前提: 做题量的差。

结论: 考试结果的差。

我们选择正确假设项的目的, 就是为了保证确实是前提的"做题量的差"导致了"考试结果的差", 所以必须选择一个描述"没有他差"的选项。

如果选择了一个"另有他差"的选项, 我们就很难判断, "考试结果的差"究竟是选项中的"他差"造成的, 还是"做题量的差"造成的, 又或者是两个差一起合力造成的。

A 选项描述了在"早自习时间"方面, 小明和小红之间没有差。

F 选项描述了在"基础、班级排名"方面, 小明和小红之间没有差。

A 选项、F 选项满足"没有他差", 故为正确的假设项。

B、C、D、E 选项都描述了一个"他差", 故不是假设项。

> 【提醒】 "△X→△Y"的差比关系题型, 正确假设项满足:
>
> 一个描述"没有他差"的选项, 以确保确实是前提的差, 造成了结论的差。

【例 14】 某地区过去三年日常生活必需品平均价格增长了 30%。在同一时期, 购买日常生活必需品的开支占家庭平均月收入的比例并未发生变化。因此, 过去三年中家庭平均收入一定也增长了 30%。

以下哪个选项最可能是上述论证所假设的?

A. 在过去三年中, 平均每个家庭购买的日常生活必需品数量和质量没有变化。

B. 在过去三年中, 除生活必需品外, 其他商品平均价格的增长低于 30%。

C. 在过去三年中, 该地区家庭的数量增加了 30%。

D. 在过去三年中, 家庭用于购买高档消费品的平均开支明显减少。

E. 在过去三年中, 家庭平均生活水平下降了。

【正确答案】 A

【深度解析】 题干是差比关系型。

前提: 过去三年日常生活必需品平均价格增长了 30%。

结论: 过去三年中家庭平均收入一定也增长了 30%。

我们选择正确假设项的目的, 就是为了保证前提的差能推出结论的差, 所以必须选择一个描述"没有他差"的选项。A 选项满足"没有他差"。

综上所述, A 选项为正确答案。

如果不理解, 我们还可以对 A 选项做加非验证。例如, 在过去三年中, 平均每个家庭购买的日常生活必需品数量大量减少, 质量大幅度降低, 则尽管在同一时期, 购买日常生活必需品的开支占家庭平均月收入的比例并未发生变化, 并且过去三年日常生活必需品平均价格增长了 30%, 但我们不能推出"过去三年中家庭平均收入一定也增长了 30%"的结论。

【例 15】 作为深度摄影发烧友, 最近国内电池市场的突然变化让我非常头疼。进口电池缺货, 我只能用国产电池来代替作为摄影的主要电源。尽管每单位的国产电池要比进口电池便宜,但我估计如果持续用国产电池替代进口电池的话,我支付在电源上的费用将会提高。

该摄影发烧友在上面这段话中隐含了以下哪个选项假设?

A. 以每单位电池提供的电能来计算,国产电池要比进口电池提供得少。

B. 每单位的进口电池要比国产电池价格贵。

C. 生产国产电池要比生产进口电池成本低。

D. 持续使用国产电池,摄像的质量将无法得到保障。

E. 国产电池的价格会超过进口电池,厂家将大大盈利。

【正确答案】　A

【深度解析】　题干结论是"使用国产电池支付在电源上的费用将会提高",题干前提是"每单位的国产电池要比进口电池便宜"。

从前提到结论构建了一组差比关系:国产电池便宜——使用国产电池的费用更高。

所以正确答案必然要描述一个国产电池在价格方面的劣势。

综上所述,A选项为正确答案。

【例16】　心脏的搏动引起血液循环。对同一个人,心率越快,单位时间进入循环的血液量越多。血液中的红细胞运输氧气。一般地说,一个人单位时间通过血液循环获得的氧气越多,他的体能及其发挥就越佳。因此,为了提高运动员在体育比赛中的竞技水平,应该加强他们在高海拔地区的训练。因为在高海拔地区,人体内每单位体积血液中含有的红细胞数量要高于在低海拔地区。

以下哪个选项是题干的论证必须假设的?

A. 海拔的高低对运动员的心率不发生影响。

B. 不同运动员的心率基本相同。

C. 运动员的心率比普通人慢。

D. 在高海拔地区训练能使运动员的心率加快。

E. 运动员在高海拔地区的心率不低于在低海拔地区。

【正确答案】　E

【深度解析】　题干前提:(1)心率越快,单位时间进入循环的血液量越多;

(2)血液中的红细胞运输氧气;

(3)高海拔地区,每单位体积血液中红细胞数量高于在低海拔地区;

(4)通过血液循环获得的氧气越多,体能及其发挥就越佳。

题干结论:为了提高运动员在体育比赛中的竞技水平,应该加强他们在高海拔地区的训练。

A、B、C选项明显排除,在D、E选项之间选择。

对D选项进行加非验证。加非后可得,"在高海拔地区训练不能使运动员的心率加快",即"在高海拔地区训练,运动员的心率不变或变慢"。在"高海拔地区训练,运动员的心率不变"的情况下,依然可以得到"为了提高运动员在体育比赛中的竞技水平,应该加强他们在高海拔地区的训练"的结论,此时D选项不满足加非验证。

对E选项进行加非验证。加非后可得,"运动员在高海拔地区的心率低于在低海拔地区"。代入题干后,不能得出"为了提高运动员在体育比赛中的竞技水平,应该加强他们在高海拔地区的训练"的结论,E选项满足加非验证。

综上所述,E选项是正确答案。

请注意,D选项能加强(支持)题干的论证,是一个过度假设项,但不是必要的条件。

【例17】　区别于知识型考试,能力型考试的理想目标,是要把短期行为的应试辅导对于成功应试所起的作用降到最低限度。能力型考试从理念上不认同应试辅导。一项调查表明,参加各种专业硕士考前辅导班的考生的实考平均成绩,反而低于未参加任何辅导的考生。因此,考前辅导不利于专业硕士考生的成功应试。

为使上述论证成立,以下哪个选项是必须假设的?

A.专业硕士考试是能力型考试。

B.上述辅导班都由名师辅导。

C.在上述调查对象中,经过考前辅导的考生在辅导前的平均水平和未参加辅导的考生大致相当。

D.专业硕士考试对于考生的水平有完全准确的区分度。

E.在上述调查对象中,男女比例大致相当。

【正确答案】 C

【深度解析】 题干结论为:考前辅导不利于专业硕士考生的成功应试。

题干前提为:一项调查表明,参加各种专业硕士考前辅导班的考生的实考平均成绩,反而低于未参加任何辅导的考生。

在题干前提中包含了一组差比关系,具体如下:

参加与不参加专硕考前辅导的差——实考平均成绩的差。

对于差比关系型题干,选择正确假设项的目的,就是为了保证前提的差能推出结论的差,所以必须选择一个描述"没有他差"的选项。

C选项满足"没有他差"。

请注意,D选项不是必要的条件。我们不必要求"专业硕士考试对于考生的水平有完全准确的区分度",只要有"一定的"区分度即可。例如一个考试,即便是采取十分制,也依然能够对考生的水平进行区分。

综上所述,C选项是正确答案。

【例18】 一般来说高山反应是由于高海拔地区空气中氧含量较低造成的,当空气中含氧水平提高时,高山反应可以很快消失。急性脑血管梗阻也具有脑缺氧的病征,如不及时恰当处理会危及生命。由于急性脑血管梗阻的症状和普通高山反应相似,因此,在高海拔地区,急性脑血管梗阻这种病特别危险。

以下哪个选项最可能是上述论证所假设的?

A.普通高山反应和急性脑血管梗阻的医疗处理是不同的。

B.高山反应不会诱发急性脑血管梗阻。

C.急性脑血管梗阻如及时恰当处理不会危及生命。

D.高海拔地区缺少抢救和医治急性脑血管梗阻的条件。

E.高海拔地区的缺氧可能会影响医生的工作,降低其诊断的准确性。

【正确答案】 A

【深度解析】 题干结论:由于急性脑血管梗阻的症状和普通高山反应相似,因此,在高海拔地区,急性脑血管梗阻这种病特别危险。

在题干结论中,包含了一组差比关系,具体如下:

因为:急性脑血管梗阻的症状和普通高山反应相似;

所以,急性脑血管梗阻比普通高山反应危险。

由"甲、乙两种病有一个相同点"出发,推出"甲、乙两种病有一个不同点"的结论,很明显逻辑上是有问题的。

我们需要补充的一个必要条件,必须对甲、乙两种病进行比较,并且比较出一个不同之处。

只有 A 选项满足这个特征。

综上所述,A 选项为正确答案。

(五)问题方法型

X 表示面临的某一问题,Y 表示解决问题的方法。

我们选择的假设项,本质就是为了保证方法可行,并能达到目的。

基于上面的思路,我们通常选择以下假设方式:

(1)解决问题的方法可以找得到(方法找得到);

(2)方法可以达到效果,也就是能够解决问题(方法有效果);

(3)解决问题还不能有恶果,也就是不能带来其他不良的影响(方法无恶果)。

【例 19】　2016 年,小金人电影节准备打破过去的只评选出一部最佳影片的惯例,而按照悬疑片、爱情片等几种专门的类型,分别评选最佳影片,这样可以使电影工作者的工作能够得到更为公平的对待,也可以使观众和电影爱好者对电影的优劣有更多的发言权。

根据以上信息,这种评比制度的改革隐含了以下哪个选项假设?

A. 划分影片类型,对于规范影片拍摄有重要的引导作用。

B. 每一部影片都可以按照这几种专门的类型来进行分类,没有遗漏。

C. 观众和电影爱好者在进行电影评论时喜欢进行类型的划分。

D. 按照类型来进行影片的划分,不会使有些冷门题材的影片被忽视。

E. 过去因为只有一部最佳影片,影响了电影工作者参加电影节评比的积极性。

【正确答案】　B

【深度解析】　题干是问题方法型。

问题:使电影工作者的工作能够得到更为公平的对待,也可以使观众和电影爱好者对电影的优劣有更多的发言权。

方法:按照专门的类型分别评选最佳影片。

问题方法型题干做假设,正确答案要满足"方法找得到""方法有效果""方法无恶果"这三条中的某一条。

B 选项满足了"方法找得到"(方法可行)。

综上所述,B 选项为正确答案。

【例 20】　为了提高管理效率,跃进公司打算更新公司的办公网络系统。如果在白天安装此网络系统,将会中断员工的日常工作;如果夜晚安装此网络系统,则要承担高得多的安装费用。跃进公司的陈经理认为:为了省钱,跃进公司应该白天安装此网络系统。

以下哪个选项最可能是陈经理所作的假设?

A. 安装新的网络系统需要的费用白天和夜晚是一样的。

B. 在白天安装网络系统导致误工损失的费用,低于夜晚与白天安装费用的差价。

C. 白天安装网络系统所需要的人数比夜晚安装网络系统所需要的人要少。

D. 白天安装网络系统后公司员工可以立即投入使用,提高工作效率。

E. 当白天安装网络系统时,公司员工的工作积极性和效率最高。

【正确答案】　B

【深度解析】　题干结论:为了省钱,跃进公司应该白天安装此网络系统。

题干前提:白天安装,有一个弊端(误工);

夜晚安装,也有弊端(费用更高)。

最终的结论是应该白天安装,说明白天的弊端要小于夜晚的弊端,满足"方法有效果"。同时请特别注意,题干结论的状语是"为了省钱",说明正确答案一定要与"钱""成本""费用"挂钩。

综上所述,B选项为正确答案。

【例21】 尽管有关法律越来越严厉,盗猎现象并没有得到有效扼制,反而有愈演愈烈的趋势,特别是对犀牛的捕杀。一只没有角的犀牛对盗猎者是没有价值的,野生动物保护委员会为了有效地保护犀牛,计划将所有的犀牛角都切掉,以使它们免遭厄运。

野生动物保护委员会的计划假设了以下哪个选项?

A.盗猎者不会杀害对他们没有价值的犀牛。

B.犀牛是盗猎者为获得其角而猎杀的唯一动物。

C.无角的犀牛比有角的对包括盗猎者在内的人威胁都小。

D.无角的犀牛仍可成功地对人类以外的敌人进行防卫。

E.对盗猎者进行更严格的惩罚并不会降低盗猎者猎杀犀牛的数量。

【正确答案】 A

【深度解析】 题干是问题方法型。

问题:有效地保护犀牛。

方法:将所有的犀牛角都切掉。

问题方法型题干做假设,正确答案要满足"方法找得到""方法有效果""方法无恶果"这三条中的某一条。

A选项:"盗猎者不会杀害对他们没有价值的犀牛",满足了"方法有效果"。

B选项,排除。题干只讨论了犀牛这一种动物,没有讨论犀牛以外的动物。

C选项,排除。题干只讨论了犀牛与盗猎者,没有讨论盗猎者以外的人,而且题干也没有讨论犀牛的威胁问题。

D选项,表示"方法无恶果",但力度弱于A选项。

E选项,同样脱离了题干的讨论范围。

综上所述,A选项为正确答案。

> **【提醒】** 论证逻辑,一定要把握题干讨论的话题对象。脱离题干话题讨论对象的选项,一般都不是正确选项。

【例22】 湖南省长沙市是一座美丽的城市,以"山、水、洲、城"的特点而著称,其中的"洲"以位于湘江中的橘子洲为代表。研究者成功地把一种荧光粉抹在橘子洲畔出没的杜鹃鸟的背上。这使得研究者可以较为清楚地观察杜鹃鸟夜间的活动。因此,这可以大大增进研究者对于杜鹃鸟捕食方式的了解。

为使上述论证成立,以下哪个选项是必须假设的?

A.橘子洲畔出没的杜鹃鸟只在夜间捕食。

B.研究者只对杜鹃鸟的捕食方式感兴趣,而对其他行为方式不感兴趣。

C.在杜鹃鸟的背部抹荧光粉并不会改变杜鹃鸟的捕食方式。

D.类似的方式也可以用于观察其他动物的行为方式。

E.橘子洲的地理环境非常适合研究者作夜间观察。

【正确答案】 C

【深度解析】 题干是问题方法型。

问题：了解杜鹃鸟的捕食方式；

方法：把一种荧光粉抹在杜鹃鸟的背上。

问题方法型题干做假设，正确答案要满足"方法找得到""方法有效果""方法无恶果"这三条中的某一条。

C 选项："在杜鹃鸟的背部抹荧光粉并不会改变杜鹃鸟的捕食方式"，满足了"方法无恶果"。我们可以对 C 选项进行加非验证。对 C 选项加非后，得到"在杜鹃鸟的背部抹荧光粉并会改变杜鹃鸟的捕食方式"，代入题干后，无法得到"这可以大大增进研究者对于杜鹃鸟捕食方式的了解"的结论。

A 选项不是必要的条件。橘子洲畔出没的杜鹃鸟可以白天、夜间均捕食，研究者只在夜间观察即可。

B 选项排除。题干讨论的是用"在背部抹荧光粉观察杜鹃鸟捕食方式"的问题。B 选项脱离了题干的话题范围。

D 选项排除。D 选项要求"在背部抹荧光粉"的方法具有普适性，很明显不满足"假设"的定义，这不是必要性条件。

E 选项排除。即使橘子洲的地理环境不适合研究者作夜间观察，研究者还是可以克服困难来作观察的。

综上所述，C 选项为正确答案。

本章练习

1. 公寓住户设法减少住宅小区物业管理费的努力是不明智的。因为，对于住户来说，物业管理费少交 1 元，为了应付因物业管理质量下降而付出的费用，很可能是 3 元、4 元甚至更多。

以下哪个选项最可能是上述论证所假设的？

A. 目前许多住宅小区物业管理费的标准偏高。

B. 目前许多住宅小区物业管理费的标准是合理的。

C. 目前许多住宅小区的物业管理质量是合格的。

D. 物业管理费的减少必然导致管理质量的下降。

E. 物业管理部门很可能以降低服务质量来应对管理费的减少。

2. 某年，国内某电视台在综合报道了当年的诺贝尔各项奖金的获得者的消息后，作了以下评论：今年又有一位华裔科学家获得了诺贝尔物理学奖，这是中国人的骄傲。但是到目前为止，还没有中国人获得诺贝尔经济学奖和诺贝尔文学奖，看来中国在人文社会科学方面的研究与世界先进水平相比还有比较大的差距。

以上评论中所得出的结论最可能把以下哪个选项断定为隐含的前提？

A. 中国在物理学等理科研究方面与世界先进水平的差距在逐步缩小。

B. 中国的人文科学有先进的理论基础和雄厚的历史基础，目前和世界先进水平的差距是不正常的。

C. 诺贝尔奖是衡量一个国家某个学科发展水平的重要标志。

D. 诺贝尔奖的评比在原则上对各人种是公平的，但实际上很难做到。

E. 包括经济学在内的人文社会科学研究与各国的文化传统有非常密切的联系。

3. 根据一种心理学理论，一个人要想快乐，就必须和周围的人保持亲密的关系。但是，世界上伟大的画家往往是在孤独中度过了他们大部分的时光，并且没有亲密的人际关系。所以，这种心理学理论是不成立的。

以下哪个选项最可能是上述论证所假设的？

A. 世界上伟大的画家都喜欢逃避亲密的人际关系。

B. 有亲密的人际关系的人几乎没有孤独的时候。

C. 孤独对于伟大的绘画艺术来说是必需的。

D. 几乎没有著名的画家有亲密的人际关系。

E. 世界上伟大的画家都是快乐的。

4. 从技术上讲，一种保险单如果其索赔额及管理费用超过保金收入，这种保险单就属于折价发行。但是保金收入可以用来投资并产生回报，因而折价发行的保单并不一定总是亏本的。

上述论断建立在以下哪个选项假设基础之上？

A. 保险公司不会为吸引顾客而故意折价发行保单。

B. 并不是每一种亏本的保单都是折价发行的。

C. 在索赔发生前，保单每年的索赔额都是可以精确估计的。

D. 投资与保金收入的所得是保险公司利润的最重要来源。

E. 至少部分折价发行的保单，并不要求保险公司在得到保金后立即支付全部赔偿。

5. 维亚公司制作的正版电影光盘每张售价 55 元，赢利 10 元。而这样的光盘的盗版制品每张仅售价 20 元。因此，这样的盗版光盘如果销售 10 万张，就会给维亚公司造成 100 万元的利润损失。

为使上述论证成立，以下哪个选项是必须假设的？

A. 每个已购买各种盗版制品的人，若没有盗版制品可买，都仍会购买相应的正版制品。

B. 如果没有盗版光盘，维亚公司的上述正版电影光盘的销售量不会少于 10 万张。

C. 上述盗版光盘的单价不可能低于 20 元。

D. 与上述正版光盘相比，盗版光盘的质量无实质性的缺陷。

E. 维亚公司制作的上述正版光盘价格偏高是造成盗版光盘充斥市场的原因。

6. 相关调查资料表明，目前在中国的部分农村贫困地区，放弃参加高考的人数在逐年上升。如果社会上对大学生过高的期望值能够调整，这种现象就不会出现了。

以下哪个选项陈述是以上观点的假设？

A. 农村贫困地区的考生难以承受大学的学费和生活费用。

B. 来自社会的对大学生过高的期望值对于弃考行为的发生有推动作用。

C. 弃考行为之所以发生有着复杂的原因。

D. 当考生感觉到压力过大时也会选择弃考。

E. 应该对所有地区的弃考学生进行进一步的调查。

7. 以前的研究表明，食用刺激性食物，如辣椒、生姜、胡椒等，会增加食用者患心脏病的可能性。而一项最新的研究认为，食用辣椒与心脏病发病率无关。估计这项最新研究成果公布之后，辣椒的消费量将会大大增加。

上述推论基于以下哪个选项假设？

A. 大量食用辣椒的人中，心脏病患者的比例并不是很高。

B. 尽管有些人知道食用辣椒会增加患心脏病的可能性，却照样大吃特吃。

C. 人们从来也不相信进食辣椒会更容易患心脏病的说法。

D. 现在许多人吃辣椒是因为他们没听过吃辣椒会导致心脏病的说法。

E. 现在许多人不吃辣椒完全是因为他们相信吃辣椒会诱发心脏病。

8. 面试是招聘的一个不可取代的环节,因为通过面试,可以了解应聘者的个性。那些个性不适合的应聘者将被淘汰。

以下哪个选项是上述论证最可能假设的?

A. 应聘者的个性很难通过招聘的其他环节展示。

B. 个性是确定录用应聘者的最主要因素。

C. 只有经验丰富的招聘者才能通过面试准确把握应聘者的个性。

D. 在招聘各环节中,面试比其他环节更重要。

E. 面试的唯一目的是为了解应聘者的个性。

9. 艾滋病是一种危害性极大的传染病,由感染艾滋病病毒(HIV 病毒)引起。HIV 是一种能攻击人体免疫系统的病毒。它把人体免疫系统中最重要的 T 淋巴细胞作为主要攻击目标,大量破坏该细胞,使人体丧失免疫功能。到目前为止的主流观点认为,艾滋病是无法治愈的。

上述主流观点假设了艾滋病患者:

A. 没有重新感染过艾滋病毒。

B. 没有采取防止艾滋病毒感染的措施。

C. 对艾滋病毒的药物治疗特别抗药。

D. 可能患有其他相关疾病。

E. 先天体质较差。

10. 海南省是我国槟榔的主要产区。根据古书记载,海南一带很早就有槟榔待客的风俗。800多年前,贬居海南岛的苏东坡就曾描绘黎家少女口含槟榔、头插茉莉花的情景。除了海南,目前湖南、云南、广东等省份都很流行嚼槟榔。世界卫生组织癌症研究中心最近向国际社会发出警告:加入烟草的槟榔可以导致口腔癌、咽癌和食道癌,而不加入烟草的槟榔也会导致口腔癌。各种槟榔制品中含有的槟榔子会导致一种口腔癌前病变(口腔黏膜下纤维化),随时可能会转化成癌症。据此,有专家建议,政府应该不允许槟榔公司在其营业收入中扣除广告费用。这样的话,槟榔公司将会缴纳更多的税金。它们只好提高自己的产品价格,而产品价格的提高正好可以起到减少槟榔购买的作用。

以下哪个选项是上述专家论述的前提?

A. 槟榔公司不可能降低其他方面的成本来抵销多缴的税金。

B. 如果它们需要付高额的税金,槟榔公司将不再继续做广告。

C. 如果槟榔公司不做广告,槟榔的销售量将受到很大影响。

D. 政府从槟榔公司的应税收入增加所得的收入将用于宣传嚼槟榔的害处。

E. 槟榔公司由此所增加的税金应该等于价格上涨所增加的盈利。

11. 在世界市场上,日本生产的冰箱比其他国家生产的冰箱耗电量要少。因此,其他国家的冰箱工业将失去相当部分的冰箱市场,而这些市场将被日本冰箱占据。

以下哪个选项是上述论证所要假设的?

Ⅰ. 日本的冰箱比其他国家的冰箱更为耐用。

Ⅱ. 电费是冰箱购买者考虑的重要因素。

Ⅲ. 日本冰箱与其他国家冰箱的价格基本相同。

A. Ⅰ、Ⅱ和Ⅲ。

B. 仅Ⅰ和Ⅱ。

C. 仅Ⅱ。

D. 仅Ⅱ和Ⅲ。

E. 仅Ⅲ。

12. 张教授：在西方经济萧条时期，由汽车尾气造成的空气污染状况会大大改善，因为开车上班的人大大减少了。

李工程师：情况恐怕不是这样。在萧条时期买新车的人大大减少。而车越老，排放的超标尾气造成的污染越严重。

张教授的论证依赖以下哪个选项假设？

A. 只有就业人员才开车。

B. 空气污染主要是由上班族的汽车所排放的尾气造成的。

C. 大多数上班族不使用公共交通工具上班。

D. 在萧条时期，开车上班人数的减少一定会造成汽车运行总量的减少。

E. 在萧条时期，开车上班人员的失业率高于不开车上班人员。

13. 最近3年来，共有8架F47客机失事。面对F47设计有误的指控，F47的生产厂商明确加以否定，其理由是，每次F47空难的调查都表明，失事的原因是飞行员的操作失误。

为使厂商的上述反驳成立，以下哪个选项是必须假设的？

Ⅰ. 如果飞行员不操作失误，F47就不会失事。

Ⅱ. 飞行员的操作失误，和F47任何一部分的设计都没有关系。

Ⅲ. 每次对F47空难的调查结论都可信。

A. 只有Ⅰ。

B. 只有Ⅱ。

C. 只有Ⅲ。

D. 只有Ⅱ和Ⅲ。

E. Ⅰ、Ⅱ和Ⅲ。

14. 林教授的身体状况恐怕不宜继续担任校长助理的职务。因为近一年来，只要林教授给校长写信，内容只有一个，不是这里不舒服，就是那里有毛病。

为使上述论证成立，以下哪个选项是必须假设的？

Ⅰ. 胜任校长助理的职务，需要有良好的身体条件。

Ⅱ. 林教授给校长的信的内容基本上都是真实的。

Ⅲ. 近一年来，林教授经常给校长写信。

A. 只有Ⅰ。

B. 只有Ⅱ。

C. 只有Ⅲ。

D. 只有Ⅰ和Ⅱ。

E. Ⅰ、Ⅱ和Ⅲ。

15. 东方航空公司由北京至长沙的全额票价一年多来保持不变，但是，目前东方航空公司由北京至长沙的机票75%打折出售，只有25%全额出售；而在一年前则是一半打折出售，一半全额出售。因此，目前东方航空公司由北京至长沙的平均票价比一年前要低。

以下哪个选项最可能是上述论证所假设的？

A. 目前和一年前一样，东方航空公司由北京至长沙的机票，打折的和全额的，有基本相同的售出率。

B. 目前和一年前一样，东方航空公司由北京至长沙的打折机票售出率不低于全额机票。

C. 目前东方航空公司由北京至长沙的打折机票的票价和一年前基本相同。

D. 目前东方航空公司由北京至长沙航线的服务水平比一年前下降。

E. 东方航空公司所有航线的全额票价一年多来保持不变。

16. 研究显示,大多数有创造性的工程师都有在纸上乱涂乱画,并记下一些看来稀奇古怪想法的习惯。他们的大多数最有价值的设计都直接与这种习惯有关。而现在的许多工程师都用电脑工作,在纸上乱涂乱画不再是一种普遍的习惯。一些专家担心,这会影响工程师的创造性思维,所以专家建议在用于工程设计的计算机程序中匹配模拟的便条纸,能让使用者在上面涂鸦。

以下哪个选项最可能是上述建议所假设的?

A. 在纸上乱涂乱画,只可能产生工程设计方面的灵感。

B. 计算机程序中匹配的模拟便条纸,只能用于乱涂乱画,或记录看来稀奇古怪的想法。

C. 乱涂乱画所产生的灵感并不一定通过在纸上的操作获得。

D. 工程师在纸上乱涂乱画所记下的看来稀奇古怪的想法大多数都有应用价值。

E. 所有用计算机工作的工程师都不会备有纸笔以随时记下有意思的想法。

17. 李全明:在国际慈善机构救助儿童会公布的《2015 年度全球母亲状况报告》中,"备受重视的母亲指数"是一个很重要的指标。挪威高居"备受重视的母亲指数"榜首,成为全球最适宜做妈妈的国家和地区,远远抛离跌落第 33 位的美国。最令人诧异的是,在全球最富有国家的首都当中,华盛顿的婴儿死亡率是最高的。另一项权威性的调查数据显示,在医疗技术和设施最先进的美国,婴儿最低死亡率在世界上只排第 17 位。这使我得出结论,先进的医疗技术和设施,对于人类生命和健康所起的保护作用,对成人要比对婴儿显著得多。

杨杰:我不能同意您的论证。事实上,一个国家所具有的先进的医疗技术和设施,并不是每个人都能均等地享受的。较之医疗技术和设施而言,较高的婴儿死亡率更可能是低收入的结果。

杨杰的反驳基于以下哪个选项假设?

Ⅰ. 在美国,享受先进的医疗技术和设施,需要一定的经济条件。

Ⅱ. 在美国,存在着明显的贫富差别。

Ⅲ. 在美国,先进的医疗技术和设施,主要用于成人的保健和治疗。

A. 只有Ⅰ。

B. 只有Ⅱ。

C. 只有Ⅲ。

D. 只有Ⅰ和Ⅱ。

E. Ⅰ、Ⅱ和Ⅲ。

18. 以往,境内企业进出口只能以美元或第三方货币结算,在合同签约至合同执行完毕期间汇率的变化会使企业的实际盈收出现波动,现在银行推出了人民币结算业务。由于人民币是境内企业的本币,合同计价和企业运营的主要货币相一致,境内企业在合同签订前能够切实了解交易的成本和收入,从而防范了汇率风险。因此,使用跨境贸易人民币结算业务的企业必定会增多。

以下哪个选项最有可能是上述论证所必须假设的?

A. 有了跨境贸易人民币结算业务,开展对外贸易的企业数量会越来越多。

B. 在与国内企业发展贸易时,由于人民币币值保持稳定,境外企业愿意使用人民币作为结算货币。

C. 有了跨境贸易人民币结算业务,国内企业可以更方便地将跨境贸易开展到世界各地。

D. 由于国内巨大的市场空间,越来越多的境外企业愿意与国内企业开展贸易往来。

E. 人民币将在未来的世界发挥越来越大的作用。

19. 统计显示,近年来在死亡病例中,与饮酒相关的比例逐年上升。有人认为,这是由于酗酒现象越来越严重。这种看法有漏洞,因为它忽视了这样一点:酗酒过去只是在道德上受到批评,现在则被普遍认为本身就是一种疾病。每次酒醉就是一次酒精中毒,就相当于患了一次肝炎。

如果题干的结论是恰当的,则下面哪项是最可能假设的?

A. 和现在相比,过去的医生更具有从道德上认定酗酒的社会影响的能力。

B. 和过去相比,现有的医生更具有从医学上认定酗酒的生理影响的能力。

C. 近年来年轻人中酗酒现象越来越严重。

D. 有些死亡病例的分析评估者不是医生。

E. 尽管酗酒被认为是一种疾病,但多数医生仍然建议酗酒成癖者接受心理治疗。

20. 李工程师:在日本,肺癌病人的平均生存年限(即从确诊至死亡的年限)是 9 年,而在亚洲的其他国家,肺癌病人的平均生存年限只有 4 年。因此,日本在延长肺癌病人生命方面的医疗水平要高于亚洲的其他国家。

张研究员:你的论证缺乏充分的说服力。因为日本人的自我保健意识总体上高于其他的亚洲人,因此,日本肺癌患者的早期确诊率要高于亚洲其他国家。

张研究员的反驳基于以下哪个选项假设?

Ⅰ. 肺癌患者的自我保健意识对于其疾病的早期确诊起到重要作用。

Ⅱ. 肺癌的早期确诊对延长患者的生存年限起到重要作用。

Ⅲ. 对肺癌的早期确诊技术是衡量防治肺癌医疗水平的一个重要方面。

A. 只有Ⅰ。

B. 只有Ⅱ。

C. 只有Ⅲ。

D. 只有Ⅰ和Ⅱ。

E. Ⅰ、Ⅱ和Ⅲ。

21. 天津是一个海滨城市,但却面临水资源严重缺乏的问题。长期以来,天津的水价格一直偏低。最近天津市政府根据价值规律调高水价,这一举措将对节约使用该市的水资源产生重大的推动作用。

为使上述议论成立,以下哪个选项必须是真的?

Ⅰ. 有相当数量的用水浪费是因为水价格偏低而造成的。

Ⅱ. 水价格的上调幅度一般足以对浪费用水的用户产生经济压力。

Ⅲ. 水价格的上调不会引起用户的不满。

A. Ⅰ、Ⅱ和Ⅲ。

B. 仅Ⅰ和Ⅱ。

C. 仅Ⅰ和Ⅲ。

D. 仅Ⅱ和Ⅲ。

E. 仅Ⅲ。

22. 任何人都没有吃过月亮岛上的任何水果,所以无法知道月亮岛上任何水果的口味。

为了合乎逻辑地推出上述结论,需要假设以下哪项为前提?

A. 如果一种水果有人品尝过,就可以知道其口味。

B. 只凭某些人的品尝无法真正知道某种水果的口味。

C. 要知道某种水果的口味,需要有人去品尝。

D. 人们是通过嗅觉来确定水果口味的。

E. 月亮岛上的水果据说是有毒的。

23. 阳光晶城小区扩建后,新搬入的住户纷纷向房产承销公司投诉附近高架桥噪声太大令人难以忍受。然而,老住户们并没有声援说他们同样感到噪声巨大。尽管房产承销公司宣称不会置住户的健康于不顾,但还是决定不对投诉采取措施。他们认为高架桥的噪声并不大,因为老住户没有投诉。

下列哪项如果为真,则最能表明房产承销公司对投诉不采取措施的做法是错误的?

A. 房产承销商们的住宅并不在该小区,所以不能体会噪声的巨大危害。

B. 有些老住户自己配备了耳塞来解决这个问题,他们觉得挺有效果的。

C. 老住户觉得自己并没有与房产承销商有什么联系,也没有太大的矛盾。

D. 老住户认为噪声并不巨大而没有声援投诉,是因为他们的听觉长期受噪音影响已经迟钝失灵。

E. 房产承销公司从来没有隐瞒过小区位于高架桥旁边这一事实。

24. 天文物理领域充满着未知和探索。天文学家一直假设宇宙中的一些物质是看不见的。研究显示:许多星云如果都是由能看见的星球构成的话,它们的移动速度要比在任何条件下能观测到的快得多。专家们由此推测:这样的星云中包含着看不见的巨大质量的物质,其重力影响着星云的运动。

以下哪个选项是题干的论证所假设的?

Ⅰ. 题干所说的看不见,是指不可能被看见,而不是指离地球太远,不能被人的肉眼或借助天文望远镜看见。

Ⅱ. 上述星云中能被看见的星球的总体质量可以得到较为准确的估计。

Ⅲ. 宇宙中看不见的物质,除了不能被看见这点以外,具有看得见的物质的所有属性,例如具有重力。

A. 只有Ⅰ。

B. 只有Ⅱ。

C. 只有Ⅲ。

D. 只有Ⅰ和Ⅱ。

E. Ⅰ、Ⅱ和Ⅲ。

25. 由工业垃圾掩埋带来的污染问题在中等发达国家中最为突出,而在发达国家与不发达国家中反而不突出。不发达国家是因为没有多少工业垃圾可以处理。发达国家或者是因为有效地减少了工业垃圾,或者是因为有效地处理工业垃圾。H国是中等发达国家,因此,它目前面临的由工业垃圾掩埋带来的污染问题在5年后会有实质性的改变。

以下哪个选项最可能是上述论证所假设的?

A. H国不会在五年后倒退回不发达状态。

B. H国将在五年内成为发达国家。

C. H国五年内保持其发展水平不变。

D. H国将在五年内有效地处理工业垃圾。

E. H国将在五年内有效地减少工业垃圾。

26. 在产品竞争激烈时,许多企业大做广告。一家电视台在同一个广告时段内,曾同时播放了四种白酒的广告。渲染过分的广告适得其反。大多数消费者在选购产品时，更重视自己的判断，而不轻信广告宣传。

上述陈述隐含着下列哪项前提？

A. 真正的名牌产品不做广告。

B. 广告越多，商品的销售量越大。

C. 许多广告言过其实，缺乏真实性。

D. 消费者都是鉴别商品的内行里手。

E. 企业都把做广告当作例行公事。

27. "打猎不仅无害于动物，反而对其有一定的保护作用。"

以上观点最有可能基于以下哪个前提？

A. 许多人除非自卫不会杀死野生动物。

B. 对经济困难的家庭来说，打猎也是一种经济来源。

C. 当其他食物缺乏时，野生动物会偷吃庄稼。

D. 当野生动物过多时，减少其数量有利于种群的生存和发展。

E. 被猎获的动物大部分是弱小动物。

28. 两栖动物是脊椎动物从水栖到陆栖的过渡类型。与动物界中其他种类相比，地球上现存的两栖动物的物种较少，目前正式被确认的约有 4 350 种。当两栖动物几百万年以前第一次出现在地球上时，穿透大气层的紫外线的辐射比现在要大得多。因此，目前两栖动物数目的剧烈减少不是最近穿透地球大气层的紫外线增加的结果。

下列哪项是上面论述所基于的假设？

A. 现代两栖动物的卵并不比早期双栖动物的卵更易受紫外线辐射的伤害。

B. 现代两栖动物居住的栖息地不大可能像早期两栖动物那样能够遮蔽紫外线。

C. 现代两栖动物不能像早期两栖动物那样容易地适应改变的辐射程度。

D. 两栖动物的皮肤比其他动物的皮肤对紫外线通常更敏感。

E. 与其他形式辐射相比，两栖动物的皮肤对紫外线不那么敏感。

29. 水果店顾客：这个水果店卖的梨沾了点油污，售货员告诉我运来时就是这样的，水果店并未清洗它们。大多数水果在收获之前都被喷洒过有害的农药，如不清洗会对消费者有害。所以，这家水果店老板肯定在卖表皮上有农药的水果，从而危害了他的顾客。

以下哪个选项是上述论证所必须假设的？

A. 在收获后和运到水果店前，这些梨没有经过彻底清洗。

B. 大多数喷洒在水果上的农药会有一层油污状的遗迹。

C. 大多数顾客并不知道水果店老板在卖梨前并不清洗。

D. 只有农药在水果上留下的油渍才能被清洗掉。

E. 其他水果店运来的水果也有一层油污。

30. 由于每一层的员工都不愿意在上级领导眼里与坏消息有所关联，因此基层出现的严重问题在沿管理层次逐级上报时总是被淡化或是掩盖。所以，位于最高层次上的总裁对基层出现的真实问题的了解，要比他的下级们少得多。

以上结论是建立在以下哪个假设基础之上的呢？

A. 管理层级中，较高层次的管理者解决问题的能力要比底层管理者解决问题的能力强。

B. 仍然有一些员工更关注的是事实，而不是他们在上级领导心目中的印象。

C. 位于最高层次的总裁只能从直接下级处了解基层问题，而没有别的渠道。

D. 在哪一层发生的管理问题应由哪一层的管理人员去加以解决。

E. 向上级如实汇报基层情况的员工应当受到来自高层管理者的特别嘉奖。

 本章练习深度解析

1.【答案】 E

【深度解析】 题干结论:不应该设法减少住宅小区物业管理费。

题干前提:物业管理费少交 1 元,物业管理质量下降的费用很可能是 3 元、4 元甚至更多。

根据题干的论证逻辑,答案应该在 D、E 之间选择。

D 选项:"物业管理费的减少必然导致管理质量的下降",说的是"必然"。

E 选项:"物业管理部门很可能以降低服务质量来应对管理费的减少",说的是"很可能"。

题干也说的是"很可能"。E 选项与题干的模态词保持了一致。

综上所述,E 选项为正确答案。

2.【答案】 C

【深度解析】 题干结论:中国在人文社会科学方面的研究与世界先进水平相比还有比较大的差距。

题干前提:到目前为止,还没有中国人获得诺贝尔经济学奖和诺贝尔文学奖。

从前提到结论,题干有两个隐含的前提:

(1)获得诺贝尔奖代表了某一方面研究的世界先进水平;

(2)诺贝尔经济学奖和诺贝尔文学奖代表了人文社会科学方面的研究水平。

C 选项体现了上述第一个隐含条件。

综上所述,C 选项为正确答案。

3.【答案】 E

【深度解析】 题干结论:一个人要想快乐,就必须和周围的人保持亲密的关系,这是不成立的。

题干前提:世界上伟大的画家往往是在孤独中度过了他们大部分的时光,并且没有亲密的人际关系。

对题干结论进行变形:

一个人要想快乐,就必须和周围的人保持亲密的关系,这是不成立的

= 没有和周围的人保持亲密的关系,且快乐

(上述其实就是求一个必要条件假言命题的负命题)。

对变形后的题干结论和题干前提进行比对,可知,正确答案必须说明伟大的画家快乐,E 选项描述了这一情况。

综上所述,E 选项为正确答案。

4.【答案】 E

【深度解析】 题干结论:折价发行的保单并不一定总是亏本的。

题干前提:折价发行的保单的保金收入可以用来投资并产生回报。

对 E 选项进行加非验证,加非后可得"所有折价发行的保单,都要求保险公司在得到保金后立即支付全部赔偿",加非后的 E 选项代入题干中,我们会得到"折价发行的保单一定会亏本"的结论。所以 E 选项满足加非验证,是假设项。

综上所述,E 选项是正确答案。

5.【答案】 B

【深度解析】　题干结论:这样的盗版光盘如果销售 10 万张,就会给维亚公司造成 100 万元的利润损失。

题干前提:正版电影光盘每张赢利 10 元,

利润总额＝单张利润×销量。

很明显,题干的论述假设了正版电影光盘的销量大于等于 10 万张,B 选项体现了上述假设。如果不理解,可以对 B 选项进行加非验证。

B 选项加非后,可得"如果没有盗版光盘,维亚公司的上述正版电影光盘的销售量会少于 10 万张",每张利润 10 元,所以"维亚公司利润损失 100 万元"的结论是无法得出的,故 B 选项满足加非验证,是假设项。

C、D、E 选项明显排除,较有迷惑性的是 A 选项,分析如下:

A 选项:

每个已购买各种盗版制品的人,若没有盗版制品可买,都仍会购买相应的正版制品

＝若没有盗版制品可买,所有已购买各种盗版制品的人都会购买相应的正版制品。

很明显,A 选项是一个过度假设项。要得到题干结论,在没有盗版制品可买的前提下,不必要求所有已购买各种盗版制品的人都会购买相应的正版制品,只要这种人的数量大于等于 10 万人即可。

若还不理解,换一个方式来理解 A 选项。

对 A 选项进行加非验证。A 加非后,可得"若没有盗版制品可买,有的已购买各种盗版制品的人,不会购买相应的正版制品"。将加非后的 A 选项代入题干中,若此处的"有的"所指代的人数大于等于 10 万人,则我们还是可以得到"给维亚公司造成 100 万元的利润损失"这个题干结论。所以 A 选项不满足加非验证,不是假设项。

综上所述,B 选项是正确答案。

6.【答案】　B

【深度解析】　题干结论:放弃参加高考的人数在逐年上升。

题干前提:社会上对大学生的期望值过高。

题干的前提和结论包含两个独立话题,需要某一选项通过"直接搭桥法"把它们联系起来,B 选项达到了这一效果。

综上所述,B 选项是正确答案。

7.【答案】　E

【深度解析】　题干结论:辣椒的消费量将会大大增加。

题干前提:食用辣椒与心脏病发病率无关。

题干论述过程包含了一个隐藏的前提条件是:原来有很多想吃辣椒的人,因为担心吃辣椒引发心脏病,所以没吃。

E 选项体现了上述隐藏前提。

综上所述,E 选项是正确答案。

8.【答案】　A

【深度解析】　题干结论:面试是招聘中一个不可取代的环节。

题干前提:面试可以了解应聘者的个性。

对 A 选项进行加非验证。对 A 加非后,可得"应聘者的个性可以通过招聘的其他环节展示",那么就无法推出"面试是招聘中一个不可取代的环节"的结论,所以 A 选项满足加非验证,是题干论证的必要条件。

综上所述,A 选项是正确答案。

9.【答案】　A

【深度解析】　题干结论:艾滋病是无法治愈的。

题干结论中有一个关键词:"无法"治愈。

对 A 选项进行加非验证。对 A 选项加非,可得"艾滋病患者重新感染了艾滋病毒",既然是重新感染,就说明患者曾经好了,然后又再得病,那么就说明艾滋病是可以治愈的,题干结论便被推翻了。所以 A 选项满足加非验证,是题干论证的必要条件。

综上所述,A 选项是正确答案。

10.【答案】　A

【深度解析】　题干结论:槟榔公司只好提高自己的产品价格。

题干前提:政府应该不允许槟榔公司在其营业收入中扣除广告费用,因此槟榔公司将会缴纳更多的税金。

对 A 选项进行加非验证。对 A 选项加非,可得"槟榔公司可以降低其他方面的成本来抵销多缴的税金",那么,就不能得到"槟榔公司只好提高自己的产品价格"的结论了。所以 A 选项满足加非验证,是题干论证的必要条件。

综上所述,A 选项是正确答案。

11.【答案】　D

【深度解析】　题干是一个差比关系型。

题干结论:日本冰箱的市场占有率更高。

题干前提:日本生产的冰箱耗电量更低。

我们选择正确的假设项的目的,就是为了保证确实是前提的"冰箱耗电量的差"导致了"市场占有率的差",所以必须选择一个描述"没有他差"的选项。

"Ⅰ.日本的冰箱比其他国家的冰箱更为耐用"构建了一个"另有他差"——耐用程度的差,所以Ⅰ不是题干论证过程的必要条件。请注意,Ⅰ虽然不是假设,但是题干论证过程的一个支持项。

"Ⅱ.电费是冰箱购买者考虑的重要因素"是一个假设项。Ⅱ把题干前提"耗电量"和题干结论"市场占有率"两者通过"直接搭桥法"联系起来,是一个假设项。请注意,市场占有率是通过购买行为来实现的。

"Ⅲ.日本冰箱与其他国家冰箱的价格基本相同"说明了"没有他差"——在"价格"上没有差,所以是假设项。

综上所述,D 选项是正确答案。

12.【答案】　D

【深度解析】　张教授的结论:在西方经济萧条时期,由汽车尾气造成的空气污染状况会大大改善。

张教授的前提:开车上班的人大大减少了。

"开车上班的人数"与"开车造成的汽车尾气"是两个独立话题。汽车尾气是由开车运行的里程数来决定的。D 选项解决了这个问题。

B 选项具有一定的迷惑性。我们可以对 B 选项进行加非验证。B 选项加非后,可得"空气污染主要不是由上班族的汽车所排放的尾气造成的",例如"工业污染"是造成空气污染的主要原因,"汽车尾气"是造成空气污染的第二大原因,那么如果上班族少开车或不开车,题干结论"空气污染状况会大大改善"依然可以得到,所以 B 选项并不满足加非验证。

综上所述,D选项是正确答案。

> 【提醒】 区别:主要、相当、重要、有、有的、有些、某些。
>
> (1)主要:指所有影响因素中排名第一的。
>
> 【例】 造成雾霾的主要原因是汽车尾气。
>
> 【解析】 造成雾霾有很多原因,但其中汽车尾气是排名第一的因素。
>
> (2)相当:是一个不是特别小的数字(绝对数)或不是特别小的百分比,大于50%、小于50%、等于50%都有可能。
>
> 【例】 相当部分的家庭都是独生子女家庭。
>
> 【解析】 在所有的家庭中,独生子女家庭占到了一定比重。这个比重大于50%、小于50%、等于50%都有可能,但是绝不可能是一个类似于0.001%这样的很小的百分比。
>
> (3)重要:强调意义重大,如果按比例折算,有可能是很小的百分比,也有可能是较大的百分比(大于50%、小于50%、等于50%都有可能),但请注意,用"重要"形容的,其意义一定很重大。
>
> 【例】 对于一场战争的结果而言,最高统帅的睡眠是否充足很重要。
>
> 【解析】 对于一场战争的结果而言,最高统帅、中层指战员、士兵、枪支等战备、信息技术的支持等诸多因素都起到作用,但是最高统帅无疑是其中很关键的一环。而影响最高统帅的因素也有很多,例如睡眠、经验、专业、心态等,其中睡眠是很重要的。至于最高统帅的睡眠会对统帅本人的发挥起到多大比例的作用,进而对整个战争结果起到多大比例的作用,这个是不确定的。
>
> (4)有、有的、有些、某些:从绝对数来理解,这四个词都代表"至少有一个"(提醒大家注意,单位要根据具体题设情况来考虑,单位不一定是"个"),可能有多个,也许是全部。
>
> 从百分比来理解,这四个词都代表大于0%的一个数,在0%到100%的左开右闭的区间皆有可能,即(0%,100%]。
>
> 【例】 有的中国家庭是丁克家庭。
>
> 【解析】 从绝对数理解,表示至少有一个中国家庭是丁克家庭,可能有多个,可能是全部。
>
> 从相对数理解,有大于0%的家庭是丁克家庭,具体比例不确定,在(0%,100%]都有可能。

13.【答案】 D

【深度解析】 题干结论:F47的设计没有问题。

题干前提:每次F47空难的调查都表明,失事的原因是飞行员的操作失误。

首先对Ⅰ做一个等值变形。

根据"否定Q必否定P"可知,

Ⅰ.如果飞行员不操作失误,F47就不会失事

=如果F47失事,那么就是飞行员操作失误造成的

很明显,Ⅰ是实现题干结论"F47的设计没有问题"的充分条件,但不是必要条件,所以Ⅰ不是假设项。例如,"如果F47失事,那么就是雷暴天气造成的",也可以实现题干结论。

对"Ⅱ.飞行员的操作失误,和F47任何一部分的设计都没有关系"进行加非验证。Ⅱ加非

后,代入题干中,就无法得出"F47 的设计没有问题"的结论了。所以Ⅱ满足加非验证,是假设项。

Ⅲ明显满足加非验证。

综上所述,D 选项为正确答案。

14.【答案】　E

【深度解析】　题干结论:林教授的身体状况恐怕不宜继续担任校长助理的职务。

题干前提:因为近一年来,只要林教授给校长写信,内容只有一个,不是这里不舒服,就是那里有毛病。

"Ⅰ.胜任校长助理的职务,需要有良好的身体条件"通过"直接搭桥法"把题干前提和题干结论两个独立话题联系起来,很明显是假设项。如果不理解,还可以通过加非验证来检验,Ⅰ满足加非验证。

对"Ⅱ.林教授给校长的信的内容基本上都是真实的"进行加非验证。对Ⅱ加非,再代入题干中,题干的结论也就被推翻了。所以Ⅱ满足加非验证,是假设项。

对"Ⅲ.近一年来,林教授经常给校长写信"进行加非验证。对Ⅲ加非,可得"近一年来,林教授偶尔给校长写信",代入题干中,那么林教授只是偶尔身体不舒服,所以林教授还可以继续担任校长助理的职务,题干的结论也就被推翻了。所以Ⅲ满足加非验证,是假设项。

综上所述,E 选项为正确答案。

15.【答案】　C

【深度解析】　题干结论:目前东方航空公司由北京至长沙的平均票价比一年前要低。

题干前提:(1)东方航空公司由北京至长沙的全额票价一年多来保持不变;

(2)售出的打折机票的比例由一年前的 50% 升至 75%。

题干结论讨论的是"平均票价",前提只讨论了打折机票售出的比例,很明显,平均票价还与打折的程度有关系。

C 选项解决了这个问题。

我们也可以对 C 选项进行加非验证。C 选项加非后,可得"目前东方航空公司由北京至长沙的打折机票的票价和一年前不同",若一年前打一折,现在打九九折,则目前东方航空公司由北京至长沙的平均票价比一年前要高,那么题干结论就被推翻了,所以 C 选项满足加非验证。

综上所述,C 选项为正确答案。

16.【答案】　C

【深度解析】　题干结论:专家建议在用于工程设计的计算机程序中匹配模拟的便条纸,能让使用者在上面涂鸦。

对 C 选项进行加非验证。C 选项加非后,可得"乱涂乱画所产生的灵感一定只能通过在纸上的操作获得",代入题干中,专家的建议很明显行不通了。所以 C 选项满足加非验证。

请好好体会假设的定义。假设是实现题干论证过程的一个隐藏的必要性条件。

A 选项不"必须",B 选项不"必须"。

D 选项排除,因为不必"大多数都有应用价值",只要"有的有应用价值"即可。

E 选项排除,因为不必"所有的用计算机工作的工程师都不会备有纸笔以随时记下有意思的想法",只要"有的用计算机工作的工程师没有备有纸笔以随时记下有意思的想法"即可。

综上所述,C 选项为正确答案。

17.【答案】　D

【深度解析】　李全明的结论:先进的医疗技术和设施,对于人类生命和健康所起的保护作用,对成人要比对婴儿显著得多。

杨杰的结论:否定李全明的结论。

杨杰的论据:一个国家所具有的先进的医疗技术和设施,并不是每个人都能均等地享受的。较之医疗技术和设施而言,较高的婴儿死亡率更可能是低收入的结果。

对"Ⅰ.在美国,享受先进的医疗技术和设施,需要一定的经济条件"做加非验证。对Ⅰ加非后,可得"在美国,享受先进的医疗技术和设施,不需要一定的经济条件",代入题干中,不能得到"较高的婴儿死亡率更可能是低收入的结果"的结论,所以Ⅰ满足加非验证,是假设项。

对"Ⅱ.在美国,存在着明显的贫富差别"做加非验证。对Ⅱ加非后,可得"在美国,不存在明显的贫富差别",代入题干中,无法得到"较高的婴儿死亡率更可能是低收入的结果"的结论,所以Ⅱ满足加非验证,是假设项。

对"Ⅲ.在美国,先进的医疗技术和设施,主要用于成人的保健和治疗"做加非验证。对Ⅲ加非后,可得"在美国,先进的医疗技术和设施,主要不是用于成人的保健和治疗",代入题干中,依然可以得到"较高的婴儿死亡率更可能是低收入的结果"的结论。所以Ⅲ不满足加非验证,不是假设项。事实上,在美国,先进的医疗技术和设施,是否主要用于成人的保健和治疗,对于题干结论是没有影响的。

综上所述,D选项为正确答案。

> 【提醒】 假设复选题型,一般采用加非验证法。

18.【答案】 B

【深度解析】 题干结论:使用跨境贸易人民币结算业务的企业必定会增多。

对B选项进行加非验证。B选项加非后,可得"在与国内企业发展贸易时,由于人民币币值保持稳定,境外企业不愿意使用人民币作为结算货币",代入题干中,我们无法得出"使用跨境贸易人民币结算业务的企业必定会增多"的结论,所以B选项满足加非验证,是假设项。

综上所述,B选项为正确答案。

> 【提醒】 对选项做加非时,状语是不能加非的。

19.【答案】 B

【深度解析】 题干结论:酗酒现象越来越严重,这种看法是有漏洞的。

题干前提:(1)近年来在死亡病例中,与饮酒相关的比例逐年上升;

(2)酗酒现在被认为本身就是一种疾病,过去则不然。

根据"正确的选项一般需要满足话题相关"和假设的定义,很容易快速排除C、D、E选项。考生容易在A、B选项之间徘徊。

选择B选项的原因有两个。第一,需要注意,题干所给出的结论有一个隐藏的状语,就是"现在",关于"酗酒现象越来越严重,这种看法是有漏洞的"的结论,是与"过去"相比,针对"现在"给出的。第二,B选项更好地把题干前提与结论的话题联系起来。

综上所述,B选项为正确答案。

20.【答案】 D

【深度解析】 李工程师的论证逻辑:

因为:日本在延长肺癌病人生命方面的医疗水平要高于亚洲的其他国家,

所以:在日本,肺癌病人的平均生存年限高于亚洲的其他国家。

张研究员的论证逻辑：

因为：日本人的自我保健意识更高，

所以：日本肺癌患者的早期确诊率更高。

所以：在日本，肺癌病人的平均生存年限高于亚洲的其他国家

针对李工程师的论证，我们可以对Ⅰ、Ⅱ做加非验证。

Ⅰ加非后，可得"肺癌患者的自我保健意识对于其疾病的早期确诊没有起到重要作用"，代入张研究员的论证中，就无法完成"因为日本人的自我保健意识更高，所以日本肺癌患者的早期确诊率更高"的论证。

Ⅱ加非后，可得"肺癌的早期确诊对延长患者的生存年限没有起到重要作用"，代入张研究员的论证中，就无法完成"日本肺癌患者的早期确诊率更高，所以在日本，肺癌病人的平均生存年限高于亚洲的其他国家"的论证。

Ⅰ、Ⅱ加非后代入题干，都将导致张研究员的论证的结论无法得出，所以Ⅰ、Ⅱ满足加非验证，是假设项。

"Ⅲ. 对肺癌的早期确诊技术是衡量防治肺癌医疗水平的一个重要方面"所讲的内容，很明显与张研究员的论证无关，不满足话题相关，所以不是假设项。

综上所述，D选项为正确答案。

21.【答案】　B

【深度解析】　题干结论：对节约使用该市的水资源产生重大的推动作用。

题干前提：调高水价。

对"Ⅰ. 有相当数量的用水浪费是因为水价格偏低而造成的"做加非验证，Ⅰ加非后，得到"有相当数量的用水浪费不是因为水价格偏低而造成的"，代入题干中，便无法完成"调高水价对节约使用该市的水资源产生重大的推动作用"的论述，所以Ⅰ满足加非验证，是假设项。

对"Ⅱ. 水价格的上调幅度一般足以对浪费用水的用户产生经济压力"做加非验证，Ⅱ加非后，得到"水价格的上调幅度不会对浪费用水的用户产生经济压力"，代入题干中，也无法完成"调高水价对节约使用该市的水资源产生重大的推动作用"的论证，所以Ⅱ满足加非验证，是假设项。

"Ⅲ. 水价格的上调不会引起用户的不满"讨论了"用户满不满意的问题"，与题干的论述无关，不满足题干相关，所以不是假设项。

综上所述，B选项为正确答案。

22.【答案】　C

【深度解析】　题干结论：所有人都不知道月亮岛上任何水果的口味。

题干前提：所有人都没有吃过月亮岛上的任何水果。

需要补充的前提：只有品尝过水果，才会知道水果的口味。补充的前提强调的是"品尝水果"是"知道水果口味"的必要条件。C选项说明了这一点。

较有迷惑性的是A选项。"如果一种水果有人品尝过，就可以知道其口味"说明的是"品尝过"是"知道水果口味"的充分条件，而不是必要条件。

综上所述，C选项为正确答案。

23.【答案】　D

【深度解析】　题干结论：房产承销公司决定不对投诉采取措施。

题干前提：房产承销公司认为，因为高架桥的噪声并不大，所以阳光晶城的老住户没有投诉。

题干的前提构建了一组因果关系，具体如下：

因为:噪声不大,

所以:没有投诉。

D 选项说明,并不是噪声不大这个原因,而是因为"听觉迟钝失灵",所以不投诉。D 选项以另有他因的方式,对题干前提进行了削弱。既然题干前提被削弱了,由此得出的题干结论"房产承销公司决定不对投诉采取措施"自然也被削弱了。

综上所述,D 选项为正确答案。

24.【答案】 D

【深度解析】 题干结论:星云中包含着看不见的巨大质量的物质,其重力影响着星云的运动。

题干前提:许多星云如果都是由能看见的星球构成的话,它们的移动速度要比在任何条件下能观测到的快得多。

Ⅰ是题干的假设项。

Ⅱ是题干的假设项。对Ⅱ做加非验证,Ⅱ加非后,可得"上述星云中能被看见的星球的总体质量不可以得到较为准确的估计",那么关于移动速度快慢比较的论证则无法完成,题干的结论自然也无法得出,所以Ⅱ满足加非验证,是假设项。

"Ⅲ.宇宙中看不见的物质,除了不能被看见这点以外,具有看得见的物质的所有属性,例如具有重力"明显超出了题干的话题讨论范围,不满足话题相关,真假是不确定的,所以不是假设项。

综上所述,D 选项为正确答案。

25.【答案】 B

【深度解析】 题干结论:中等发达国家 H 国目前面临的由工业垃圾掩埋带来的污染问题严重。

中等发达国家 H 国的工业垃圾掩埋带来的污染问题在五年后会有实质性的改变

题干前提:由工业垃圾掩埋带来的污染问题在中等发达国家中最为突出,而在发达国家与不发达国家中反而不突出。

根据题干的论述,其隐藏的前提条件:

要么 H 国会变成发达国家,要么 H 国会变成不发达国家。

只有 B 选项满足这个隐藏的前提条件。

综上所述,B 选项为正确答案。

26.【答案】 C

【深度解析】 题干结论:渲染过分的广告适得其反。

题干结论中有个关键词"过分",C 选项很好地契合了这一点。如果对 C 选项做加非验证,C 选项加非后,可得"所有的广告都没有言过其实,都有真实性",那么题干的论证就无法完成了,所以 C 选项满足加非验证,是假设项。

A 选项,排除。出现了"名牌产品",题干讲的是"产品"与"广告",A 选项不满足话题相关。

B 选项,排除。题干没有讨论"广告"与"销量"之间的关系,B 选项不满足话题相关。

D 选项,排除。D 选项不满足话题相关。

E 选项,排除。题干没有讨论"企业做广告的态度问题",E 选项不满足话题相关。

综上所述,C 选项为正确答案。

27.【答案】 D

【深度解析】 题干讨论的是"打猎"与"保护动物"之间的关系,D 选项把这二者之间联系起来。

A、B、C 选项不满足话题相关。

E 选项没有体现出"保护动物"。

综上所述,D 选项是正确答案。

28.【答案】 A

【深度解析】 题干结论:最近穿透地球大气层的紫外线增加,并非目前两栖动物数目剧烈减少的原因。

题干前提:当两栖动物几百万年以前第一次出现在地球上时,穿透大气层的紫外线的辐射比现在要大得多。

对 A 选项做加非验证。A 选项加非后,可得"现代两栖动物的卵,比早期双栖动物的卵更易受紫外线辐射的伤害",代入题干中,我们便不能得出"最近穿透地球大气层的紫外线增加,并非目前两栖动物数目剧烈减少的原因"的结论。A 选项满足加非验证,是题干的假设项。

对 B 选项做加非验证。B 选项加非后,可得"现代两栖动物居住的栖息地可能像早期两栖动物那样能够遮蔽紫外线",代入题干中,依然可以得到"最近穿透地球大气层的紫外线增加,并非目前两栖动物数目剧烈减少的原因"的结论,所以 B 选项不满足加非验证,不是题干的假设项。

对 C 选项做加非验证。C 选项加非后,可得"现代两栖动物能像早期两栖动物那样容易适应改变的辐射程度",代入题干中,可以得到"最近穿透地球大气层的紫外线增加,并非目前两栖动物数目剧烈减少的原因"的结论,所以 C 选项不满足加非验证,不是题干的假设项。

D 选项不满足话题相关。题干并没有讨论"两栖动物"和"其他动物"对紫外线敏感程度的问题。D 选项排除。

E 选项不满足话题相关。题干并没有针对两栖动物讨论"紫外线"和"其他形式辐射"的敏感程度问题。

综上所述,A 选项是正确答案。

29.【答案】 A

【深度解析】 题干结论:这家水果店老板肯定在卖表皮上有农药的水果,从而危害了他的顾客。

题干前提:这个水果店卖的梨沾了点油污,售货员告诉我运来时就是这样的,水果店并未清洗它们。

对 A 选项进行加非验证。A 选项加非后,可得"在收获后和运到水果店前,这些梨经过了彻底清洗",代入题干中,我们就不能得到题干结论——"这家水果店老板肯定在卖表皮上有农药的水果",所以 A 选项满足加非验证,是假设项。

B 选项不是必要条件。因为题干中的"大多数"修饰的是"水果",而 B 选项中的"大多数"修饰的是"农药"。

C 选项排除,水果的表皮有没有农药,与顾客知不知道无关。

D 选项讨论了题干没有讨论的话题,排除。

E 选项讨论了其他水果店,跳出了题干设定的范围"这家水果店",排除。

综上所述,A 选项是正确答案。

30.【答案】 C

【深度解析】 题干结论:位于最高层次上的总裁对基层出现的真实问题的了解,要比他的下级们少得多。

题干前提:基层出现的严重问题在沿管理层次逐级上报时总是被淡化或是掩盖。

A 选项不满足话题相关。题干讨论的是"了解问题"，A 选项讨论的是"解决问题"，排除。

B 选项没有进入题干的逻辑论证过程，也不满足话题相关，排除。

对 C 选项做加非验证，C 选项加非后，可得"位于最高层次的总裁不仅能从直接下级处了解基层问题，还有别的渠道"，我们就不能得出"总裁对基层出现的真实问题的了解，要比他的下级们少得多"的结论。C 选项满足加非验证，是题干的假设项。

D 选项没有进入题干的逻辑论证过程，也不满足话题相关。题干讨论的是"了解问题"，D 选项讨论的是"解决问题"，排除。

E 选项不满足话题相关。题干没有讨论"嘉奖"的问题，排除。

综上所述，C 选项是正确答案。

第八章 支 持

一、"支持型"论证逻辑概述

支持型的题干中给出一个推理论证,或者由于前提的条件不够充分,或者由于论证的论据不够全面,不足以得出其结论,因此需要用某一选项去补充论据,从而使推理论证成立的可能性增大。

(一)"支持"的定义

支持项指的是能对 X→Y 论证过程有所增强、有所支持的选项。支持项可以支持的是 X→Y 的必要关系、充分关系、充要关系或上述关系以外的任意其他关系。

【例1】 目前食品包装袋上没有把纤维素的含量和其他营养成分一起列出。因此,作为保护民众健康的一项措施,国家规定食品包装袋上应该明确列出纤维素的含量。

以下哪个选项如果是真的,能作为论据支持上述论证?

Ⅰ.大多数消费者购买食品时能注意包装袋上关于营养成分的说明。

Ⅱ.高纤维食品对于预防心脏病、直肠癌和糖尿病有重要作用。

Ⅲ.很多消费者都具有高纤维食品营养价值的常识。

A.仅Ⅰ。

B.仅Ⅱ。

C.仅Ⅲ。

D.仅Ⅰ和Ⅲ。

E.Ⅰ、Ⅱ和Ⅲ。

【正确答案】 E

【深度解析】 题干结论:国家规定食品包装袋上应该明确列出纤维素的含量。

"Ⅰ.大多数消费者购买食品时能注意包装袋上关于营养成分的说明"为真,则说明规定食品包装袋上应明确列出纤维素的含量这一举措,对大多数消费者有用,对实现题干论证过程有支持作用。请特别注意,即便把Ⅰ改成"小部分消费者购买食品时能注意包装袋上关于营养成分的说明"或"全世界只有一个消费者购买食品时会注意包装袋上关于营养成分的说明",依然能起到支持的作用,因为这一举措依然对小部分消费者或一个消费者是有用的。

如果把Ⅰ改成"有消费者购买食品时会注意包装袋上关于营养成分的说明",那么Ⅰ就变成了题干的假设项。因为对"有消费者购买食品时会注意包装袋上关于营养成分的说明"加非,会得到"所有消费者购买食品时,都不会注意包装袋上关于营养成分的说明",代入原题干,就无法得到"国家规定食品包装袋上应该明确列出纤维素的含量"的结论。

"Ⅱ.高纤维食品对于预防心脏病、直肠癌和糖尿病有重要作用"为真,则说明规定食品包装袋上应明确列出纤维素的含量这一举措,对关注预防心脏病、直肠癌和糖尿病的消费者有用,对实现题干论证过程有支持作用。由于Ⅱ具体讲了三种病，所以很明显不是假设项。因为假设要求是实现题干论证过程的"必要条件"，如果高纤维食品对于预防心脏病、直肠癌和糖尿病没用，但是对预防某种其他疾病有用，则依然可以支持题干结论，所以Ⅱ不是必要条件，自然也不是假设。

"Ⅲ.很多消费者都具有高纤维食品营养价值的常识"对实现题干论证过程有支持作用。把Ⅲ改成"小部分或一个消费者具有高纤维食品营养价值的常识"，依然对题干有支持作用，因为这一举措依然对小部分消费者或一个消费者是有用的。

如果把Ⅲ改成"有消费者具有高纤维食品营养价值的常识"，则Ⅲ变成了题干的假设项。因为对"有消费者具有高纤维食品营养价值的常识"加非，我们会得到"所有消费者都不具有高纤维食品营养价值的常识"，代入题干中，便无法得到"国家规定食品包装袋上应该明确列出纤维素的含量"的结论。

综上所述，E选项是正确答案。

【提醒】 好好体会"支持"的定义。对 X→Y 论证过程有所增强、有所支持的选项，都是支持项。

【例2】 为了考上研究生，小明每天做100道题，小红每天做50道题。因为做题量大，最终小明考上了研究生，小红没有考上研究生。

若A、B、C选项为真，哪个最能支持上述论述？

A.小明每天早自习60分钟，小红每天早自习60分钟。

B.小明每天早自习30分钟，小红每天早自习60分钟。

C.小明每天早自习60分钟，小红每天早自习30分钟。

若D、E、F选项为真，哪个最能支持上述论述？

D.小明和小红是同班同学，小明的基础一直比小红好。

E.小明和小红是同班同学，小明的基础一直比小红差。

F.小明和小红是同班同学，他们俩基础差不多，班级排名也一样。

【正确答案】 BE

【深度解析】 题干是一个差比关系型。

前提：做题量的差。

结论：考试结果的差。

如果是做假设题，则选择A、F选项。

我们选择正确的假设项的目的，就是为了保证确实是前提的"做题量的差"导致了"考试结果的差"，所以必须选择一个描述"没有他差"的选项。

如果求"最能支持"，则选择B、E选项。

B选项说明，尽管小明早自习时间更短，但正是因为做题量大这个原因导致他考上了；而尽管小红早自习时间更长，但因为做题量小所以没考上。A选项是题干论证的假设项，构成了对题干论证过程的必要性支持，但是力度没有B选项大，请体会这一点。

E选项说明，尽管小明基础差，但正是因为做题量大这个原因导致他考上了；而尽管小红基础好，但因为做题量小所以没考上。F选项是题干论证的假设项，构成了对题干论证过程的必要性支持，但是力度没有E选项大。

综上所述，B选项是A、B、C选项中，最能支持题干论述的选项，E选项是D、E、F选项中，最能支持题干论述的选项。

(二)"支持题型"的提问方式

(1)最能支持以上论述的是?

(2)以下结论如果正确,最能支持上述观点的是?

(3)如果以下哪个选项正确,上文所提出的论点将得到加强?

(三)"支持"的三路径

支持就是使 X→Y 的论证更加合理和有说服力。通常有三个途径:

(1)支持 X 与 Y 之间的关系 　　　(最强)

(2)支持 Y 　　　　　　　　　　(次强)

(3)支持 X 　　　　　　　　　　(最弱)

求"最能支持",正确答案往往是比较的结果。

> 【提醒】 支持与假设的关系
>
> 　　假设本身就是支持的一种,也就是必要条件支持,所以,做假设题的所有方法都可以运用到支持题型中。
>
>

二、支持题型的应对方法

(一)支持 X 与 Y 之间的关系——使用假设思路

1.直接搭桥法

从前提 X 到结论 Y 的论证过程中,X 和 Y 中包含两个独立的话题,要对题干论证过程进行支持,需要通过某个选项将二者联系起来。

【例1】 一份对北方山区先天性精神分裂症患者的调查显示,大部分患者都出生在冬季。专家们指出,其原因很可能是那些临产的孕妇营养不良。因为在一年最寒冷的季节中,人们很难买到新鲜食品。

以下哪个选项如果为真,最能支持题干中专家的结论?

A. 在精神分裂症患者中,先天性患者只占很小的比例。

B. 调查中相当比例的患者有家族史。

C. 与引起精神分裂症有关的大脑区域的发育,大部分发生在产前一个月。

D. 新鲜食品与腌制食品中营养成分对大脑发育的影响相同。

E. 虽然生活在北方山区,但被调查对象的家庭大都经济条件良好。

【正确答案】 C

【深度解析】 题干结论：先天性精神分裂症患者大部分出生在冬季。

题干前提：在一年中最寒冷的季节，人们很难买到新鲜食品，这很可能造成了临产的孕妇营养不良。

题干结论讲的是"先天性精神分裂症患者"，题干前提讲的是"新鲜食品""营养不良"，前提与结论之间是独立话题，C选项通过直接搭桥法，把它们联系起来。

综上所述，C选项是正确答案。

【例2】 据报道，上海64名中、小学生利用假期到江西茨坪、宁冈等贫困地区进行参观，有的家长还带孩子到自己当年上山下乡的地方寻根。他们认为，现在的小孩甜蜜太多，吃苦太少，应该走出暖房，经受磨炼。

以下哪个选项断定为真，最能支持以上观点？

A. 由于人口过多，城市青年还得到农村去。

B. 一个人只有具备不怕苦、不怕难的精神，才能取得成功。

C. 农村山清水秀，空气清新，是城市人旅游的好去处。

D. 城市青年只有到农村去，才能全面了解中国的国情。

E. 上山下乡知青喜欢农村的黄土地。

【正确答案】 B

【深度解析】 题干中的家长认为，应该要让现在的小孩吃苦、经受磨炼。B选项说明为什么家长会形成这个认知——不怕苦、不怕难的精神，是成功的必要条件。

综上所述，B选项是正确答案。

2. 因果关系法

因果关系型题干做支持，优先按照假设的思路来考虑，一般来说，正确答案要满足"因果不倒置（也就是Y不会引起X）""没有他因（不会有Z造成Y）""无因就无果（即没有X，就没有Y）"这三点中的某一点。

【例3】 对兴茂市10家医院的一项评估显示，鸿业医院在疾病治疗水平方面得到的评价相当低，而在其他不少方面评价不错。虽然各医院的规模大致相当，但鸿业医院医生与住院病人的比率在兴茂市的医院中几乎是最小的。因此，医生数量不足是造成鸿业医院在疾病治疗水平方面评价偏低的原因。

以下哪个选项如果为真，最能加强上述论证？

A. 和祥医院也在兴茂市，对其疾病治疗水平的评价比鸿业医院还要低。

B. 鸿业医院的医务护理人员比兴茂市其他医院都要多。

C. 鸿业医院的医生发表的相关学术文章很少。

D. 鸿业医院位于兴茂市的市郊。

E. 鸿业医院某些医生的医术一般。

【正确答案】 B

【深度解析】 题干结论：医生数量不足是造成鸿业医院在疾病治疗水平方面评价偏低的原因。

在题干结论中包含了一组因果关系，具体如下：

因为：医生数量不足；

所以：鸿业医院在疾病治疗水平方面评价偏低。

题干求"最能加强上述论证的选项"，即求"最能支持"。

做"支持题型",首先考虑"假设题型"中的方法。因果关系型题干做假设题型,正确答案要满足三条中的某一条:"因果不倒置、没有他因、无因亦无果"。所以因果关系型题干做支持题型,也是同理,正确答案一般也要满足"因果不倒置、没有他因、无因亦无果"这三条中的某一条。B选项的描述满足"没有他因"。

对于一个医院来说,疾病治疗水平与很多方面的因素有关,如医疗设备、住院环境、餐饮、医生、护士等。题干结论说的是:因为医生数量不足,所以鸿业医院在疾病治疗水平方面评价偏低。B选项则指明,医生数量以外的某一个指标——医务护理人员数量,鸿业医院比兴茂市其他医院都要多,说明了不是医务护理人员数量少造成鸿业医院在疾病治疗水平方面评价偏低。B选项以没有他因的方式,说明了确实是"医生数量不足"这个原因,造成"鸿业医院在疾病治疗水平方面评价偏低"的结果。

A选项讨论的是"和祥医院",题干讨论的是"鸿业医院",不满足话题相关,排除。

C选项,从题干信息无法判断"学术文章的数量"与"疾病治疗水平的高低"之间的关系,排除。

D选项,从题干信息无法判断"医院的地址"与"疾病治疗水平的高低"之间的关系,排除。

E选项:"鸿业医院某些医生的医术一般",代入题干中,鸿业医院在疾病治疗水平方面评价偏低,就有可能是因为"某些医生的医术一般"这个原因造成的,我们就无法必然得到"鸿业医院在疾病治疗水平方面评价偏低是因为医生数量不足"这个结论。所以,E选项以"另有他因"的方式构成了对题干论证的削弱。

综上所述,B选项是正确答案。

> 【提醒】 在支持的三路径中,"支持X—Y之间的关系"这一路径的力度是最大的。
> (1)必要性关系是属于"X—Y之间关系"的一种。
> (2)"假设题型"中学习的方法,选出的都是假设项,构成必要性支持。
> 基于如上两点,做"支持题型",我们应首先考虑"假设题型"中学习的方法。

【例4】 壳牌石油公司连续三年在全球500家最大公司净利润总额排名中位列第一,其主要原因是公司比其他公司有更多的国际业务。

下列哪项如果为真,则最能支持上述说法?

A.与壳牌公司规模相当但国际业务少的石油公司的利润都比壳牌石油公司低。

B.历史上全球500家大公司的净利润冠军都是石油公司。

C.近三年来全球最大的500家公司都在努力走向国际化。

D.近三年来石油和成品油的价格都很稳定。

E.壳牌石油公司是英国和荷兰两国所共同拥有的。

【正确答案】 A

【深度解析】 题干结论(果):壳牌石油公司连续三年在全球500家最大公司净利润总额排名中位列第一。

题干前提(因):壳牌石油公司比其他公司有更多的国际业务。

题干是原因结果型,求"最能支持"的选项。

因果关系型题干做"支持题型",正确答案一般也要满足"因果不倒置、没有他因、无因亦无果"这三条中的某一条。A选项指出,别的与壳牌公司规模相当的石油公司,因为国际业务少,所以利润都比壳牌石油公司低,这个描述满足"无因亦无果"。

综上所述,A 选项是正确答案。

3. 差比关系法

差比关系型题干做支持,我们需要保证确实是"前提差"导致了"结论差",一般可以通过"没有他差"的选项来实现对题干的必要性支持。

如果选项构建了一个"差",却更加证明了是题干的"前提差"造成了"结论差",则对差比关系型题干实现了更大力度的支持。

【例5】 在一项试验中,第一组被试验者摄取了大量的人造糖,第二组则没有吃糖。结果发现,吃糖的人比没有吃糖的人认知能力低。这一试验说明,人造糖中所含的某种成分会影响人的认知能力。

以下哪个选项如果为真,最能支持上述结论?

A. 在上述试验中,第一组被试验者吃的糖大大超出日常生活中糖的摄入量。

B. 上述人造糖中所含的该种成分也存在于大多数日常食物中。

C. 第一组被试验者摄取的糖的数量没有超出卫生部门规定的安全范围。

D. 两组被试验者的认知能力在试验前是相当的。

E. 两组被试验者的人数相等。

【正确答案】 D

【深度解析】 题干结论:人造糖中所含的某种成分会影响人的认知能力——认知能力差。

题干前提:吃糖的人比没有吃糖的人认知能力低——吃糖与否的差。

题干是一个差比关系型,求"最能支持"的选项。

差比关系型题干做"假设题型",正确答案一般要满足"没有他差"。做"支持题型",首先考虑"假设题型"中的方法。所以差比关系型题干做"支持题型",我们也首先考虑"没有他差"的选项。D 选项满足"没有他差"。

D 选项:"两组被试验者的认知能力在试验前是相当的",指出了在"吃糖与否"这个差值以外,在其他的某一个指标——认知能力上,两个组是没有差别的,说明确实是"吃糖与否的差"导致了"认知能力的差",支持了题干的论证。

请注意,E 选项:"两组被试验者的人数相等",两个组人数的多寡,与统计分析结果无关。在满足统计学基本要求的情况下,样本大小对统计分析结果没有影响。

综上所述,D 选项是正确答案。

【例6】 法庭的被告中,被指控强奸的定罪率,要远高于被指控贩毒的定罪率。其重要原因是后者能聘请收费昂贵的私人律师,而前者主要由法庭指定的律师辩护。

以下哪个选项如果为真,最能支持题干的论述?

A. 被指控强奸的被告,远多于被指控贩毒的被告。

B. 一个合格的私人律师,与法庭指定的律师一样,既忠实于法律,又努力维护委托人的合法权益。

C. 被指控强奸的被告中罪犯的比例,不高于被指控贩毒的被告。

D. 一些被指控强奸的被告,有能力聘请私人律师。

E. 司法腐败导致对有权势的罪犯的庇护,而贩毒者属于有权势的罪犯。

【正确答案】 C

【深度解析】 题干结论:被指控强奸的定罪率,要远高于被指控贩毒的定罪率——定罪率的差。

题干前提：后者能聘请收费昂贵的私人律师，而前者主要由法庭指定的律师辩护——律师的差。

题干是一个差比关系型，求"最能支持"的选项。

差比关系型题干做"支持题型"，首先考虑"假设题型"中的方法，即"没有他差"的选项。

C选项："被指控强奸的被告中罪犯的比例，不高于被指控贩毒的被告"，可以分解出两层意思：

(1)被指控强奸的被告中罪犯的比例等于被指控贩毒的被告；

(2)被指控强奸的被告中罪犯的比例小于被指控贩毒的被告。

"被指控强奸的被告中罪犯的比例等于被指控贩毒的被告"的描述，满足"没有他差"，说明确实是"律师的差"造成了"定罪率的差"，支持了题干论证。

"被指控强奸的被告中罪犯的比例小于被指控贩毒的被告"，就更说明了确实是由于二者的"律师差"造成了"定罪率的差"，对题干的支持力度更大。

所以，C选项构成了对题干的支持。

A选项："被指控强奸的被告，远多于被指控贩毒的被告"，讨论的是"绝对数"的概念，而题干结论讨论的是"定罪率"，是一个"相对数"概念，故A选项排除。

B选项说二者的律师都"忠实于法律，又努力维护委托人的合法权益"，而题干要说明的是"律师的差"导致了"定罪率的差"，所以B选项构成了对题干论证的削弱，故B选项排除。

D选项："一些被指控强奸的被告，有能力聘请私人律师"，讨论的是"一些"被指控强奸的被告，依然是一个"绝对数"的概念，与题干结论所讨论的"定罪率"这个"相对数"概念不匹配，故D选项排除。

E选项代入题干，那么"被指控强奸的定罪率，要远高于被指控贩毒的定罪率"这个结果，可能是"司法腐败导致对贩毒者进行了庇护"这个原因造成的，就不一定是二者的律师差造成的，E选项构成了对题干论证的削弱。

综上所述，C选项是正确答案。

4. 问题方法型

问题方法型题干做支持，优先按照假设题型的思路来考虑。一般来说，正确答案要满足如下三点中的某一点："方法找得到""方法有效果""方法无恶果"。

【例7】　一个解决机场拥挤问题的节省成本的方案是在间距200～500英里的大城市之间提供高速地面交通。成功地实施这项计划的花费远远少于扩建现有的机场，并且能减少阻塞在机场和空中的飞机的数量。

以上计划的支持者为了论证该计划，应该将下面哪项作为论据？

A.一个有效的高速地面交通系统要求对许多高速公路进行大修，并改善主干道。

B.在全国最忙的机场，一半的离港班机是飞往一个225英里以外的大城市。

C.从乡村地区机场出来的旅行者，大多数飞往600英里以外的城市。

D.在目前由高速地面交通系统提供服务的地区，修建了很多新机场。

E.乘坐飞机旅行的人中很大一部分是乘坐长途航班的度假者。

【正确答案】　B

【深度解析】　这是一道支持题。

题干结论：一个解决机场拥挤问题的节省成本的方案是在间距200～500英里的大城市之间提供高速地面交通。

题干结论可以转化为问题方法型。

问题：节省成本地解决机场拥挤问题。

方法：在间距 200～500 英里的大城市之间提供高速地面交通。

A 选项："一个有效的高速地面交通系统要求对许多高速公路进行大修,并改善主干道",从其中的"许多""大修""改善主干道"判断,"提供高速地面交通"很有可能要花较高的成本,所以不是"解决机场拥挤问题的节省成本的方案",构成了对题干的削弱,排除。

C 选项："从乡村地区机场出来的旅行者,大多数飞往 600 英里以外的城市",而题干提供的方法是"在间距 200～500 英里的大城市之间"提供高速地面交通,说明这个方法对于从乡村地区机场出来的大多数旅行者而言是没有作用了,构成了对题干的削弱,排除。

D 选项："在目前由高速地面交通系统提供服务的地区,修建了很多新机场"。从两个角度理解可以排除该选项。第一个角度,题干结论说的是"在间距 200～500 英里的大城市之间"提供高速地面交通,这与"目前的"高速地面交通是不同的两个概念,此处偷换了概念,故排除。第二个角度,即便"间距 200～500 英里的大城市间的高速地面交通"等于"目前的高速地面交通",那么现在已经修建了很多新机场,就已经降低了"扩建现有的机场"方案的成本,相当于提高了"提供高速地面交通"方案的成本,则"在间距 200～500 英里的大城市之间提供高速地面交通"不是"解决机场拥挤问题的节省成本的方案",构成了对题干的削弱,排除。

E 选项："乘坐飞机旅行的人中很大一部分是乘坐长途航班的度假者",由于无法判断此处的"长途"究竟定义的是"200 英里以内",还是"200～500 英里之间",还是"500 英里以外",所以 E 选项对题干论证的效果是无法判断的,排除。

B 选项："在全国最忙的机场,一半的离港班机是飞往一个 225 英里以外的大城市",这说明对于全国最忙的机场的一半航班而言,"在间距 200～500 英里的大城市之间提供高速地面交通"的方案可能是有效的。请注意,不是"一定"有效而是"可能"有效。如果这些航班是飞往 225 英里以外、500 英里以内,则方案有效;如果这些航班是飞往 225 英里以外,但也是 500 英里以外,则方案无效。但是,无论如何,B 方案说明了对于全国最忙的机场的一半航班,题干结论所说的方案可能有效,满足"方法有效果",已经构成了支持。

综上所述,B 选项是正确答案。

（二）支持结论

在支持的三路径中,"支持结论"的力度要弱于"支持前提与结论之间的关系",强于"支持前提"。支持结论一般采用特例、再次加强、明确态度的方法。

【例8】 由于含糖饮料的卡路里含量高,容易导致肥胖,因此无糖饮料开始流行。经过一段时期的调查,李教授认为:无糖饮料尽管卡路里含量低,但不意味着它不会导致体重增加。因为无糖饮料可能导致人们对于甜食的高度偏爱,这意味着可能摄入更多的含糖类食物。而且无糖饮料几乎没什么营养,喝得过多就限制了其他健康饮品的摄入,比如茶和果汁等。

以下哪个选项如果为真,最能支持李教授的观点?

A.茶是中国的传统饮料,长期饮用有益健康。

B.有些瘦子也爱喝无糖饮料。

C.有些胖子爱吃甜食。

D.不少胖子向医生报告他们常喝无糖饮料。

E.喝无糖饮料的人很少进行健身运动。

【正确答案】 D

【深度解析】 题干结论:无糖饮料尽管卡路里含量低,但不意味着它不会导致体重增加。

题干前提:无糖饮料可能导致人们对于甜食的高度偏爱,这意味着可能摄入更多的含糖类食物;无糖饮料喝得过多就限制了其他健康饮品的摄入,比如茶和果汁等。

D 选项以特例的方式,对题干的结论直接进行了支持。

A 选项,无关项。题干讨论的是"无糖饮料"与"体重增加"之间的关系,没有讨论"茶"。

B 选项,无关项。题干没有讨论"瘦子"。

C 选项,无关项。题干没有讨论"甜食"。

E 选项,无关项。题干没有讨论"健身运动"。

综上所述,D 选项是正确答案。

(三)支持前提

在支持的三路径中,"支持前提与结论之间的关系"力度最强,"支持结论"次之,"支持前提"最弱。但是如果其他的选项无法实现对题干的支持,则选择支持题干前提的选项。在论证逻辑中,答案往往是比较的结果。支持前提一般采用特例、再次加强、明确态度的方法。

【例 9】 提高幼师应聘标准并不是引起目前幼师短缺的主要原因。引起幼师短缺的主要原因,是近年来幼师教学条件改进缓慢,以及幼师工资的增长未能与其他行业同步。

以下哪个选项如果为真,最能加强上述断定?

A.虽然还有别的原因,但收入低是许多幼师离开教育岗位的理由。

B.许多幼师把应聘标准的提高视为师资短缺的理由。

C.有些能胜任幼师的人,把应聘标准的提高作为自己不愿执教的理由。

D.许多在岗但不胜任的幼师,把低工资作为自己不努力进取的理由。

E.决策部门强调提高应聘标准是幼师短缺的主要原因,以此作为不给幼师加工资的理由。

【正确答案】 A

【深度解析】 题干结论(果):幼师短缺。

题干前提(因):近年来幼师教学条件改进缓慢,以及幼师工资的增长未能与其他行业同步。

通过分析可知,无论是题干的前提还是题干的结论,都与"提高幼师应聘标准"无关,据此可以排除 B、C、E 选项。

D 选项说的是"在岗但不胜任的幼师",题干的结论是"幼师短缺",与在岗的幼师无关,故 D 选项排除。

A 选项以再次强调的方式,直接支持了题干的前提。

综上所述,A 选项是正确答案。

 本章练习

1.厄尔尼诺和拉尼娜是热带海洋和大气相互作用的产物。拉尼娜的到来将对全球气候产生相反的影响,由厄尔尼诺现象造成的许多反常气候就会改变。美国沿海遭受飓风袭击的可能性会上升,澳大利亚东部可能发生洪水,南美和非洲东部地区可能出现干旱,南亚将出现猛烈的季风雨,英国气温将会下降,大西洋西岸可能提前出现暴雨和大雪,并使该地区的产粮区遭受破坏性旱灾,东亚的雨带将北移,秋冬季雨水将会增多。拉尼娜在将冷水从海底带到水面的

同时,也把海洋深层营养丰富的物质带到水面,从而加快浮游植物和动物繁殖,将使东太平洋沿岸国家渔业获得丰收。

以下除哪项外,都是上文所描述的拉尼娜现象可能带来的影响?

A.非洲某些地区的干旱不但没有缓解,而且有加重的趋势,非洲一些国家的生活仍然艰难。

B.澳大利亚西部可能发生洪水,对该地区的牧业将产生不良的影响,世界羊绒的价格可能上涨。

C.美国东海岸地区的冬天会变冷,降雪量会有明显的增加,影响该地区的粮食生产,世界粮食价格有上涨的趋势。

D.由于冬季雨水比较充沛,我国北方冬小麦的生长条件得到改善,小麦产量将会有所增加。

E.墨西哥、智利等国的渔业将走出多年徘徊的局面,世界鱼产品的价格有可能下降。

2.某西方国家高等院校的学费急剧上涨,其增长率几乎达到通货膨胀率的两倍。1980～1995年中等家庭的收入只提高了82％,而公立大学学费的涨幅比家庭收入的涨幅几乎大了3倍,私立院校的学费在家庭收入中所占的比例几乎是1980年的2倍。高等教育的费用已经令中产阶级家庭苦恼不堪。

以下除哪项外,都为上文的观点进一步提供论据?

A.尽管1980～1996年间消费价格指数缓慢增长了79％,公立四年制大学的学费却上涨了256％。

B.私立学校的学费上涨比公立学校慢,从1980～1996年上涨了219％。

C.如果学费继续保持过去的增长速度,1996年新做父母的人,将来他们的子女上私立大学每年的学费和食宿费总额将多达9万美元。

D.政府对公立学校每个学生的补贴在学校收入中的比例从1978年的66％下降到1993年的51％,而同一时期,学费在学校收入中所占比例从16％上升到24％。

E.高教市场已开始显露竞争迹象。几家私立学校和公立学校已通过缩短读学位时间的办法来间接地降低学习费用。

3.狗能听到人类听不到的高频率的声音,猫比正常人在微弱光线中视力更好,鸭嘴兽能感受到人类通常感觉不到的微弱电信号。

上述陈述均不能支持下述判断,除了:

A.大多数动物的感觉能力强于人类的感觉能力。

B.任何能在弱光中看见东西的人的视力都不如猫在弱光中的视力。

C.研究者不应为发现鸭嘴兽的所有感觉能力均比人类的感觉能力强而感到吃惊。

D.在进化中,人类的眼睛和耳朵发生改变使人的感觉力不那么敏锐了。

E.有些动物有着区别于人的感觉能力。

4.一项最近的调查显示,近年来某市外资企业高收入(指合法收入为年薪12万元以上)人群中,外国归来的人数(简称"海归派")占60％,这充分说明国内大学毕业生(简称"本土派")在该市外资企业中获得高工资极为困难。

以下哪个选项,如果为真,最能加强上述结论?

A.在该市外资企业工作人员中,"本土派"人数占40％。

B.在该市外资企业工作人员中,"本土派"人数超过50％。

C.在该市就业人群中,"海归派"仅为"本土派"的10％。

D.在该市就业人群中,"海归派"与"本土派"的人数比例约为6∶4。

E. 据统计,该市"海归派"人数多达 10 万人。

5. 所有种类的毛虫都产生一种同样的称为"幼年荷尔蒙"的激素,这种激素维持了进食的行为。只有当毛虫生长到可以化蛹的大小时,一种特殊的酶才会阻止幼年荷尔蒙的产生,这种酶可以被合成,一旦被未成熟的毛虫吸收,就可以通过阻止毛虫进食而杀死它们。

下面哪项如果正确,最强有力地支持了这种观点,即通过向农田喷射上文提到的酶来灭除经历毛虫阶段的农业害虫是不可取的?

A. 大多数种类的毛虫被一些自然捕食行为吃掉了。

B. 许多农业害虫不经历毛虫阶段。

C. 许多对农业有益的昆虫经历毛虫阶段。

D. 因为不同种类的毛虫出现在不同时期,必须进行若干次喷射。

E. 虽然这种酶已经在实验室中被合成出来了,但大规模的生产设备尚不存在。

6. 许多谷类早餐食物中含有维生素添加剂,一些这样的谷类食物均提供了 100% 的每天维生素的建议摄取量。但是,一份比较均衡的早餐包括各种食物,比起这种增强型谷类早餐食物自身,是一种更好地获取那些维生素的来源。

以下哪一项如果正确,将最有力地支持以上观点?

A. 在许多食物中,维生素与其他营养物质的自然组合使那些维生素比通过维生素添加剂获取的维生素能更好地被身体吸收。

B. 经常吃含有维生素添加剂的谷类食物的人有时忽视了吃一些含有自然维生素的食物。

C. 食物经常必须添加一些维生素添加剂,因为自然状态的维生素在食物加工过程中被去除掉了。

D. 未经过加工的谷物食物自然含有较多的经常添加到增强型谷类早餐食物中的多种维生素。

E. 包含有维生素添加剂的谷类食物不比类似的没有添加维生素的谷类食物更难消化。

7. 近 20 年来,美国女性神职人员的数量增加了两倍多,越来越多的女性加入牧师的行列。与此同时,允许妇女担任神职人员的宗教团体的教徒数量却大大减少,而不允许妇女担任神职人员的宗教团体的教徒数量则显著增加。为了减少教徒的流失,宗教团体应当排斥女性神职人员。

如果以下陈述为真,哪一项将最有力地强化上述论证?

A. 宗教团体的教徒数量多不能说明这种宗教握有真经,所有较大的宗教在刚开始时教徒数量都很少。

B. 调查显示,77% 的教徒说他们需要到教堂净化心灵,而女性牧师在布道时却只谈社会福利问题。

C. 女性牧师面临的最大压力是神职和家庭的兼顾,有 56% 的女性牧师说,即使有朋友帮助,也难以消除她们的忧郁情绪。

D. 在允许女性担任神职人员的宗教组织中,女性牧师很少独立主持较大的礼拜活动。

E. 许多宗教团体主要是以吸引女性信徒来获得宗教团体的发展的。

8. 彗星自身并不发光,但它们可以反射来自其他光源如太阳的光。科学家们通过彗星的亮度来估计它们的质量:一个彗星的质量越大,这个彗星反射的光就越多。然而一卫星探测器揭示,构成哈雷彗星的物质每单位质量反射的光的强度是以前认为的六十分之一。

上面的陈述如果正确,最能支持下面哪一项?

A. 有些彗星的构成物质,每单位质量反射的光的强度比构成哈雷彗星的物质高出 60 倍。

B. 以前基于亮度对哈雷彗星的质量的估计太低。

C. 哈雷彗星反射光的总量比起以前科学家们认为的要少。

D. 构成彗星的物质的光反射性能在不同的彗星之间变化很大。

E. 在对哈雷彗星的质量做一个精确的估计以前,科学家们需要更多的信息。

9. 体内不产生 P450 物质的人与产生 P450 物质的人比较,前者患帕金森综合征(一种影响脑部的疾病)的可能性三倍于后者,因为 P450 物质可保护脑部组织不受有毒化学物质的侵害。因此,有毒化学物质可能导致帕金森综合征。

下列哪项如果为真,将最有力地支持以上论证?

A. 除了保护脑部不受有毒化学物质的侵害,P450 对脑部无其他作用。

B. 体内不能产生 P450 物质的人,也缺乏产生某些其他物质的能力。

C. 一些帕金森综合征病人有自然产生 P450 的能力。

D. 当用多乙胺——一种脑部自然产生的化学物质治疗帕金森综合征病人时,病人的症状减轻。

E. 很快就有可能合成 P450,用以治疗体内不能产生这种物质的病人。

10. 全国政协常委、著名社会学家、法律专家钟万春教授认为:我们应当制定全国性的政策,用立法的方式规定父母每日与未成年子女共处的时间下限。这样的法律能够减少子女平日的压力。因此,这样的法律也就能够使家庭幸福。

以下各项如果为真,哪项最能够加强上述的推论?

A. 父母有责任抚养好自己的孩子,这是社会对每一个公民的起码要求。

B. 大部分的孩子平常都能够与父母经常地在一起。

C. 这项政策的目标是降低孩子们在平日生活中的压力。

D. 未成年孩子较高的压力水平是成长过程以及长大后家庭幸福很大的障碍。

E. 父母现在对孩子多一分关心,就会减少日后父母很多的操心。

 本章练习深度解析

1.【答案】 B

【深度解析】 只需要针对题干信息进行比对即可。题干说的是"澳大利亚东部可能发生洪水",B 选项说的是"澳大利亚西部可能发生洪水",与题干信息不一致,故为正确答案。

A 选项,由"南美和非洲东部地区可能出现干旱"可知。

C 选项,由"大西洋西岸可能提前出现暴雨和大雪"可知。(请注意,美国东海岸地区就是大西洋西岸,不懂的同学请自行翻阅世界地图。)

D 选项,由"东亚的雨带将北移,秋冬季雨水将会增多"可知。(请注意,我国北方位于东亚北部。)

E 选项,由"将使东太平洋沿岸国家渔业获得丰收"可知。(请注意,墨西哥、智利属于东太平洋沿岸国家。)

综上所述,B 选项是正确答案。

2.【答案】 E

【深度解析】 题干结论:高等教育的费用已经令中产阶级家庭苦恼不堪。

请注意,提问是"除哪项外",都为上文的"观点"进一步提供论据。

E 选项"几家私立学校和公立学校已通过缩短读学位时间的办法来间接地降低学习费用",直接对题干结论进行了削弱。

综上所述,E 选项是正确答案。

3.【答案】 E

【深度解析】 请注意题干的提问方式:"上述陈述均不能支持下述判断,除了",即求的是能支持的选项。

A 选项得出了关于"大多数动物"的结论,而题干只讲了三种动物,是无法推出大多数动物的结论,排除。

B 选项得出了关于"任何人"即"所有人"的结论,题干说的是"猫比正常人在微弱光线中视力更好",B 选项的判断过于绝对,排除。

C 选项讨论了关于"鸭嘴兽的所有感觉能力",而题干说的是"鸭嘴兽感觉微弱电信号的能力",不一致,排除。

D 选项,题干只讨论了听力、视力、感觉微弱电信号这三种能力,而这三者只是"感觉力"的一部分,从题干信息出发,无法得出"人的感觉力不那么敏锐了"的结论,排除。

E 选项,根据题干信息,很明显某些动物在某些方面的感觉能力与人有区别。

综上所述,E 选项是正确答案。

4.【答案】 B

【深度解析】 题干结论:"本土派"在该市外资企业中获得高工资极为困难。

题干前提:某市外资企业高收入人群中,"海归派"占 60%。

题干限定的讨论范围是"某市外资企业",而 C、D 选项讨论的是"该市就业人群",状语不一致,直接排除。

假设在该市外资企业工作人员中,海归派占 60%,本土派占 40%,而该市外资企业高收入人群中,海归派占 60%,则说明海归派与本土派在该市外资企业中获得高工资的难易程度是相同的;假设在该市外资企业工作人员中,海归派占 10%,本土派占 90%,而该市外资企业高收入人群中,海归派占 60%,则说明本土派在该市外资企业中获得高工资极为困难。

通过分析可知,临界点是 60%。要得到"本土派在该市外资企业中获得高工资极为困难"的结论,海归派在该市外资企业工作人员中所占的比例必须低于 60%。

B 选项说,在该市外资企业中,"本土派"人数超过 50%,可以推知"海归派"在该市外资企业工作人员中所占的比例低于 50%,满足上述分析。

综上所述,B 选项是正确答案。

5.【答案】 C

【深度解析】 题干是一个问题方法型。

问题:灭除农业害虫。

方法:通过向农田喷射上文提到的酶。

最具有迷惑性的是 B 选项。很多考生根据"方法无效果",选择了 B 选项——既然许多农业害虫不经历毛虫阶段,那么向农田喷射酶,自然是效果较差的,所以说明了这个做法不可取。然而这个选项不是正确答案。

请特别注意提问方式,哪个选项说明"通过向农田喷射上文提到的酶来灭除经历毛虫阶段的农业害虫是不可取的"。提问已经清楚说明了是"经历毛虫阶段的农业害虫",所以 B 选项的情况不需要考虑。

C选项说"许多对农业有益的昆虫经历毛虫阶段"，表达了"方法有恶果"，构成了问题方法型题干，"削弱题型"正确答案一般要满足的三种情况之一。

综上所述，C选项是正确答案。

> **【提醒】** 问题方法型题干，"支持题型"的正确答案一般要满足如下三点的某一点：
>
> (1)方法找得到；
>
> (2)方法有效果；
>
> (3)方法无恶果。
>
> 问题方法型题干，"削弱题型"的正确答案一般要满足如下三点中的某一点：
>
> (1)方法找不到；
>
> (2)方法没效果；
>
> (3)方法有恶果。

6.【答案】 A

【深度解析】 题干结论：比较均衡的早餐与增强型早餐相比，是更好地获取维生素的来源。

题干前提：增强型早餐中含有维生素添加剂，提供了100％的每天维生素的建议摄取量。

题干的前提描述了一个相同点：增强型早餐和比较均衡的早餐都提供维生素。

题干结论描述的是一个不同点：应选择比较均衡的早餐来获取维生素。

正确答案应该对"增强型早餐"和"比较均衡的早餐"进行对比，并比较出一个与"维生素"有关的不同点，才能得到题干的结论。

A选项描述了两种早餐，在维生素的吸收方面，"比较均衡的早餐"要更好，所以可以得出"应选择比较均衡的早餐来获取维生素"的结论，A选项构成了支持。

E选项说明了包含有维生素添加剂的"增强型早餐"与"比较均衡的早餐"相比，"增强型早餐"的可消化性相同或更好，则应该得出"选择增强型早餐"的结论，与题干结论冲突，所以E选项是题干论证的削弱项。

综上所述，A选项是正确答案。

7.【答案】 B

【深度解析】 题干结论：为了减少教徒的流失，宗教团体应当排斥女性神职人员。

B选项可以转化为问题方法型理解。

问题：77％的教徒到教堂要解决的问题是净化心灵。

方法：女性牧师布道。

但是(所有的)女性牧师布道时只谈社会福利问题(注意此处的"只"字，表绝对)，对于解决这些教徒的问题没有帮助，所以满足"方法无效果"，所以B选项很好地支持了题干"为了减少教徒的流失，宗教团体应当排斥女性神职人员"的结论。

具有一定迷惑性的C、D选项没有很好地把题干结论的"减少教徒流失"和"排斥女性神职人员"联系起来。

综上所述，B选项是正确答案。

8.【答案】 B

【深度解析】 "然而"表转折，其后所跟的信息是解题的关键：构成哈雷彗星的物质每单位质量反射的光的强度是以前认为的六十分之一。

B选项中的"以前基于亮度"，意思是哈雷彗星所反射的亮度是确定的。然而构成哈雷彗星的物质每单位质量反射的光的强度是以前认为的六十分之一,总亮度又不变,所以哈雷彗星的实际质量要比以前判断的大。

A 选项有一定的迷惑性,但是要注意,A 选项谈的是"有些彗星",而题干谈的是"哈雷彗星",故排除。同理,D 选项谈的是所有的彗星,也夸大了题干讨论的话题范围,故排除。

综上所述,B 选项是正确答案。

9.【答案】 A

【深度解析】 题干结论:有毒化学物质可能导致帕金森综合征。

题干结论可以分解为原因结果型。

因为:有毒的化学物质;

所以:帕金森综合征。

因果型题干做支持,正确答案一般要满足"因果不倒置""没有他因""无因就无果"这三条中的某一条。

A 选项:"除了保护脑部不受有毒化学物质的侵害,P450 对脑部无其他作用"。对 A 选项做加非验证。A 选项加非后可得"除了保护脑部不受有毒化学物质的侵害,P450 对脑部有其他作用",代入题干中,则可能是由于 P450 对脑部的其他作用导致的帕金森综合征,这对"有毒化学物质可能导致帕金森综合征"的结论以"另有他因"的方式构成了削弱,所以 A 选项本身以"没有他因"的方式对题干构成了支持。

综上所述,A 选项为正确答案。

10.【答案】 D

【深度解析】 题干结论:这样的法律也就能够使家庭幸福。

题干结论中有一个代词"这样",指代是"规定父母每日与未成年子女共处的时间下限的法律"。

题干结论可以总结为问题方法型,求支持。

问题:使家庭幸福。

方法:制定规定父母每日与未成年子女共处的时间下限的法律,这样的法律能够减少子女平日的压力。

问题方法型题干做支持,正确答案要满足"方法找得到""方法有效果""方法无恶果"这三条中的某一条。D 选项满足了"方法有效果"。

也可以根据直接搭桥法来选择 D 选项。

题干结论:制定规定父母每日与未成年子女共处的时间下限的法律能够减少子女平日的压力,也就能够使家庭幸福。D 选项把结论前后两句话的"减少压力"和"家庭幸福"联系起来。

综上所述,D 选项为正确答案。

第九章 削 弱

一、"削弱型"论证逻辑概述

削弱型的题目也是由一个前提（论据）得出结论，即：X—Y 的形式，只不过是其答案对题干推理的作用与支持题正好相反。只要将某选项放入前提与结论之间，使题干推理或结论正确的可能性降低，该选项就是削弱项。

（一）"削弱"的定义

削弱项指的是能对 X—Y 论证过程有所削弱、有所质疑的选项。削弱项可以削弱的是 X—Y 的必要关系、充分关系、充要关系或上述关系以外的任意其他关系。所以削弱题型的答案既可以是题干推理不成立的必要条件，也可以是充分条件，还可以既不是充分又不是必要条件。

（二）"削弱题型"的提问方式

1.以下哪个选项如果为真，最能（或最不能）削弱上述结论（论证）？

2.以下哪个选项如果为真，最能（或最不能）对上述论述提出质疑？

3.以下哪个选项如果为真，能够最有力地反驳上述论述？

（三）"削弱"的三路径

削弱通常有三个途径：

(1)削弱 X 与 Y 之间的关系　　（最强）

(2)削弱 Y　　　　　　　　　　（次强）

(3)削弱 X　　　　　　　　　　（最弱）

求"最能削弱"，正确答案往往是比较的结果。

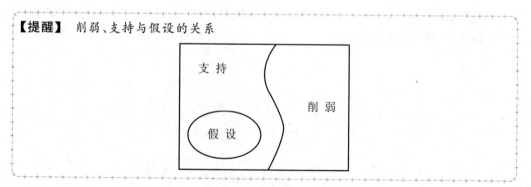

【提醒】　削弱、支持与假设的关系

支 持

削 弱

假 设

解题思路	假设	支持	削弱
完善推理	补充假设	补充假设	割裂假设
	直接搭桥	直接搭桥	割裂联系
因果关系	因果不倒置	因果不倒置	因果倒置
	没有他因	没有他因	存在他因
	无因就无果	无因就无果	无因有果
方法可行	方法找得到	方法找得到	方法找不到
	方法有效果	方法有效果	方法无效果
	方法无恶果	方法无恶果	方法有恶果
前提		加强前提	削弱前提
结论		加强结论	削弱结论

二、削弱题型的解题方法

(一)矛盾命题

欲对一个命题进行削弱,如果能证明其矛盾命题为真,则该命题是假的。矛盾命题是削弱力度最大的方式。

请注意:形式逻辑的思路在论证逻辑的题目中一样可以使用。

【例1】 正是因为有了充足的奶制品作为食物来源,生活在呼伦贝尔大草原的牧民才能摄入足够的钙质。很明显,这种足够的钙质,对于呼伦贝尔大草原的牧民拥有健壮的体魄是必不可少的。

以下哪种情况如果存在,最能削弱以上的断定?

A. 有的呼伦贝尔大草原的牧民从食物中能摄入足够的钙质,且有健壮的体魄。

B. 有的呼伦贝尔大草原的牧民不具有健壮的体魄,但从食物中摄入的钙质并不缺少。

C. 有的呼伦贝尔大草原的牧民不具有健壮的体魄,他们从食物中不能摄入足够的钙质。

D. 有的呼伦贝尔大草原的牧民有健壮的体魄,但没有充足的奶制品作为食物来源。

E. 有的呼伦贝尔大草原的牧民没有健壮的体魄,但有充足的奶制品作为食物来源。

【正确答案】 D

【深度解析】 题干结论:这种足够的钙质对于呼伦贝尔大草原的牧民拥有健壮的体魄是必不可少的。

"这种"是一个代词,指代的是"充足的奶制品"。"必不可少"表达了这是一个必要条件假言命题,题干结论表达了"充足的奶制品的钙质"是"健壮的体魄"的必要条件,即"只有充足的奶制品的钙质,呼伦贝尔大草原的牧民才拥有健壮的体魄"。

矛盾命题是削弱力度最大的方式。"只有 Q,才 P"的负命题是"非 Q 且 P"。D 满足题干结论负命题的表达形式。

综上所述,D 选项为正确答案。

(二)割裂联系法(逆用直接搭桥法)

通过某选项,把前提和结论中包含的两个话题割裂开来,起到削弱效果。

【例 2】 女性适合当警察的想法是荒唐的。妇女毕竟比男子平均矮 15 厘米,轻 15 千克。很明显在遇到暴力事件时,妇女没有男子有效。

以下哪个选项,如果为真,最能削弱以上命题?

A. 有些未申请当警察的妇女比在职的男警察长得高大。

B. 警察必须经过 18 个月的强化训练。

C. 在许多情况下,罪犯或受害者是妇女。

D. 警察要求携带和使用枪支,而妇女通常胆小怕枪。

E. 有许多警察部门的办公室职位妇女可担任。

【正确答案】 E

【深度解析】 题干结论:女性适合当警察的想法是荒唐的。

题干前提:遇到暴力事件时,妇女没有男子有效。

题干将"解决暴力事件"和"警察"联系起来。提问"最能削弱",只需要将"解决暴力事件"和"警察"割裂联系即可,E 选项通过割裂联系法,指出警察不光是用来解决暴力事件的,还可以去做办公室事务。

综上所述,E 选项为正确答案。

(三)逆用因果关系法

原因结果型题干做削弱,一般来说,正确答案要满足"因果倒置""另有他因""无因亦有果"这三条中的某一条。

【例 3】 张平一定是一位出类拔萃的教练。他调到我们大学执教男足才一年,足球队的成绩突飞猛进。

以下哪个选项如果为真,最有可能削弱上述论证?

A. 张平以前曾经入选过国家青年男足,后来因为伤病提前退役。

B. 张平之前的教练一直是女性,对于男运动员的运动生理和心理了解不够。

C. 调到大学担任男足教练之后,张平在学校领导那里立下了军令状,一定要拿到全国大学生联赛的冠军,结果只得了一个铜牌。

D. 男足队员尽管是学生,但是对于张平教练的指导都非常佩服,并自觉地加强训练。

E. 大学准备建设高水平的体育代表队,因此,从去年开始,就陆续招收一些职业队的退役队员,其中男足只招到了一个边后卫。

【正确答案】 E

【深度解析】 题干可以总结为原因结果型。

结果:足球队的成绩突飞猛进。

原因:张平。

原因结果型题干做削弱,正确答案一般要满足以下三条中的某一条:"因果倒置""另有他因""无因亦有果"。

E 选项满足了"另有他因",说明因为一个职业队退役队员的加入,所以足球队的成绩突飞猛进,这样就不必然是因为张平而使足球队的成绩突飞猛进。因此 E 选项对题干构成了削弱。

D 选项看上去说的是因为"队员们自觉加强训练"所以球队成绩提高,似乎也构成了"另有他因"式削弱。但是由于 D 选项已经说明了"因为对张平佩服,所以自觉加强训练",归根结底还是因为张平这个原因,所以对题干构成了支持的效果。

综上所述,E 选项为正确答案。

【例4】 2005 年,G 国国会降低了单身公民的收入税收比率,这对有两份收入的已婚夫妇十分不利,因为他们必须支付比分别保持单身更多的税。从 2005～2015 年,未婚同居者的数量上升了205%,因此,国会通过修改单身公民的收入税收比率,可使更多的未婚同居者结婚。

以下哪个选项如果为真,将最有力地削弱上述论证?

A. 从 2005～2015 年,G 国的离婚率上升了185%,高离婚率对当事者特别是单亲子女造成的伤害,成为受到普遍关注特别是受到婚龄段青年人关注的社会问题。

B. 在 H 国,国会并未降低单身公民的收入税收比例,但在 2005～2015 年期间,未婚同居者的数量也有上升。

C. G 国的税收率在相同发展水平的国家中并不算高。

D. 从 2005～2015 年,G 国的未婚同居者的数量并不呈直线上升,而是在 2010 年有所回落。

E. G 国的未婚同居现象,并不像在有些国家中那样受到道义上的指责。

【正确答案】 A

【深度解析】 题干结论:国会通过修改单身公民的收入税收比率,可使更多的未婚同居者结婚。

题干前提:(1)2005 年,G 国国会降低了单身公民的收入税收比率;

(2)从 2005～2015 年,未婚同居者的数量上升了205%。

题干前提可以总结为原因结果型。

结果:未婚同居者的数量上升。

原因:降低了单身公民的收入税收比率。

原因结果型题干做削弱,正确答案一般要满足以下三条中的某一条:"因果倒置""另有他因""无因亦有果"。

A 选项满足了"另有他因",说明因为高离婚率对当事者特别是单亲子女造成伤害这个社会问题,所以未婚同居者的数量上升,这样就不必然是因为降低了单身公民的收入税收比率造成未婚同居者的数量上升。因此 A 选项构成对题干的削弱。

B 选项的状语是"在 H 国",而题干的状语是"G 国",讨论的范围变了,排除。

C 选项讨论的是税率高低的问题,题干讨论的是"未婚同居者的数量上升"和"降低了单身公民的收入税收比率"之间的因果关系问题。C 选项与题干话题不相关,排除。

D 选项说的其实还是从 2005～2015 年,G 国的未婚同居者的数量在上升,只是并非直线上升,而是螺旋式上升。并没有进入到题干"因为降低了单身公民的收入税收比率,所以未婚同居者的数量上升"这一论证过程,排除。

E 选项不满足话题相关,排除。

综上所述,A 选项为正确答案。

【例5】 一项调查表明,雅礼中学的学生对网络游戏的着迷程度远远超过其他任何游戏,同时调查发现,经常玩网络游戏的学生的平均学习成绩相对其他学生更好一些。看来,玩网络游戏可以提高学生的学习成绩。

以下哪个选项如果为真,最能削弱上面的推论?

A. 雅礼中学与学生家长订了协议,如果孩子的学习成绩的名次没有排在前十名,双方共同禁止学生玩网络游戏。

B. 玩网络游戏能够锻炼身体,保证学习效率的提高。

C. 玩网络游戏的同学受到了学校的有效指导,其中一部分同学才不致因此荒废学业。

D. 玩网络游戏有助于智力开发,从而提高学习成绩。

E. 玩网络游戏很难,能够锻炼学生克服困难做好一件事情的毅力,这对学习是有帮助的。

【正确答案】 A

【深度解析】 题干结论:玩网络游戏可以提高学生的学习成绩。

题干结论可以总结为原因结果型。

结果:提高学生的学习成绩。

原因:玩网络游戏。

原因结果型题干做削弱,正确答案一般要满足以下三条中的某一条:"因果倒置""另有他因""无因亦有果"。

A 选项"如果孩子的学习成绩的名次没有排在前十名,双方共同禁止学生玩网络游戏",其中的"没有"表否定,"禁止"表否定,满足"如果不 A,那么不 B"的表达形式,即"如果不学习成绩的名次排在前十名,那么不玩网络游戏"。

根据如果不 A,那么不 B＝只有 A,才 B。

A 选项描述了"学习成绩的名次排在前十名"是"玩网络游戏"的必要条件。

A 选项说明了,是因为学习成绩好(前十名),所以玩网络游戏,而不是题干所说的"因为玩网络游戏所以学习成绩好"。所以 A 选项满足了"因果倒置",构成了对题干的削弱。

综上所述,A 选项为正确答案。

【例 6】 周南中学最近进行了一项有关"快速进步奖"对学习效率是否有促进作用的调查,结果表明:获得"快速进步奖"的学生比那些没有获得"快速进步奖"的学生的学习效率平均要高出 25％。调查的内容包括自习的出勤率、完成作业所需的平均时间、日平均阅读量等许多指标。这充分说明,"快速进步奖"对帮助学生提高学习效率的作用是很明显的。

以下哪个选项如果为真,最能削弱以上的论证?

A. 获得"快速进步奖"通常是因为那些同学有好的学习习惯和高的学习效率。

B. 获得"快速进步奖"的同学可以更容易改善学习环境来提高学习效率。

C. 学习效率低的同学通常学习时间长而缺少正常的休息。

D. 对学习效率的高低与是否获得"快速进步奖"的关系的研究应当采取定量方法进行。

E. 没有获得"快速进步奖"的同学普遍觉得学习压力过重,很难提高学习效率。

【正确答案】 A

【深度解析】 题干结论:"快速进步奖"对帮助学生提高学习效率的作用是很明显的。

题干结论可以总结为原因结果型。

结果:提高学习效率。

原因:获得"快速进步奖"。

原因结果型题干做削弱,正确答案一般要满足以下三条中的某一条:"因果倒置""另有他因""无因亦有果"。

A 选项指出,因为有好的学习习惯和高的学习效率,所以获得"快速进步奖"。所以 A 选项的描述满足了"因果倒置",构成了对题干的削弱。

综上所述,A选项为正确答案。

【例7】 黑脉金斑蝶的幼虫以乳草植物为食,这种植物所含的毒素使得黑脉金斑蝶对它的一些捕食动物有毒。副王峡蝶的外形和黑脉金斑蝶非常相似,但它的幼虫并不以乳草植物为食。因此可以得出结论,副王峡蝶之所以很少被捕食,是因为它和黑脉金斑蝶在外形上相似。

以下哪个选项如果为真,最能削弱上述论证?

A.有些动物在捕食了以乳草植物为食的昆虫后并不中毒。

B.仅仅单个蝴蝶对捕食者有毒并不能对它产生保护作用。

C.有些黑脉金斑蝶的捕食动物也捕食副王峡蝶。

D.副王峡蝶对大多数捕食动物都有毒。

E.只有蝴蝶才具有通过自身的毒性来抵御捕食者的保护机制。

【正确答案】 D

【深度解析】 题干结论:副王峡蝶之所以很少被捕食,是因为它和黑脉金斑蝶在外形上相似。

题干结论可以总结为原因结果型。

结果:副王峡蝶很少被捕食。

原因:副王峡蝶和黑脉金斑蝶在外形上相似。

原因结果型做削弱,正确答案一般要满足以下三条中的某一条:"因果倒置""另有他因""无因亦有果"。

D选项说明,是因为副王峡蝶对大多数捕食动物都有毒,所以副王峡蝶很少被捕食。这对"因为副王峡蝶和黑脉金斑蝶在外形上相似,所以副王峡蝶很少被捕食"构成了另有他因式削弱。

请注意,A选项说的是"有些动物",题干讨论的是"副王峡蝶",不满足话题相关,排除。E选项说"只有蝴蝶",说得太绝对,排除。"话题不相关""太绝对",这是常见的排除技巧。

综上所述,D选项为正确答案。

(四)逆用差比关系法

差比关系型题干做削弱,一般来说,正确答案要满足"另有他差"。这样Y差就有可能不是X差造成的,而是他差造成的结果,从而起到削弱作用。

【例8】 世界卫生组织在全球范围内进行了一项有关献血对健康影响的跟踪调查。调查对象分为三组。第一组中的对象均有两次以上的献血记录,其中最多的达数十次;第二组中的对象均仅有一次献血记录;第三组对象均从未献过血。调查结果显示,被调查对象中癌症和心脏病的发病率,第一组分别为0.3%和0.5%,第二组分别为0.7%和0.9%,第三组分别为1.2%和2.7%。一些专家依此得出结论,献血有利于减少患癌症和心脏病的风险。这两种病已经不仅在发达国家而且也在发展中国家成为威胁中老年人生命的主要杀手。因此,献血利己利人,一举两得。

以下哪个选项如果为真,将削弱以上结论?

Ⅰ.60岁以上的调查对象,在第一组中占60%,在第二组中占70%,在第三组中占80%。

Ⅱ.献血者在献血前要经过严格的体检,一般具有较好的体质。

Ⅲ.调查对象的人数,第一组为1700人,第二组为3000人,第三组为7000人。

A. 只有Ⅰ。

B. 只有Ⅱ。

C. 只有Ⅲ。

D. 只有Ⅰ和Ⅱ。

E. Ⅰ、Ⅱ和Ⅲ。

【正确答案】 D

【深度解析】 题干结论：献血利己利人，一举两得。

题干前提：(1)第一组对象均有两次以上的献血记录，患病概率为 0.3％和 0.5％，

（2）第二组对象有一次献血记录，患病概率为 0.7％和 0.9％，

（3）第三组对象均从未献过血，患病概率为 1.2％和 2.7％。

题干前提可以总结为差比关系型：

献血次数差——患病概率差

差比关系型题干做削弱，正确答案一般要满足"另有他差"。

Ⅰ.60 岁以上的调查对象，在第一组中占 60％，在第二组中占 70％，在第三组中占 80％。

Ⅰ说明，各组之间是有年龄差的。这样三个组的患病概率差就有可能是因为各组之间的年龄差造成的，就不必然推出"因为献血次数差，所以患病概率差"的结论。Ⅰ满足"另有他差"，对题干构成削弱。

Ⅱ.献血者在献血前要经过严格的体检，一般具有较好的体质。

把上述第一组和第二组合并为一个组，命名为"献血组"，把第三组命名为"非献血组"，则献血组得癌症的概率为 0.3～0.7％，献血组得心脏病的概率为 0.5～0.9％，而非献血组两种病的得病概率分别为 1.2％和 2.7％。这样就把题干变成了"献血与否的差，导致患病概率差"。Ⅱ说明，献血组与非献血组有体质差。这样两个组的患病概率差就有可能是因为两组之间的体质差造成的，就不必然推出"因为献血与否的差，所以患病概率差"的结论。Ⅱ满足"另有他差"，对题干构成削弱。

Ⅲ.调查对象的人数，第一组为 1700 人，第二组为 3000 人，第三组为 7000 人。

Ⅲ说明的是各组的人数多寡不同，表达的是各组的样本大小各不相同。而样本大小对统计分析结果是没有影响的，所以Ⅲ对于题干的论证是没有影响的。

综上所述，D 选项为正确答案。

【例 9～例 10 基于以下同一个题干】

是过于集中的经济模式，而不是气候状况，造成近年来 H 国糟糕的粮食收成。K 国和 H 国耕地条件基本相同，但当 H 国的粮食收成连年下降的时候，K 国的粮食收成却连年上升。

【例 9】 以下哪个选项必须假设？

Ⅰ.近年来 H 国的气候不比 K 国差。

Ⅱ.K 国并非采用过于集中的经济模式。

Ⅲ.气候状况不是影响粮食收成的重要原因。

A. Ⅰ。

B. Ⅱ。

C. Ⅲ。

D. Ⅰ、Ⅱ。

E. Ⅰ、Ⅱ和Ⅲ。

【正确答案】 D

【深度解析】 题干结论:是过于集中的经济模式,而不是气候状况,造成近年来 H 国糟糕的粮食收成。

题干前提:(1)K 国和 H 国耕地条件基本相同,

（2）H 国的粮食收成连年下降的时候,K 国的粮食收成却连年上升。

题干结论可以总结为差比关系型:

经济模式差——粮食收成差

差比关系型题干做假设,正确答案一般要满足"没有他差"。

Ⅰ.近年来 H 国的气候不比 K 国差。

题干构建了一个差比关系,即经济模式差导致了粮食收成差。若Ⅰ为假,则说明"H 国的气候比 K 国气候差",那么 H 国的粮食收成下降便很可能是由于 H 国气候恶劣造成的。Ⅰ满足加非验证,必须假设。

Ⅱ.K 国并非采用过于集中的经济模式。

对Ⅱ做加非验证。Ⅱ加非后,可得"K 国采用过于集中的经济模式",代入题干中,两个国家都采用的是相同的经济模式,就无法得出"经济模式差造成粮食收成差"的结论了。所以Ⅱ满足加非验证,是题干的假设项。

Ⅲ.气候状况不是影响粮食收成的重要原因。

对Ⅲ做加非验证。Ⅲ加非后,可得"气候状况是影响粮食收成的重要原因",可是只要两个国家的气候状况相同,代入题干中,依然可以得到"经济模式差造成粮食收成差"的结论,所以Ⅲ不满足加非验证,不是题干的假设项。

综上所述,D 选项为正确答案。

【例 10】 以下哪个选项为真,最能削弱上述论证?

A.两个国家种植的谷物品种不同。

B.H 国谷物不适合在 K 国生长。

C.K 国谷物不适合在 H 国生长。

D.H 国邻国粮食收成下降。

E.H 国的粮食得到了合理分配。

【正确答案】 A

【深度解析】 题干结论:是过于集中的经济模式,而不是气候状况,造成近年来 H 国糟糕的粮食收成。

题干前提:(1)K 国和 H 国耕地条件基本相同,

（2）H 国的粮食收成连年下降的时候,K 国的粮食收成却连年上升。

题干结论可以总结为差比关系型:

经济模式差——粮食收成差

差比关系型题干做削弱,正确答案一般要满足"另有他差"。

A 选项:"两个国家种植的谷物品种不同",代入题干中,那么很可能是因为两个国家的谷物品种差,所以粮食收成差,就不必然得出"因为经济模式差,所以粮食收成差"的结论。A 选项满足"另有他差",所以构成对题干的削弱。

B 选项:"H 国谷物不适合在 K 国生长",但是我们并无法判断两个国家是否种植的是相同作物,故无法判断该选项。同理也排除 C 选项。

D 选项讨论的是"H 国邻国"，不满足题干讨论的话题范围，排除。

E 选项讨论的是"粮食分配问题"，不满足话题相关，排除。

综上所述，A 选项为正确答案。

【例 11】 猩猩通常不患白血病。在一项实验中发现，给 100 只猩猩同等量的辐射后，将它们平均分为两组，第一组可以不受限制地吃食物，第二组限量吃食物。结果第一组 25 只猩猩患白血病。第二组只有 10 只猩猩患白血病。因此，通过限制猩猩的进食量，可以控制由实验辐射导致的猩猩白血病的发生。

以下哪个选项如果为真，最能削弱上述实验结论？

A. 猩猩与其他动物一样，有时原因不明就患有白血病。

B. 第一组猩猩的食物易于使其患白血病，而第二组的食物不易使其患白血病。

C. 第一组猩猩体质较弱，第二组猩猩体质较强。

D. 对其他种类的实验动物，实验辐射很少导致其患白血病。

E. 不管是否控制进食量，暴露于实验辐射的猩猩都可能患有白血病。

【正确答案】 B

【深度解析】 题干结论：通过限制猩猩的进食量，可以控制由实验辐射导致的猩猩白血病的发生。

题干前提：(1)第一组可以不受限制地吃食物，25％患病，

 (2)第二组限量吃食物，10％患病。

题干前提可以总结为差比关系型：

进食量的差——患病概率差

差比关系型题干做削弱，正确答案一般要满足"另有他差"。

B 选项描述的是两个组之间有"食物差"，C 选项描述的是两个组之间有"体质差"，都满足"另有他差"，都能削弱题干的论证过程。对 B、C 选项进行比较，B 选项更满足话题相关，所以能对题干进行力度更大的削弱。

综上所述，B 选项为正确答案。

> 【提醒】 论证逻辑，答案往往是比较的结果。

(五)逆用问题方法型

问题方法型题干做削弱，一般来说，正确答案要满足以下三条中的某一条："方法找不到""方法没效果""方法有恶果"。

【例 12】 目前，港南市主要干道上自行车道的标准宽度为单侧 3 米。很长一段时期以来，很多骑自行车的人经常在机动车道上抢道骑行。在对自行车违章执法还比较困难的现阶段，这种情况的存在严重地影响了交通，助长了人们对交通法规的漠视。有人向市政府提出，应当将车道拓宽为 3.5 米，这样，给骑自行车的人一个更宽的车道，能够消除自行车抢道的违章现象。

下面哪项如果为真，最能削弱上述论点？

A. 拓宽自行车道的费用较高，此项建议可行性较差。

B. 自行车道宽了，机动车走起来不方便，许多乘坐公共交通的人会很有意见。

C. 拓宽自行车道的办法对于机动车的违章问题没有什么作用。

D. 当自行车道拓宽到 3.5 米以后，人们仍会在缩小后的机动车道上抢道违章。

E. 自行车车道拓宽,自行车车速加快,交通事故可能增多。

【正确答案】　D

【深度解析】　题干结论:给骑自行车的人一个更宽的车道(3.5米)能够消除自行车抢道的违章现象。

题干结论可以总结为问题方法型:

方法:自行车道的标准宽度为从单侧3米拓宽为3.5米。

问题:消除自行车抢道的违章现象。

问题方法型题干做削弱,正确答案一般要满足以下三条中的某一条:"方法找不到""方法没效果""方法有恶果"。

D选项:"当自行车道拓宽到3.5米以后,人们仍会在缩小后的机动车道上抢道违章",这说明了"方法没效果",故构成对题干论证的削弱。

请注意,B和E选项满足"方法有恶果",但力度弱于D选项。

综上所述,D选项为正确答案。

【例13】　也许令许多经常不刷牙的人感到意外的是,这种不良习惯已使他们成为易患口腔癌的高危人群。为了帮助这部分人早期发现口腔癌,市卫生部门发行了一个小册子,教人们如何使用一些简单的家用照明工具,如台灯、手电等,进行每周一次的口腔自检。

以下哪个选项如果为真,最能对上述小册子的效果提出质疑?

A. 有些口腔疾病的病症靠自检难以发现。

B. 预防口腔癌的方案因人而异。

C. 经常刷牙的人也可能患口腔癌。

D. 口腔自检的可靠性不如在医院所做的专门检查。

E. 经常不刷牙的人不大可能进行每周一次的口腔自检。

【正确答案】　E

【深度解析】　题干可以总结为问题方法型:

问题:帮助经常不刷牙的人早期发现口腔癌。

方法:发行一个小册子教人们进行每周一次的口腔自检。

问题方法型题干做削弱,正确答案一般要满足以下三条中的某一条:"方法找不到""方法没效果""方法有恶果"。

E选项:"经常不刷牙的人不大可能进行每周一次的口腔自检",这说明了"方法无效果"。构成了对题干的削弱。

A选项:"有些口腔疾病的病症靠自检难以发现",这无法排除"也有些口腔疾病的病症靠自检可以发现"的可能性,有支持的效果,排除。

D选项:"口腔自检的可靠性不如在医院所进行的专门检查",那么口腔自检很有可能还是有一定可靠性的,只是低于在医院所进行的专门检查而已,有支持的效果,排除。

综上所述,E选项为正确答案。

(六)间接因果法做削弱

提供四种常见的"间接因果"削弱思路。

(1)题干:A是B的原因,所以A不是C的原因。

要削弱题干,可以使用:A→B→C,所以A是C的原因。

（2）A 是 C 的原因,则 B 就不是 C 的原因。

要削弱题干,可以使用:B→A→C,所以 B 是 C 的原因。

（3）题干:A 没有导致 B。

要削弱题干,可以使用:A→C,而 C→B。

（4）题干:A 总是伴随 B,所以 A 是 B 的原因。

要削弱题干,可以使用:A、B 都是 C 的结果,这样 A、B 间就没有因果关系了。

【例 14】 母亲:这学期冬冬的体重明显下降,我看这是因为他的学习负担太重了。

父亲:冬冬体重下降和学习负担没有关系。医生说冬冬营养不良,我看这是冬冬体重下降的原因。

以下哪个选项如果为真,最能对父亲的意见提出质疑?

A.学习负担过重,会引起消化紊乱,妨碍对营养的正常吸收。

B.隔壁松松和冬冬在一个班,但松松是个小胖墩,正在减肥。

C.由于学校的重视和努力,这学期冬冬和同学们的学习负担比上学期有所减轻。

D.现在学生的普遍问题是过于肥胖,而不是体重过轻。

E.冬冬所在的学校承认学生的负担偏重,并正在采取措施解决。

【正确答案】 A

【深度解析】 父亲:因为营养不良,所以体重下降。所以和学习负担无关。

A 选项:学习负担过重→营养不良→体重下降。

A 选项以间接因果的方式对父亲的意见构成质疑。

综上所述,A 选项为正确答案。

(七)削弱前提、削弱结论

削弱的三种路径中,削弱前提与结论之间的关系力度最强,削弱结论力度次之,削弱前提的力度最弱。但是若解题时其他选项几乎没有削弱的力量,就只能选择对题干的结论或前提进行削弱的选项。

【例 15】 3D 立体技术代表了当前电影技术的尖端水准,由于使电影实现了高度可信的空间感,它可能成为未来电影的主流。3D 立体电影中的银屏角色虽然由计算机生成,但是那些包括动作和表情的电脑角色的"表演",都以真实演员的"表演"为基础,就像数码时代的化妆技术一样。这也引起了某些演员的担心:随着计算机技术的发展,未来计算机生产的图像和动画会替代真人表演。

以下哪个选项如果为真,最能减弱上述演员的担心?

A.所有电影的导演只能和真人交流,而不是和电脑交流。

B.任何电影的拍摄都取决于制片人的选择,演员可以跟上时代的发展。

C.3D 立体电影目前的高票房只是人们一时图新鲜的结果,未来尚不可知。

D.掌握 3D 立体技术的动画专业人员不喜欢去电影院看 3D 电影。

E.电影故事只能用演员的心灵、情感来表现,其表现形式与导演的喜欢无关。

【正确答案】 E

【深度解析】 题干结论:演员担心随着计算机技术的发展,未来计算机生产的图像和动画会替代真人表演。

E 选项:"电影故事只能用演员的心灵、情感来表现","只能"是必要条件的标志,表明演员是电影的必要条件,所以演员不会因计算机技术的发展而被抛弃。E选项直接削弱了题干结论。

A选项:"所有电影的导演只能和真人交流,而不是和电脑交流",这里的"真人"可能指"操作计算机的人",所以不必然削弱演员的担心。

B选项:"任何电影的拍摄都取决于制片人的选择",那么如果制片人选择计算机生产的图像和动画来替代真人表演,则演员的未来岌岌可危,加剧了演员的担心。

C选项:"3D立体电影目前的高票房只是人们一时图新鲜的结果,未来尚不可知",但正是因为未来尚不可知,所以有可能3D立体电影未来成为主流,则演员的担心被加剧。

D选项:"掌握3D立体技术的动画专业人员不喜欢去电影院看3D电影",确实可以减弱演员的担心。但是由于"掌握3D立体技术的动画专业人员"人数太少,所以减弱演员担心的力度也有限。

综上所述,E选项为正确答案。

【例16】 某国法律规定,不论是驾驶员还是乘客,坐在行驶的小汽车中必须系好安全带。有人对此持反对意见。他们的理由是,每个人都有权冒自己愿意承担的风险,只要这种风险不会给别人带来损害。因此,坐在汽车里系不系安全带,纯粹是个人的私事,正如有人愿意承担风险去炒股,有人愿意承担风险去攀岩纯属他个人的私事一样。

以下哪个选项如果为真,最能对上述反对意见提出质疑?

A.尽管确实为了保护每个乘客自己,而并非为了防备伤害他人,但所有航空公司仍然要求每个乘客在飞机起飞和降落时系好安全带。

B.汽车保险费近年来连续上涨,原因之一是由于不系安全带造成的伤亡使得汽车保险赔偿费连年上涨。

C.在实施了强制要求系安全带的法律以后,美国的汽车交通事故死亡率明显下降。

D.法律的实施带有强制性,不管它的反对意见看来多么有理。

E.炒股或攀岩之类的风险是有价值的风险,不系安全带的风险是无谓的风险。

【正确答案】 B

【深度解析】 反对者的结论:驾驶员和乘客坐在行驶的小汽车不必系好安全带。

反对者的前提:每个人都有权冒自己愿意承担的风险,只要这种风险不会给别人带来损害。

只要说明即便是自己愿意承担的风险,也会给别人带来损害,就可以对反对者的观点提出质疑。

B选项说明,不系安全带造成了汽车保险费近年来连续上涨,这对所有的车主都带来了损害。B选项直接削弱了反对者的前提。

A选项讨论了搭乘航班中的安全带问题,与题干讨论的汽车中的安全带问题不相关,排除。

C选项:"汽车交通事故死亡率明显下降"并不必然起到削弱的效果,因为死亡率下降所挽回生命的那些人,可能是出于自己的意愿死亡。

D选项不满足话题相关。

E选项讨论了"风险的价值"问题,题干没有讨论,不满足话题相关。

综上所述,B选项为正确答案。

(八)选项与题干的状语不一致,基本上起不到削弱(或支持)的作用。

一般用另外事件(地区、国家、人物)削弱,力度都很小,甚至起不到削弱的作用。

【例17】 一项研究指出:"适量饮酒对妇女的心脏有益。"研究人员对2000名女司机进行调查,发现那些每星期饮酒5～10次的人,其患心脏病的可能性较每星期饮酒少于5次的人低。因此,研究人员发现了饮酒量与妇女心脏病之间的联系。

以下哪个选项如果为真,最不可能削弱上述论证?

A. 许多妇女因为感觉自己的身体状况良好,从而使得她们的饮酒量增加。

B. 调查显示:性格独立的妇女更愿意适量饮酒并同时加强自己的身体锻炼。

C. 司机因为职业习惯的原因,饮酒次数比普通妇女要多一些。再者,她们的年龄也偏年轻。

D. 对男性饮酒的研究发现,每星期饮酒5～10次的人中,有一半人患心脏病的可能性比每星期饮酒少于5次的人还要高。

E. 这项研究得到了某家酒精饮料企业的经费资助,有人检举研究人员在调查对象的选择上有不公正的行为。

【正确答案】 D

【深度解析】 题干结论:研究人员发现了饮酒量与妇女心脏病之间的联系。

题干讨论的是"妇女",D选项讨论的是"男性",所以D选项对于题干的论证没有作用,故不能起到削弱的效果。

综上所述,D选项为正确答案。

本章练习

1.《潇湘晨报》中的某篇文章提出,在对外经济交往中不能一味好让不争。在必要的时候,我们也要用"反倾销"的武器来保护自己。

除哪项以外,下面都是对上述观点的进一步论述?

A. 一些国家频频对我国的某些产品提出"反倾销",而我们却常常把市场拱手让人。

B. 某外国公司卖的某商品的价格远远低于专家推算的成本价。

C. "反倾销"是一把双刃剑,可能影响我国的商品出口。

D. 某外国公司计划用高额的代价取得在我国彩电市场上的绝对优势。

E. 我国要加速制定"反倾销"的有关法律、法规,并形成保护自身的群体意识。

2. 彭旻的孩子即将升初中。彭旻发现,在当地中学,学生与老师的比例低,学生的中考成绩普遍都比较好。彭旻因此决定,让他的孩子选择学生总人数最少的学校就读。

以下哪个选项最为恰当地指出了彭旻上述决定的漏洞?

A. 忽略了学校教学质量既和学生与老师的比例有关,也和生源质量有关。

B. 仅注重中考成绩,忽略了孩子的全面发展。

C. 不当地假设:学生总人数少就意味着学生与老师的比例低。

D. 在考虑孩子的教育时忽略了孩子本人的愿望。

E. 忽略了学校教学质量主要与教师的素质而不是数量有关。

3. 在一次商业谈判中,甲方总经理说:"根据以往贵公司履行合同的情况,有的产品不具备合同规格的要求,我公司蒙受了损失,希望以后不再出现类似的情况。"乙方总经理说:"在履行合同中出现有不符合要求的产品,按合同规定可退回或要求赔偿,贵公司当时既不退回产品,又不要求赔偿,这究竟是怎么回事?"

以下哪一项判断了乙方总经理问句的实质？

A.甲方企图要乙方赔偿上次合同的损失,这是难以答应的。

B.甲方说有的产品不符合要求,却没有证据。

C.甲方可能是因为怕麻烦,没有追究乙方的违约行为。

D.乙方虽有不符合要求的产品,甲方照顾乙方面子,没有提出。

E.甲方为了在这次谈判中讨价还价,故意指责乙方以往有违约行为。

4.世界遗产公约规定,世界遗产所在地国家必须保证遗产的真实性和完整性。世界遗产的功能,第一层是科学研究,第二层是教育功能,最后才是旅游功能。目前很多地方都在逐步改正,但还有诸多不尽人意的地方。

从这段文字我们不能推出的是:

A.世界遗产所在地国家应该妥善保护世界遗产。

B.世界遗产最宝贵的价值是其科学研究价值。

C.目前仍有不少违反世界遗产公约的行为存在。

D.所有世界遗产所在地国家都过分注重其旅游功能。

E.目前有的世界文化遗产的功能没有得到发挥。

5.史密斯:根据《国际珍稀动物保护条例》的规定,杂种动物不属于该条例的保护对象。《国际珍稀动物保护条例》的保护对象中,包括赤狼。而最新的基因研究技术发现,一直被认为是纯种物种的赤狼实际上是通过山狗与灰狼的杂交得来的。由于赤狼明显需要保护,所以条例应当修改,使其也保护杂种动物。

张大中:您的观点不能成立。因为,如果赤狼确实是山狗与灰狼的杂交种的话,那么,即使现有的赤狼灭绝了,仍然可以通过山狗与灰狼的杂交来重新获得。

以下哪个选项最可能是张大中的反驳所假设的?

A.目前用于鉴别某种动物是否为杂种的技术是可靠的。

B.所有现存杂种动物都是现存纯种动物杂交的后代。

C.山狗与灰狼都是纯种物种。

D.国际珍稀动物保护条例执行效果良好。

E.赤狼并不是山狗与灰狼的杂交种。

6.商场经理为减少营业员和方便顾客,把儿童小玩具从营业专柜移入超市,让顾客自选。

以下哪个选项为真,则经理的做法会导致销售量下跌?

A.儿童小玩具品种多,占地并不多。

B.儿童和家长是在营业员的演示下引起对小玩具的兴趣的。

C.儿童小玩具能启发儿童的智力,一直畅销。

D.儿童自己不容易看懂玩具的说明书。

E.儿童玩具的色彩艳丽,很有吸引力。

7.“人多力量大”“众人拾柴火焰高”,这些名言证明了人口的增加是有利于社会发展的。

上述推断的主要缺陷在于:

A.“人多力量大”肯定了人力资源的作用,是重视人才的表现。

B.不同的人对社会的贡献是不一样的,应当指明主要应增加哪一类人口。

C.名言并非真理,不能由名言简单地证明上述结论。

D.人口越少,消耗掉的社会资源就越少。

E.人口越多,带来的社会问题越多。

8.北大西洋海域的海狮数量锐减,但几乎同时海豹的数量却明显增加。有人说是海豹导致了海狮的减少。这种说法难以成立,因为海豹很少以海狮为食。

以下哪个选项如果为真,最能削弱上述论证?

A.海水污染对海狮造成的伤害比对海豹造成的伤害严重。

B.尽管海狮数量锐减,海豹数量增加,但在北大西洋海域,海豹的数量仍少于海狮。

C.在海豹的数量增加以前,北大西洋海域的海狮数量就减少了。

D.海豹生活在海狮无法生存的冰冷海域。

E.海狮只吃毛鳞鱼,而毛鳞鱼也是海豹的主要食物。

9.某单位检验科需大量使用玻璃烧杯。一般情况下,普通烧杯和精密刻度烧杯都易于破损,前者的破损率稍微高些,但价格便宜得多。如果检验科把下年度计划采购烧杯的资金全部用于购买普通烧杯,就会使烧杯数量增加,从而满足检验需求。

以下哪个选项如果为真,最能削弱上述论证?

A.如果把资金全部用于购买普通烧杯,可能会将其中部分烧杯挪为他用。

B.下年度计划采购烧杯的数量不能用现在的使用量来衡量。

C.某些检验人员喜欢使用精密刻度烧杯而不喜欢使用普通烧杯。

D.某些检验需要精密刻度烧杯才能完成。

E.精密刻度烧杯使用更加方便,易于冲洗与保存。

10.记者:我们已经有了一条应促使与政府部门有商业往来的公司遵循的道德规范。几乎所有公司都同意遵守它的事实说明它是成功的。因此,没有必要以更强的道德规范或强制机制来保证与政府部门有商业往来的公司做出符合道德的行为。

下面哪项如果正确,对记者的结论提出了最严重的质疑?

A.这些道德规范只要求与政府部门有商业往来的公司遵守。

B.只是在发现几家公司与政府部门进行商业往来时严重违反了道德规范以后,才制定了这些道德规范。

C.一项调查发现,大部分同意遵守这一规范的公司目前都没有实际执行。

D.对绝大多数公司的调查发现,几家公司已经停止与政府部门进行商业往来,因为他们不想遵守这些道德规范。

E.通过对制约公司的这些道德规范的调查,发现同意遵守它们的这些公司的最高管理人员完全执行时,这些规范的效果才最好。

11.现在能够纠正词汇、语法和标点符号使用错误的中文电脑软件越来越多,记者们即使不具备良好的汉语基础也不妨碍撰稿。因此培养新闻工作者的学校不必重视学生汉语能力的提高,而应注重新闻工作者其他素质的培养。

以下哪个选项如果为真,最能削弱题干的论证?

A.避免词汇、语法和标点符号的使用错误并不一定能够确保文稿的语言质量。

B.新闻学课程一直强调并要求学生能够熟练应用计算机并熟悉各种软件。

C.中文软件越是有效,被盗版的可能性越大。

D.目前大部分中文软件经常更新,许多人还在用旧版本。

E.目前大部分英文软件经常更新,许多人还在用旧版本。

12.临床验证通常被用来对医药上的创新进行系统测试,把临床验证延伸到新外科手术方法中去的建议,是不应该被执行的。问题在于外科手术方法在一个很重要的方面与医药不同:对症下药的疗效仅依赖于药的成分,而外科手术方法,甚至是最适合的外科手术方法的疗效很明显与使用这种方法的外科医生的技术相联系。

上述论述的推理是有缺陷的,因为该论述:

A. 没有考虑到新的外科手术方法可能被发现方法本身与以前最好的治疗方法相比存在更大的缺陷。

B. 忽视了这种可能性,即被质疑的建议被蓄意地设计成粗糙的形式,目的是为了诱出能用于改进该建议的批评。

C. 假设一个外科医生的技术在他的整个职业生涯中都是保持不变的。

D. 对某一个存在的异点,在没有引用任何科学证据的情况下,对它进行了描述。

E. 在不承认某一建议具有较高的可信度的前提下,否认了这个武断地提出具有较高可信度的建议。

13. 设计师反复重申,最好的晶体管扩音机与最好的电子管扩音机在通常测定的用以评价扩音机音乐再现质量方面的性能是一样的。因此那些坚持认为录制的音乐在最好的电子管扩音机里播放时要比在最好的晶体管扩音机里播放时听起来好的音乐爱好者,一定是在想象他们声称的听到的质量上的差异。

下面哪一点如果正确,最能严重削弱上述辩论?

A. 许多人仅凭耳听不能区分正在播放的音乐是在好的晶体管扩音机里播放还是在好的电子管扩音机里播放。

B. 电子管扩音机的音乐再现质量的变化范围要比晶体管扩音机的大。

C. 有些重要的决定音乐再现质量的特性不能被测量出来。

D. 当放出相同的音量时,晶体管扩音机比电子管扩音机的体积小、用电少且产生的热量少。

E. 在试验室里通常测定的用以评价扩音机音乐再现质量的特性方面,有些电子管扩音机明显地比晶体管扩音机好。

14. 当博士们被问到他们童年的经历时,那些记得其父母经常经历病痛的正是那些成年后本人也经常经历一些疼痛(如头痛)的人。这个证据说明,一个人在儿童时代对成人病痛的观察使其本人在成年后容易感染病痛。

以下哪个选项如果正确,最严重地削弱上述论述?

A. 那些记得自己小时候常处于病痛的博士不比其他大多数博士更容易经历疼痛。

B. 经常处于疼痛状态的父母在孩子长大后仍然经常经历病痛。

C. 博士们比其他成年人经历的头疼等常见病痛少。

D. 成年人能清晰地记住儿童时期病痛时周围的情形,却很少能想起孩提时代病痛的感觉。

E. 一个人成年时对童年的回忆,总是注意那些能够反映本人成年后经历的事情。

15. 汽车发动机在发动时会因汽油燃烧而产生苯,而苯是一种致癌物质。为了应对人类面临的这一威胁,环境保护主义者建议用酒精来替代汽油,其理由是:燃烧单位数量的酒精所产生的苯,只是汽油的十分之一。

以下哪个选项如果为真,能够成为对上述环境保护主义者建议的质疑?

Ⅰ. 燃烧酒精时会产生甲醛,而甲醛同样是一种致癌物质。

Ⅱ. 燃烧单位数量的酒精所产生的能量,大约只是汽油的十分之一。

Ⅲ. 就应用前景而言,酒精的价格大约只是汽油的十分之一。

A.仅仅Ⅰ。

B.仅仅Ⅱ。

C.仅仅Ⅲ。

D.仅Ⅰ和Ⅱ。

E.Ⅰ、Ⅱ和Ⅲ。

16.赤蟹常游弋于高温的深海间歇泉附近,在那里生长有它爱吃的细菌类生物。由于间歇泉发射一种暗淡的光线,因此,科学家们认为这种蟹背部的感光器官是用来寻找间歇泉,从而找到食物的。

下列哪项对科学家的结论提出质疑?

A.实验表明,这种蟹的感光器官对间歇泉发出的光并不敏感。

B.间歇泉的光线十分暗淡,人类肉眼难以察觉。

C.间歇泉的高温足以杀死这附近的细菌。

D.大多数其他品种的蟹的眼睛都位于眼柄的末端。

E.其他蟹身上的感热器官同样能起到发现间歇泉的作用。

17.在期货市场上,粮食可以在收获前就"出售"。如果预算歉收,粮价就上升;如果预测丰收,粮价就下跌。目前粮食作物正面临严重干旱,今晨气象学家预测,一场足以解除旱情的大面积降雨将在傍晚开始。因此,近期期货市场上的粮价会大幅度下跌。

以下哪个选项如果为真,最能削弱上述论证?

A.气象学家气候预测的准确性并不稳定。

B.气象学家同时提醒做好防涝准备,防备这场大面积降雨延续过长。

C.农业学家预测,一种严重的虫害将在本季粮食作物的成熟期出现。

D.和期货市场上的某些商品相比,粮食价格的波动幅度较小。

E.干旱不是对粮食作物生长的最严重威胁。

18.和平基金会决定中止对S研究所的资助,理由是这种资助可能被部分地用于武器研究。对此,S研究所承诺:和平基金会的全部资助都不会用于任何与武器相关的研究。和平基金会因此撤销了上述决定,并得出结论:只要S研究所遵守承诺,和平基金会的上述资助就不再会有利于武器研究。

以下哪个选项最为恰当地概括了和平基金会上述结论中的漏洞?

A.忽视了这种可能性:S研究所并不遵守承诺。

B.忽视了这种可能性:S研究所可以用其他来源的资金进行武器研究。

C.忽视了这种可能性:和平基金会的资助使S研究所有能力把其他资金改用于武器研究。

D.忽视了这种可能性:武器研究不一定危害和平。

E.忽视了这种可能性:和平基金会的上述资助额度有限,对武器研究没有实质性意义。

19.农业学家们发现,一种曾在非洲普遍栽培的经济作物比目前的主食作物如大米和小麦,含有更高的蛋白质成分。农业学家们宣称,推广这种作物,对那些人口稠密、人均卡路里和蛋白质摄入量均不足的国家是很有利的。

下列哪项如果为真,最能对农业学家的宣称产生质疑?

A.这种作物的亩产量大大低于目前主食作物的亩产量。

B.许多重要的食物如西红柿,都原产于非洲。

C.小麦蛋白质含量比大米高。

D. 这种作物的卡路里含量高于目前主食作物的卡路里含量。

E. 只有 20 种不同的作物提供了地球上主要的食物供应。

20. 在今年上半年,行车记录仪的销量是 600 万台。这个数字是去年全年销量的 42%。因此,今年全年行车记录仪的销量肯定要低于去年。

以下哪个选项如果为真,最严重地削弱了上述结论?

A. 去年全年行车记录仪的销量比前年低。

B. 现在喜欢行车记录仪的人基本都有行车记录仪了。

C. 今年行车记录仪比去年价格更便宜。

D. 去年销售的行车记录仪中,60% 是在 1 月份卖出的。

E. 一般地说,70% 的行车记录仪是在 11 月和 12 月卖出的。

本章练习深度解析

1.【答案】　C

【深度解析】　题干结论:在必要的时候,我们要使用"反倾销"武器。

题干提问为:除哪项以外,下面都是对上述观点的进一步论述。

A、B、D、E 选项表明,我们应该拿起"反倾销"武器。

C 选项说,"反倾销"是一把双刃剑,有利有弊,所以从 C 选项出发,不必然推出应拿起"反倾销"武器的结论。

综上所述,C 选项为正确答案。

2.【答案】　C

【深度解析】　彭旻的结论:让他的孩子选择学生总人数最少的学校就读。

彭旻的前提:学生与老师的比例低的学校,学生的中考成绩普遍都比较好。

根据彭旻的前提,他应该给孩子选择学生与老师的比例低的学校,但是他却给孩子选择了学生总人数最少的学校。所以他将"学生与老师的比例低"与"学生总人数少"画上了等号。C 选项指出彭旻"不当地"假设学生总人数少就意味着学生与老师的比例低,即指出了上述二者是不同的。

综上所述,C 选项为正确答案。

3.【答案】　E

【深度解析】　乙方总经理以强硬的语气表明,本公司并没有不符合要求的产品。所以甲方是属于故意刁难,目的是增加谈判资本。

综上所述,E 选项为正确答案。

4.【答案】　D

【深度解析】　题干说:目前很多地方都在逐步改正,只能推出目前"有的世界遗产所在地国家"没有很好地履行世界遗产公约。

D 选项说的是"所有世界遗产所在地国家都过分注重其旅游功能",我们无法从题干的"有的"出发,推出"所有"的结论。D 选项的判断过于绝对,故不能推出。

综上所述,D 选项为正确答案。

5.【答案】　B

【深度解析】　对 B 选项进行加非验证。B 选项加非后,可得"有的现存杂种动物不是现存纯种动物杂交的后代",代入题干中,就无法必然得出"可以通过山狗与灰狼的杂交来重新获得赤狼"的结论。所以 B 选项满足加非验证,是题干论证的假设项。

综上所述,B 选项为正确答案。

6.【答案】 B

【深度解析】 题干可总结为:让顾客自选,会导致儿童小玩具销售量下跌。

关键词是"自选"。B 选项说:"儿童和家长是在营业员的演示下引起对小玩具的兴趣的",那么在顾客自选的情况下,儿童和家长不会对小玩具感兴趣,肯定会造成儿童小玩具销售量下跌。

综上所述,B 选项为正确答案。

7.【答案】 C

【深度解析】 题干说:名言证明了某观点。

请注意,不能因为是名言或者某权威人士所说,则说明是正确的。

综上所述,C 选项为正确答案。

8.【答案】 E

【深度解析】 题干结论:有人说是海豹导致了海狮的减少,这种说法难以成立。

题干前提:北大西洋海域的海狮数量锐减,但几乎同时海豹的数量却明显增加。

海豹很少以海狮为食。

题干可以总结为原因结果型,因果关系如下:

因为:海豹很少以海狮为食;

所以:海豹导致了海狮的减少的说法难以成立。

题干为原因结果型做削弱,正确答案一般要满足以下三条中的某一条:"因果倒置""另有他因""无因亦有果"。E 选项表达了"另有他因",因为毛鳞鱼也是海豹的主要食物并且也是海狮的唯一食物,所以 E 选项对题干论证构成了削弱。

综上所述,E 选项为正确答案。

9.【答案】 D

【深度解析】 题干结论:把采购烧杯的资金全部用于购买普通烧杯,从而满足检验需求。

题干前提:普通烧杯和精密刻度烧杯都易于破损,前者的破损率稍微高些,但价格便宜得多。

题干可以理解为问题方法型。

方法:全部采购普通烧杯。

问题:满足检验需求。

问题方法型题干做削弱,正确答案一般要满足如下三条中的某一条:"方法找不到""方法没效果""方法有恶果"。

D 选项:"某些检验需要精密刻度烧杯才能完成",这说明了对于某些检验而言,"方法没效果"。

C 选项具有较强的迷惑性。C 选项:"某些检验人员喜欢使用精密刻度烧杯而不喜欢使用普通烧杯",请注意,"喜欢"是一个价值判断,"喜欢"的标准是主观的而不是客观的,很有可能,某些检验人员尽管主观上不"喜欢"普通烧杯,但客观上普通烧杯却依然可以满足检验的需求。所以 C 选项排除。

综上所述,D 选项为正确答案。

10.【答案】 C

【深度解析】 题干结论:没有必要以更强的道德规范或强制机制来保证与政府部门有商业往来的公司做出符合道德的行为。

题干前提:几乎所有公司都同意遵守已有的促使与政府部门有商业往来的公司遵循的道德规范。

题干的论证过程混淆了"同意遵守规范"和"事实上、行为上遵守规范"这两个概念,C选项指出了这一缺陷,所以构成对题干论证的质疑。

综上所述,C选项为正确答案。

11.【答案】 A

【深度解析】 题干结论:培养新闻工作者的学校不必重视学生汉语能力的提高。

题干前提:有能够纠正词汇、语法和标点符号使用错误的中文电脑软件。

题干论证可概括为:如果"解决了词汇、语法和标点符号使用错误",那么"汉语能力就是高的"。题干认为,"解决了词汇、语法和标点符号使用错误"是"汉语能力就是高的"的充分条件。

A选项:"避免词汇、语法和标点符号的使用错误并不一定能够确保文稿的语言质量",这表明,"避免词汇、语法和标点符号的使用错误"只是较高的"文稿的语言质量"的必要条件,所以光是具备这一必要条件,可能依然没有结果。A选项指出了题干对条件关系理解的谬误,削弱了题干论证。

综上所述,A选项为正确答案。

12.【答案】 A

【深度解析】 题干结论:不应该执行把临床验证延伸到新外科手术方法中去的建议。

题干前提:外科手术方法的疗效很明显与使用这种方法的外科医生的技术相联系。

题干论证的逻辑是,因为外科手术方法的疗效与外科医生的技术有关,所以不用经过临床验证的方式来检验新的外科手术方法的效果,就可以直接应用到病人。题干没有意识到,如果新的外科手术方法本身有缺陷,那么即便是最好的外科医生来实施手术,手术的效果也会比以前最好的外科手术治疗方法更差。因此无法得出"不应该执行把临床验证延伸到新外科手术方法"的结论。本质上,题干没有意识到,外科手术的治疗效果,既与外科医生的技术有关,又与手术方法本身有关。

A选项很好地描述了上述缺陷。

B、D、E选项的描述过于抽象,很明显未能与题干描述保持一致,故排除。

C选项说,题干的缺陷在于"假设一个外科医生的技术在他的整个职业生涯中都是保持不变的"。题干并不需要假设外科医生的技术在整个职业生涯中始终保持不变,只要在"一定时间内"保持不变即可,如"昨天"和"今天"保持不变。所以C选项也可以排除。

综上所述,A选项为正确答案。

13.【答案】 C

【深度解析】 题干结论:认为录制的音乐在最好的电子管扩音机里播放时要比在最好的晶体管扩音机里播放时听起来好的音乐爱好者,一定是在想象他们声称的听到的质量上的差异。

题干前提:最好的晶体管扩音机与最好的电子管扩音机在通常测定的用以评价扩音机音乐再现质量方面的性能是一样的。

对题干概括起来理解,就是:因为A和B测量的性能一样,所以A和B听起来没区别。即从

"测量的性能一样"出发,得出"听起来一样"的结论。正确选项只需要指出,这二者并不一致即可。C选项很好地说明了这一点。

综上所述,C选项为正确答案。

14.【答案】 E

【深度解析】 题干结论:一个人在儿童时代对成人病痛的观察使其本人在成年后容易感染病痛。

题干结论包含了一组因果关系:

因为:在儿童时代对成人病痛的观察;

所以:本人在成年后容易感染病痛。

题干为原因结果型做削弱,正确答案一般要满足以下三条中的某一条:"因果倒置""另有他因""无因亦有果"。E选项:"一个人成年时对童年的回忆,总是注意那些能够反映本人成年后经历的事情",代入题干中,意思是,本人成年后经历一些疼痛(如头痛),然后才注意到童年时期其父母也经历了病痛。所以 E选项说的是:因为本人成年后经历病痛,所以回忆起儿童时代对成人病痛的观察。E选项以"因果倒置"的方式对题干进行了削弱。

综上所述,E选项为正确答案。

15.【答案】 D

【深度解析】 题干结论:用酒精来替代汽油。

题干前提:燃烧单位数量的酒精所产生的苯,只是汽油的十分之一。

题干基于酒精的一个优点,得出"用酒精来替代汽油"的结论。所以,只要描述了酒精缺点的选项,都可以对题干的论证构成质疑。

Ⅰ表达了酒精的缺点——产生甲醛,而甲醛同样是一种致癌物质。

Ⅱ表达了酒精的缺点——酒精的能效低。

Ⅲ表达的是酒精的优点——便宜。

综上所述,D选项为正确答案。

16.【答案】 A

【深度解析】 题干结论:间歇泉发射一种暗淡的光线,赤蟹背部的感光器官是用来寻找间歇泉,从而找到食物的。

A选项直接对题干结论构成了削弱。

B选项讨论的是"人类",题干讨论的是"赤蟹",不满足话题相关,排除。

C选项排除。题干讨论的是"感光器官"与"寻找间歇泉"之间的关系,C选项不满足话题相关。

D选项讨论的是"大多数其他品种的蟹",题干讨论的是"赤蟹",不满足话题相关,排除。

E选项讨论的是"其他蟹",题干讨论的是"赤蟹",不满足话题相关,排除。

综上所述,A选项为正确答案。

17.【答案】 C

【深度解析】 题干结论:近期期货市场上的粮价会大幅度下跌。

题干前提:(1)目前粮食作物正面临严重干旱,

(2)一场足以解除旱情的大面积降雨将在傍晚开始,预测粮食会丰收,

(3)如果预算歉收,粮价就上升;如果预测丰收,粮价就下跌。

求削弱,就是要实现"近期期货市场上的粮价会上升"的结果,即需要选择一个"会导致粮食

歉收"的选项。

B、C 选项都表达了"会导致粮食歉收",但是 B 选项说的是"提醒",说明只是有这种可能性,而且可能性不大。C 选项说的是"预测",表达可能性较大,并且 C 选项还用了一个词"严重的"。权衡判断,C 选项的力度更大。

综上所述,C 选项为正确答案。

18.【答案】　C

【深度解析】　题干结论:只要 S 研究所遵守承诺,和平基金会的上述资助就不再会有利于武器研究。

C 选项说:"和平基金会的资助使 S 研究所有能力把其他资金改用于武器研究"。这可以对题干结论起到较强的削弱效果。例如,S 研究所把和平基金会的资助用于给员工发工资,把原本用于给员工发工资的资金,用于武器研究,则和平基金会的资助依然是有利于武器研究的。

B 选项有一定的迷惑性,意思也接近,但是 B、C 选项相比较而言,C 选项提到了"和平基金会"而 B 选项没有提及,故 C 更满足话题相关。

综上所述,C 选项为正确答案。

19.【答案】　A

【深度解析】　题干结论:推广这种作物,对那些人口稠密、人均卡路里和蛋白质摄入量均不足的国家是很有利的。

题干前提:一种曾在非洲普遍栽培的经济作物比目前的主食作物如大米和小麦,含有更高的蛋白质成分。

对题干进行概括,即因为某作物有一个优点,所以应该推广该作物。求削弱,只要能表达该作物的缺点即可。

A 选项说明,该作物具有"产量低"的缺点。

B、C、E 选项不满足话题相关,排除。

D 选项讲的依然是该作物的优点,排除。

综上所述,A 选项为正确答案。

20.【答案】　E

【深度解析】　题干结论:今年全年行车记录仪的销量肯定要低于去年。

题干前提:今年上半年行车记录仪的销量是去年全年销量的 42%。

E 选项说明,行车记录仪销量的高峰期是下半年的 11 月和 12 月,所以不能由"上半年的销量低于去年同期"推出"全年销量低于去年"的预测。

综上所述,E 选项为正确答案。

第十章　评　价

一、评价 A 题型——对题干结论正反两方面的评价

寻找一个对"前提 X—结论 Y"的推理过程起到正反两方面作用，即分别起到支持和削弱作用的选项。

（一）评价 A 题型的提问方式

1. 对以下哪个选项的回答最有助于评价上面的论述？
2. 为了对上述论证作出评价，以下哪个选项最重要？

（二）评价 A 题型的应对方法

选项为一般疑问句时，对这个选项可以做出两个相反方向的回答——例如"是"和"否"、"大"和"小"、"多"和"少"。当对选项回答"是"时，代入题干中，能对题干的论证过程起到支持作用；而若对选项回答"否"，能对题干的论证过程起到削弱作用。或正好相反，当对选项回答"是"时，代入题干中，能对题干的论证过程起到削弱作用；而若对选项回答"否"，能对题干的论证过程起到支持作用。那么，我们就可以说，这个选项对题干的论证推理有评价作用。

要特别引起注意的是，正确的选项一定是做出两个相反方向的回答都能对论证推理起作用，而且要起到效果相反的作用（一个支持、一个削弱）。如果仅仅对一个方面回答起的作用，或者两个相反方向的回答对论证推理起作用是相同的（都是支持、都是削弱），则不是很好的评价。

> 【提醒】　评价题也要抓住题干中的 X—Y 的论证结构，话题必须一致，至少要相关。

【例 1】　毫无疑问，未成年人吸烟应该加以禁止。但是，我们不能为了防止给未成年人吸烟以可乘之机，就明令禁止自动售烟机的使用。这种禁令就如同为了禁止无证驾车在道路上设立路障，这道路障自然禁止了无证驾车，但同时也阻挡了 99％ 以上的有证驾驶者。

为了对上述论证作出评价，回答以下哪个问题最为重要？

A. 未成年吸烟者在整个吸烟者中所占的比例是否超过 1％？
B. 禁止使用自动售烟机带给成年购烟者的不便究竟有多大？
C. 无证驾车者在整个驾车者中所占的比例是否真的不超过 1％？
D. 从自动售烟机中是否能买到任何一种品牌的香烟？
E. 未成年人吸烟的危害，是否真如公众认为的那样严重？

【正确答案】　B

【深度解析】　题干结论：不能为了防止给未成年人吸烟以可乘之机，就明令禁止自动售烟机的使用（不应该禁止自动售烟机的使用）。

题干前提：就如同为了禁止无证驾车在道路上设立路障，这道路障自然禁止了无证驾车，但同时也阻挡了 99％以上的有证驾驶者。

对选项作出两个相反方向的回答，分别对"前提 X—结论 Y"的推理过程起到支持、削弱两方面作用，是评价 A 题型正确答案的要求。

B 选项："禁止使用自动售烟机带给成年购烟者的不便究竟有多大？"我们可以对 B 选项作出两个不同方向的回答。如果给成年购烟者造成的不便"极大"，无限接近 100％，那么我们就不应该禁止使用自动售烟机。如果给成年购烟者造成的不便"极小"，无限接近 0％，则我们可以禁止使用自动售烟机。对 B 选项回答"极大"的时候，对题干论证起到了支持作用，对 B 选项回答"极小"的时候，对题干论证起到了削弱作用。

根据上述分析，B 选项是正确的评价项。

A 选项："未成年吸烟者在整个吸烟者中所占的比例是否超过 1％？"无论未成年吸烟者在整个吸烟者中所占的比例是超过 1％，还是小于 1％，我们都应该禁止未成年人吸烟，都不应该给未成年人购买香烟以可乘之机。对 A 选项作出"是"和"否"两个方向的回答，我们都会得出"应该禁止使用自动售烟机"的结论，对题干结论"不应该禁止自动售烟机的使用"都起到了削弱的效果。

根据上述分析，A 选项不是正确的评价项。

C 选项排除。题干讨论的是"自动售烟机"问题，C 选项不满足话题相关。

D 选项："从自动售烟机中是否能买到任何一种品牌的香烟？"无论从自动售烟机中能买到任何一种品牌的香烟，还是只能买到一部分品牌的香烟，为了防止未成年人购烟，我们都应该禁止使用自动售烟机。对 D 选项作出"是"和"否"两个方向的回答，对题干结论"不应该禁止自动售烟机的使用"都起到的是削弱的效果。

根据上述分析，D 选项不是正确的评价项。

E 选项："未成年人吸烟的危害，是否真如公众认为的那样严重？"无论未成年人吸烟的危害与公众认为的严重程度一致，又或未成年人吸烟的危害比公众认为的严重程度要低，出于对未成年人保护的考虑，我们都应当禁止未成年人吸烟，都应该禁止自动售烟机的使用。对 E 选项作出"是"和"否"两个方向的回答，对题干结论"不应该禁止自动售烟机的使用"都起到的是削弱的效果。

根据上述分析，E 选项不是正确的评价项。

综上所述，B 选项是正确答案。

【例 2】　任何一篇译文都带有译者的行文风格。有时，为了及时地翻译出一篇公文，需要几个笔译人员同时工作，每人负责翻译其中一部分。在这种情况下，译文的风格往往显得不协调。与此相比，用于语言翻译的计算机程序显示出优势：准确率不低于人工笔译，但速度比人工笔译快得多，并且能保持译文风格的统一。所以，为及时译出那些长的公文，最好使用机译而不是人工笔译。

为对上述论证作出评价，回答以下哪个问题最不重要？

A. 是否可以通过对行文风格的统一要求，来避免或至少减少合作译文在风格上的不协调？

B. 根据何种标准可以准确地判定一篇译文的准确率？

C. 机译的准确率是否同样不低于翻译家的笔译？

D. 日常语言表达中是否存在由特殊语境决定的含义，这些含义只有靠人的头脑，而不能靠计算机程序把握？

E.不同的计算机翻译程序,是否也和不同的人工译者一样,会具有不同的行文风格?

【正确答案】 E

【深度解析】 题干结论:为及时译出那些长的公文,最好使用机译而不是人工笔译。

题干前提:针对准确率、速度、风格统一这三个指标,机译优于人工笔译。

对选项作出两个相反方向的回答,分别对"前提 X—结论 Y"的推理过程起到支持、削弱两方面作用,是评价 A 题型正确答案的要求。

A 选项:"是否可以通过对行文风格的统一要求,来避免或至少减少合作译文在风格上的不协调?"若回答"是",可以通过对行文风格的统一要求来避免或至少减少合作译文在风格上的不协调,那么机译在风格统一这个指标要优于人工笔译的优势不复存在,那么对题干论证过程起到了削弱的作用。若回答"不是",不可以通过对行文风格的统一要求来避免或至少减少合作译文在风格上的不协调,那么机译在风格统一这个指标要优于人工笔译的优势继续保留,那么对题干论证过程起到了支持的作用。所以 A 选项有助于对题干论证作出评价。同理,B、C、D 选项也有助于对题干论证作出评价。

E 选项:"不同的计算机翻译程序,是否也和不同的人工译者一样,会具有不同的行文风格?"如果作出否定的回答,不同的计算机翻译程序具有相同的行文风格,那么对题干结论"最好使用机译"起到了支持作用。如果作出肯定的回答,不同的计算机翻译程序具有不同的行文风格,那么我们可以给所有的计算机都安装同一个翻译程序,或者同一篇文章只在一台计算机上翻译,就可以解决这个问题,所以依然对题干结论"最好使用机译"起到支持作用。所以,E 选项不是评价题干论证的重要问题。

综上所述,E 选项是正确答案。

【例 3】 尽管通过一种新 3D 打印技术生产出来的定制的修复用的骨替代物的价格是普通替代物的两倍多,定制的替代物仍然是节约成本的。定制的替代物不仅可以减少手术和术后恢复的时间,而且它更耐用,因而减少再次住院的需要。

为评论以上提出的论述,必须研究以下哪一项?

A.一个病人花在手术中的时间同花在术后恢复的时间的比较。

B.随着生产定制替代物的新技术的出现,生产定制替代物降低的成本数量。

C.同使用普通替代物相比较,使用定制的替代物可以在多大程度上减少再次手术的需要。

D.用新技术生产的替代物比普通替代物生产得更仔细的程度。

E.当生产程度逐渐标准化,并可运用到更大规模上时,用新技术生产的定制替代物的成本将下降的数量。

【正确答案】 C

【深度解析】 题干结论:定制的替代物与普通替代物相比,是节约成本的。

题干前提:定制的替代物是普通替代物价格的两倍多。

定制的替代物更耐用,因而减少再次住院的需要。

请注意,由于题干结论是"定制的替代物是节约成本的",所以题干前提中"定制的替代物可以减少手术和术后恢复的时间"可以忽略,因为与"钱"即"成本"无关。

对选项作出两个相反方向的回答,分别对"前提 X—结论 Y"的推理过程起到支持、削弱两方面作用,是评价 A 题型正确答案的要求。

题干的前提一方面说,定制的替代物是普通替代物价格的两倍多,这样造成成本的增加;而另一方面说定制的替代物更耐用,可以减少再次住院的需要,少住院就可以节约成本,带来成本的减少。题干的总结论是定制的替代物节约成本。如果上述定制替代物造成成本的增加大于成本的减少,则对题干的总结论是削弱作用。如果上述定制替代物造成成本的增加小于成本的减少,则对题干的总结论是支持作用。

C选项:"同使用普通替代物相比较,使用定制的替代物可以在多大程度上减少再次手术的需要。"如果回答"可以极大程度地、趋近于100%地减少再次手术的需要",那么对题干结论起到了支持效果。如果回答"只能极小程度地、趋近于0%地减少再次手术的需要",那么就不应该使用定制的替代物了,定制的替代物就是浪费成本,对题干结论起到了削弱效果。

综上所述,C选项是正确答案。

【例4】 在经历了全球范围的股市暴跌的冲击以后,T国政府宣称,它所经历的这场股市暴跌的冲击,是由于最近国内一些企业过快的非国有化造成的。

以下哪个选项如果事实上是可操作的,最有利于评价T国政府的上述宣称?

A.在宏观和微观两个层面上,对T国一些企业最近的非国有化进程的正面影响和负面影响进行对比。

B.把T国受这场股市暴跌的冲击程度,和那些经济情况与T国类似,但最近没有实行企业非国有化的国家所受到的冲击程度进行对比。

C.把T国受这场股市暴跌的冲击程度,和那些经济情况与T国有很大差异,但最近同样实行了企业非国有化的国家所受到的冲击程度进行对比。

D.计算出在这场股市风波中T国的个体企业的平均亏损值。

E.运用经济计量方法预测T国的下一次股市风波的时间。

【正确答案】 B

【深度解析】 题干结论:T国这场股市暴跌(结果)。

题干前提:T国一些企业过快的非国有化造成的(原因)。

对选项作出两个相反方向的回答,分别对"前提X—结论Y"的推理过程起到支持、削弱两方面作用,是评价A题型正确答案的要求。

B选项:"把T国受这场股市暴跌的冲击程度,和那些经济情况与T国类似,但最近没有实行企业非国有化的国家所受到的冲击程度进行对比。"

对于经济情况与T国类似且最近没有实行企业非国有化的国家而言,如果这些国家股市下跌的程度比T国要轻,则说明T国股市暴跌确实是由于其部分企业过快的非国有化造成的,对题干论证起到支持的效果。

如果这些国家股市下跌的程度和T国一致,或者更严重,则说明T国股市暴跌不是由于其部分企业过快的非国有化造成的,对题干论证起到削弱的效果。

题干加上B选项,构建了一个差比关系。具体如下:

前提:是否实行企业非国有化的差。

结论:股市下跌程度的差。

而"经济情况与T国类似"保证的是"没有他差",是确保这个差比关系存在的前提条件。

综上所述,B选项是正确答案。

二、评价B题型——对题干论证过程进行评价

评价B题型试题要求对题干的论证效果、论证方式和方法、论证意图和目的等进行评价

或描述。

（一）评价B题型的提问方式

1.以下哪个选项最为确切地概括了题干反驳所运用的方法？

2.以下哪个选项最为准确地概括了上述论证中的漏洞？

3.以下哪个选项对题干论证的评价最为恰当？

（二）评价B题型的应对方法

一般来说，评价B题型的题干描述一个有逻辑缺陷的论证过程，而评价B题型的正确选项为概括总结句式，恰当地描述了这一缺陷。

也有可能评价B题型的题干描述一个没有缺陷的论证过程，则此时评价B题型的正确选项描述了该论证过程中运用的方法的特点。

提醒考生注意，逻辑题有五个选项，对于评价B题型而言，注定了有四个选项是与题干的描述不匹配的。所以，一般而言，针对评价B题型，我们需要重点去分析题干本身的逻辑缺陷或论证特点，而不是针对选项逐个分析。

【例1】 20世纪80年代被认为是一个被自私的个人主义破坏了社会凝聚力的时代。但是，这一时代特征在任何时代都有。在整个人类历史发展过程中，所有人类行为的动机都是自私的，从人类行为更深的层次看，即使是最无私的行为，也是对人类自身自私的关心。

以下哪个选项最能揭示上述论证中所存在的缺陷？

A.关于在人类历史中一直有自私存在的断言与论证实际上没有关系。

B.没有统计数据表明人类的自私行为多于人类的无私行为。

C.论证假设自私是当今时代仅有的。

D.论证只提到人类，而没有考虑到其他物种的行为。

E.论证依赖于在两种不同的意义上使用自私这个概念。

【正确答案】 E

【深度解析】 题干从"任何时代都有自私的个人主义"这一特征出发，得出"所有人类行为的动机都是自私的"这个结论。很明显，混淆了前提中的"自私的个人主义"和结论中的"自私"这两个概念。E选项描述了这一缺陷。

综上所述，E选项是正确答案。

【例2】 昨天冬冬和姐姐都病了，病症也类似。平日两人每天下午都在一起玩，因此，两人可能患的是同一种病。冬冬的病症有点像链球菌感染，但他患的肯定不是这种病。因此，姐姐患的病也肯定不是链球菌感染。

以下哪个选项最为准确地概括了上述论证中的漏洞？

A.预先假设了所有证明的结论。

B.颠倒了某个特定现象的结果与原因。

C.把一种判定可能性结论的证据当作判定事实性结论的证据。

D.在缺乏可比性的对象之间进行不当类比。

E.基于某个特例轻率概括出一般性结论。

【正确答案】 C

【深度解析】 题干结论:姐姐患的病也肯定不是链球菌感染

题干前提:两人可能患的是同一种病,冬冬的病症有点像链球菌感染,但他患的肯定不是这种病

题干前提使用了"可能"、"有点像",表达的是可能性前提,而结论使用的是"肯定",表达的是必然性结论。题干论证的缺陷在于,从可能性前提出发,得出了必然性结论。C 选项描述了这一缺陷。

综上所述,C 选项是正确答案。

【例3】 陈经理今天将乘飞机赶回公司参加上午 10 点的重要会议。秘书小张告诉王经理:如果陈经理乘坐的飞机航班被取消,那么他就不能按时到达会场。但事实上该航班正点运行,因此,小张得出结论:陈经理能按时到达会场。王经理回答小张:"你的前提没错,但推理有缺陷。我的结论是:陈经理最终将不能按时到达会场。"

以下哪个选项对上述断定的评价最为恰当?

A.王经理对小张的评论是正确的,王经理的结论也由此被强化。

B.虽然王经理的结论根据不足,但他对小张的评论是正确的。

C.王经理对小张的评论有缺陷,王经理的结论也由此被弱化。

D.王经理对小张的评论是正确的,但王经理的结论是错误的。

E.王经理对小张的评论有偏见,并且王经理的结论根据不足。

【正确答案】 B

【深度解析】 题干已知:如果陈经理乘坐的飞机航班被取消,那么他就不能按时到达会场。即,如果陈经理能按时到达会场,那么陈经理乘坐的飞机航班没有被取消(根据"否定 Q 必否定 P"可知)

事实上该航班正点运行,相当于肯定了飞机航班没有被取消,相当于肯定了 Q,而根据充分条件假言命题的 P 位 Q 位推理规则,肯定 Q 是无法完成必然性推理的,即陈经理有可能按时到达会场,也有可能不能按时到达会场。

很明显,王经理对小张的评论是正确的。王经理得出的结论是"陈经理最终将不能按时到达会场",根据上述分析,这是有可能发生的,所以只能说王经理的结论根据不足,而不能说王经理的结论错误。

综上所述,B 选项是正确答案。

【例4】 某出版社近年来出版物的错字率较前几年有明显的增加,引起了读者的不满和有关部门的批评,这主要是由于该出版社大量引进非专业编辑所致。当然,近年来该社出版物的大量增加也是一个重要原因。

上述议论中的漏洞,也类似地出现在以下哪个选项中?

Ⅰ.美国航空公司近两年来的投诉率比前几年有明显的下降。这主要是由于该航空公司在裁员整顿的基础上,有效地提高了服务质量。当然,"9·11"事件后航班乘客数量的锐减也是一个重要原因。

Ⅱ.统计数据表明:近年来我国心血管病的死亡率,即由心血管病导致的死亡在整个死亡人数中的比例,较前有明显增加,这主要是由于随着经济的发展,我国民众的饮食结构和生活方式发生了容易诱发心血管病的不良变化。当然,由于心血管病主要是老年病,因此,我国人口的老龄化,即人口中老年人比例的增大也是一个重要原因。

Ⅲ.S市今年的高考录取率比去年增加了 15%,这主要是由于各中学狠抓了教育质量。当然,另一个重要原因是,该市今年参加高考的人数比去年增加了 20%。

A. 只有Ⅰ。

B. 只有Ⅱ。

C. 只有Ⅲ。

D. 只有Ⅰ和Ⅲ。

E. Ⅰ、Ⅱ和Ⅲ。

【正确答案】 D

【深度解析】 题干的漏洞在于认为"近年来该社出版物的大量增加是近年来出版物的错字率明显增加的重要原因"。错字率是一个统计分析指标，而出版物量无论多少，都相当于计算这个统计分析指标的样本。无论是大样本还是小样本，其样本的错字率都无限接近真实的错字率，不会因为样本增大而导致其代表的真实错字率增大。

Ⅰ认为，美国航空公司的投诉率下降了，航班乘客数量的锐减是一个重要原因。投诉率是一个统计分析指标，航班乘客数量相当于计算这个统计分析指标的样本。样本大小对于统计分析结果是没有影响的。不会因为样本变小，而导致其反馈的统计分析指标变小。所以，Ⅰ的漏洞同题干。

Ⅱ认为，心血管病的死亡率增加了，我国人口的老龄化，即人口中老年人比例的增大也是一个重要原因。请注意，样本大小的描述，使用的是绝对数（100万、10万）。而"老龄化"是一个相对数（1/5，20％）。很明显，Ⅱ与题干的论证不同的。

Ⅲ认为，高考录取率增加了，参加高考的人数比去年增加了是一个重要原因。高考录取率是一个统计分析指标，参加高考的人数相当于计算这个统计分析指标的样本。样本大小对于统计分析结果是没有影响的。不会因为样本变大，而导致其反馈的统计分析指标变大。所以，Ⅲ的漏洞同题干。

综上所述，D选项是正确答案。

【提醒】 统计分析指标一般用相对数来描述，样本大小用绝对数来描述。

样本大小对于使用相对数描述的统计分析指标是没有影响的。

三、评价C题型——对话体焦点题

两个人对话，提问两个人争论的焦点是什么，称为评价C题型。

(一)评价C题型的提问方式

以下哪个选项最为准确地概括了两人争论的焦点？

(二)评价C题型的应对方法

一般来说，评价C题型的正确答案与第一个说话者的论点有关。所以找到第一个说话者的论点是解题的关键。

【例1】 陈先生：有的学者认为，蜜蜂飞舞时发出的嗡嗡声是一种交流方式，例如，蜜蜂在采花粉时发出的嗡嗡声，是在给同一蜂房的伙伴传递它们正在采花粉位置的信息。但事实上，蜜蜂不必通过这样费劲的方式来传递这样的信息。它们从采花粉处飞回蜂房时留下的气味踪迹，足以引导同伴找到采花粉的地方。

贾女士:我不完全同意你的看法。许多动物在完成某种任务时都可以有多种方式。例如,有些蜂类可以根据太阳的位置,也可以根据地理特征来辨别方位。同样,对于蜜蜂来说,气味踪迹只是它们的一种交流方式,而不是唯一的交流方式。

以下哪个选项最为恰当地概括了陈先生和贾女士所争论的问题?

A. 关于动物行为方式的一般性理论,是否能只基于对某种动物的研究?

B. 对蜜蜂飞舞时发出的嗡嗡声,是否可以有多种不同的解释?

C. 是否只有蜜蜂才有能力向同伴传递位置信息?

D. 蜜蜂在采花粉时发出的嗡嗡声,是否在给同一蜂房的伙伴传递所在位置的信息?

E. 气味踪迹是否为蜜蜂的主要交流方式?

【正确答案】 D

【深度解析】 陈先生的论点:但事实上,蜜蜂不必通过这样费劲的方式来传递这样的信息。

陈先生的论点中有两个代词,"这样费劲的方式"指的是"在采花粉时发出的嗡嗡声","这样的信息"指的是"采花粉位置的信息"。所以陈先生的论点具体地说,是"蜜蜂不必通过采花粉时发出的嗡嗡声来传递采花粉位置的信息"。

贾女士的论点:我不完全同意你的看法。

根据贾女士的论述,贾女士认为,蜜蜂采花粉时发出的嗡嗡声,有可能是在传递采花粉位置的信息,也有可能不是在传递采花粉位置的信息。

所以,二者争论的焦点在于,蜜蜂在采花粉时发出的嗡嗡声,是否在给同一蜂房的伙伴传递所在位置的信息。D 选项很好地说明了这一点。

综上所述,D 选项为正确答案。

【例 2】 张教授:和谐的本质是多样性的统一。自然界是和谐的,例如没有两片树叶是完全相同的。因此,克隆人是破坏社会和谐的一种潜在危险。

李研究员:你设想的那种危险是不现实的,因为一个人和他的克隆复制品完全相同的仅仅是遗传基因。克隆人在成长和受教育的过程中,必然在外形、个性和人生目标等诸方面形成自己的不同特点。如果说克隆人有可能破坏社会和谐的话,我认为一个现实危险是,有人可能把他的克隆复制品当作自己的活"器官银行"。

以下哪个选项最为恰当地概括了张教授与李研究员争论的焦点?

A. 克隆人是否会破坏社会的和谐?

B. 一个人和他的克隆复制品的遗传基因是否可能不同?

C. 一个人和他的克隆复制品是否完全相同?

D. 和谐的本质是否为多样性的统一?

E. 是否可能有人把他的克隆复制品当作自己的活"器官银行"?

【正确答案】 C

【深度解析】 张教授从"和谐的本质是多样性的统一"出发,得出"克隆人是破坏社会和谐的一种潜在危险"的结论。其推理过程基于一个隐藏的假设,即"一个人和他的克隆复制品是完全相同的"。

李研究员认为,一个人和他的克隆复制品仅仅是遗传基因完全相同,而在外形、个性和人生目标等诸方面不同,所以总结起来,一个人和他的克隆复制品是不完全相同的。

二者争论的焦点在于,一个人和他的克隆复制品是否完全相同。C 选项很好地说明了这一点。

综上所述,C选项为正确答案。

本章练习

1. 司机:有经验的司机完全有能力并习惯以每小时 120 公里的速度在高速公路上安全行驶。因此,高速公路上的最高时速不应由 120 公里改为现在的 110 公里,因为这既会不必要地降低高速公路的使用效率,也会使一些有经验的司机违反交规。

   交警:每个司机都可以在法律规定的速度内行驶,只要他愿意。因此,把对最高时速的修改说成是某些违规行为的原因,是不能成立的。

   以下哪个选项最为准确地概括了上述司机和交警争论的焦点?

   A. 上述对高速公路最高时速的修改是否必要。

   B. 有经验的司机是否有能力以每小时 120 公里的速度在高速公路上安全行驶。

   C. 上述对高速公路最高时速的修改是否一定会使一些有经验的司机违反交规。

   D. 上述对高速公路最高时速的修改实施后,有经验的司机是否会在合法的时速内行驶。

   E. 上述对高速公路最高时速的修改,是否会降低高速公路的使用效率。

2. 据一项美国的统计显示,在婚后的 20 年中,妇女的体重平均增加了 15 千克,男子的体重平均增加了 12 千克。因此,结婚是人变得肥胖的重要原因。

   为了对上述论证作出评价,回答以下哪个问题最为重要?

   A. 为什么这项统计要选择 20 年这个时间段作为依据? 为什么不选择其他时间段,例如为什么不是 12 年或 14 年?

   B. 在上述统计中,婚后体重减轻的人有没有? 如果有的话,占多大的比例?

   C. 在被统计对象中,男女各占多少比例?

   D. 这项统计的对象是平均体重较重的北方人? 还是平均体重较轻的南方人? 如果二者都有的话,各占多少比例?

   E. 在上述 20 年中,处于相同年龄段的单身男女的体重增减状况是怎样的?

3. 去年经纬汽车专卖店调高了营销人员的营销业绩奖励比例,专卖店李经理打算新的一年继续执行该奖励比例,因为去年该店的汽车销售数量较前年增加了 16%。陈副经理对此持怀疑态度。她指出,他们的竞争对手并没有调整营销人员的奖励比例,但在过去的一年也出现了类似的增长。

   以下哪个选项最为恰当地概括了陈副经理的质疑方法?

   A. 运用一个反例,否定李经理的一般性结论。

   B. 运用一个反例,说明李经理的论据不符合事实。

   C. 运用一个反例,说明李经理的论据虽然成立,但不足以推出结论。

   D. 指出李经理的论证对一个关键概念的理解和运用有误。

   E. 指出李经理的论证中包含自相矛盾的假设。

【4～5 基于以下同一个题干】

张教授:有的歌星的一次出场费比诺贝尔奖奖金还高,这是不合理的。一般地说,诺贝尔奖得主对人类社会的贡献,要远高于这样那样的明星。

李研究员:你忽视了歌星的酬金是一种商业回报,他的一次演出,可能为他的老板带来上千万元的利润。

张教授:按照你的逻辑,诺贝尔基金就不应该设立,因为诺贝尔在生前不可能获益于他的理论贡献。

4. 以下哪个选项最为恰当地概括了张教授和李研究员争论的焦点?

 A. 诺贝尔奖得主是否应当比歌星有更高的个人收入?

 B. 商业回报是否可以成为一种正当的个人收入?

 C. 是否存在判别个人收入合理性的标准?

 D. 什么是判别个人收入合理性的标准?

 E. 诺贝尔基金是否应当设立?

5. 以下哪个选项最为恰当地指出了张教授反驳中的漏洞?

 A. 张教授的反驳夸大了不合理个人收入的不良后果。

 B. 张教授的反驳忽视了:降低歌星的酬金,意味着增加老板的利润,这是一种更大的不公正。

 C. 张教授的反驳忽视了:巨额的出场费只属于个别当红歌星。

 D. 张教授的反驳忽视了:诺贝尔生前虽然没有从设立诺贝尔基金获益,但他被后人永远铭记。

 E. 张教授的反驳忽视了:商业回报不是个人收益的唯一形式。

6. 以下是在一场关于"安乐死是否应合法化"辩论中正反方辩手的发言:

 正方:反方辩友反对"安乐死合法化"的根据主要是在什么条件下方可实施安乐死的标准不易掌握,这可能会给医疗事故甚至谋杀造成机会,使一些本来可以挽救的生命失去最后的机会。诚然,这样的风险是存在的,但是我们怎么能设想干任何事都排除所有风险呢?让我提出一个问题,我们为什么不把法定的汽车时速限制为不超过自行车,这样汽车交通死亡事故发生率不是几乎可以下降到 0 吗?

 反方:对方辩友把安乐死和交通死亡事故作以上的类比是毫无意义的。因为不可能有人会设立这样的交通法规。设想一下,如果汽车行驶得和自行车一样慢,那还要汽车干什么?对方辩友,你愿意我们的社会再回到没有汽车的时代?

 以下哪个选项最为确切地评价了反方的言论?

 A. 他的发言实际上支持了正方的论证。

 B. 他的发言有力地反驳了正方的论证。

 C. 他的发言有力地支持了反安乐死的立场。

 D. 他的发言完全离开了正方阐述的论题。

 E. 他的发言是对正方的人身攻击而不是对正方论证的评价。

7. 除非像给违反交通规则的机动车一样出具罚单,否则在交通法规中禁止自行车闯红灯是没有意义的。因为一项法规要有意义,必须能有效制止它所禁止的行为。但是上述法规对于那些经常闯红灯的骑车者来说显然没有约束力,而对那些习惯于遵守交通法规的骑车者来说,即使没有这样的法规,他们也不会闯红灯。

 以下哪个选项最为恰当地指出了上述论证的漏洞?

 A. 不当地假设大多数机动车驾驶员都遵守禁止闯红灯的交通法规。

 B. 在前提和结论中对"法规"这一概念的含义没有保持同一。

 C. 忽视了这种可能性:一个法规若运用过于严厉的惩戒手段,即使有效地制止了它所禁止的行为,也不能认为是有意义的。

 D. 没有考虑上述法规对于有时但并不经常闯红灯的骑车者所产生的影响。

E. 没有论证闯红灯对于公共交通的危害。

8. 人们对于搭乘航班的恐惧其实是毫无道理的。据统计,仅 1995 年,全世界死于地面交通事故的人数超出 80 万,而在自 1990～1999 年的 10 年间,全世界平均每年死于空难的还不到 500人,而在这 10 年间,我国平均每年罹于空难的还不到 25 人。

为了评价上述论证的正确性,回答以下哪个问题最为重要?

A. 在上述 10 年间,我国平均每年有多少人死于地面交通事故?

B. 在上述 10 年间,我国平均每年有多少人加入地面交通? 有多少人加入航运?

C. 在上述 10 年间,全世界平均每年有多少人加入地面交通? 有多少人加入航运?

D. 在上述 10 年间,1995 年全世界死于地面交通事故的人数是否是最高的?

E. 在上述 10 年间,哪一年死于空难的人数最多? 人数是多少?

9. 在一次聚会上,10 个吃了水果色拉的人中,有 5 个很快出现了明显的不适。吃剩的色拉立刻被送去检验。检验的结果不能肯定其中存在超标的有害细菌。因此,食用水果色拉不是造成食用者不适的原因。

如果上述检验结果是可信的,则以下哪个选项指出了上述论证中的漏洞?

A. 题干的论证是成立的。

B. 题干的论证有漏洞,因为它把事件的原因,当作该事件的结果。

C. 题干的论证有漏洞,因为它没有考虑到这种可能性:那些吃了水果色拉后没有很快出现不适的人,过不久也出现了不适。

D. 题干的论证有漏洞,因为它没有充分利用一个有力的论据:为什么有的水果色拉食用者没有出现不适?

E. 题干的论证有漏洞,因为它把缺少证据证明某种情况存在,当作有充分证据证明某种情况不存在。

10. 陈先生:未经许可侵入别人的电脑,就好像开偷来的汽车撞伤了人,这些都是犯罪行为。但后者性质更严重,因为它既侵占了有形财产,又造成了人身伤害;而前者只是在虚拟世界中捣乱。

林女士:我不同意。例如,非法侵入医院的电脑,有可能扰乱医疗数据,甚至危及病人的生命。因此,非法侵入电脑同样会造成人身伤害。

以下哪个选项最为准确地概括了两人争论的焦点?

A. 非法侵入别人的电脑和开偷来的汽车是否同样会危及人的生命?

B. 非法侵入别人电脑和开偷来的汽车伤人是否都构成犯罪?

C. 非法侵入别人电脑和开偷来的汽车伤人是否为同样性质的犯罪?

D. 非法侵入别人电脑的犯罪性质和开偷来的汽车伤人一样严重?

E. 是否只有侵占有形财产才构成犯罪?

 本章练习深度解析

1.【答案】 C

【深度解析】 司机认为:高速公路上的最高时速不应由 120 公里改为现在的 110 公里,因为这既会不必要地降低高速公路的使用效率,也会使一些有经验的司机违反交规。

由于交警的论述没有涉及"高速公路的使用效率"问题,所以可以把司机的结论化简为"高速公路上的最高时速由 120 公里改为现在的 110 公里会使一些有经验的司机违反交规"。

交警认为:只要愿意,每个司机(包含有经验的司机)都可以在法律规定的速度(最高时速 110 公里)内行驶。所以,最高时速 110 公里的规定,不是司机违规行为的原因。

二者争论的焦点在于,现在的 110 公里的最高限速,会不会使一些有经验的司机违反交规。C 选项说明了这一点。

有些考生选择了具有一定迷惑性的 A 选项,则是没有弄清楚上述论证过程。误选的考生,请体会上述分析过程。

综上所述,C 选项为正确答案。

2.【答案】　E

【深度解析】　题干结论:结婚是人变得肥胖的重要原因。

题干前提:在婚后的 20 年中,妇女的体重平均增加了 15 千克,男子的体重平均增加了 12 千克。

对选项作出两个相反方向的回答,分别对"前提 X—结论 Y"的推理过程起到支持、削弱两方面作用,是评价 A 题型正确答案的要求。

E 选项:"在上述 20 年中,处于相同年龄段的单身男女的体重增减状况是怎样的?"

如果在上述 20 年中,处于相同年龄段的单身男女的体重增长,妇女的体重增长平均值低于 15 千克,男子的体重增长平均值低于 12 千克,则说明结婚是人变得肥胖的重要原因。对题干论述起到支持的效果。

如果在上述 20 年中,处于相同年龄段的单身男女的体重增长,妇女的体重增长平均值高于 15 千克,男子的体重增长平均值高于 12 千克,则说明结婚不是人变得肥胖的重要原因。对题干论述起到削弱的效果。

综上所述,E 选项为正确答案。

3.【答案】　C

【深度解析】　李经理的结论:新的一年继续执行调高后的营销人员的营销业绩奖励比例

李经理的论据:去年该店的汽车销售数量较前年增加了 16%。

陈副经理的质疑用的是反例的方法。

李经理的结论是一个具体结论,而不是一个一般性结论,所以 A 选项排除。

李经理的论据很明显是一个客观事实,所以 B 选项排除。

C 选项的表达是恰当的,陈副经理运用一个反例,说明李经理的论据虽然成立,但不足以推出结论。

综上所述,C 选项为正确答案。

4.【答案】　D

【深度解析】　张教授认为,应该根据对人类社会贡献的大小来获取收入。由于歌星对人类社会的贡献一般来说小于诺贝尔奖得主,所以歌星的一次出场费比诺贝尔奖奖金还高是不合理的。

李研究员认为,歌星是根据为老板带来的商业利润多寡来获得收入的,是一种商业回报。由于歌星为他的老板带来上千万元的利润,所以他们获取较高的收入(比诺贝尔奖奖金还高)是具有合理性的。

所以,二者争论的焦点在于,究竟什么是判别个人收入合理性的标准。D 选项描述了这个问题。

综上所述,D选项为正确答案。

5.【答案】 E

【深度解析】 李研究员:你忽视了歌星的酬金是一种商业回报,他的一次演出,可能为他的老板带来上千万元的利润。

张教授:按照你的逻辑,诺贝尔基金就不应该设立,因为诺贝尔在生前不可能获益于他的理论贡献。

张教授所反驳的观点是:商业回报是个人收益的唯一形式。而李研究员认为歌星的酬金是一种商业回报,但他并没有认为商业回报是个人收益的唯一形式。张教授的反驳忽视了这一点。E选项描述了这一漏洞。

综上所述,E选项为正确答案。

6.【答案】 A

【深度解析】 正方支持安乐死合法化。正方认为,做任何事都有风险,不能为了避免风险就不做某件事情。正如法定的汽车时速限制很明显是超过自行车的,这样有风险,但我们不会为了避免这个风险,规定汽车时速限制为不超过自行车。

反方说,"设想一下,如果汽车行驶得和自行车一样慢,那还要汽车干什么?"反方的意思是,汽车不应该行驶得和自行车一样慢,汽车的时速限制应该超过自行车。所以实际上,反方支持了正方的论证。

综上所述,A选项为正确答案。

7.【答案】 D

【深度解析】 关于"自行车闯红灯"一共有三类人:

第一类:经常闯红灯的骑车者;

第二类:从不闯红灯的骑车者(遵守交通法规的骑车者);

第三类:偶尔闯红灯的骑车者。

题干只论述了上述法规对于第一类人、第二类人不适用,便得出结论:该法规是没有意义的。其漏洞在于,并未分析该法规对于第三类人的作用。

综上所述,D选项为正确答案。

8.【答案】 C

【深度解析】 题干结论:人们对于搭乘航班的恐惧其实是毫无道理的(航运的安全性高)。

题干前提:(1)仅1995年,全世界死于地面交通事故的人数超出80万;

(2)自1990～1999年的10年间,全世界平均每年死于空难的还不到500人;

(3)在这10年间,我国平均每年罹于空难的还不到25人。

对选项作出两个相反方向的回答,分别对"前提 X—结论 Y"的推理过程起到支持、削弱两方面作用,是评价 A 题型正确答案的要求。

题干比较了两种交通方式"航运"和"地面交通",得出"航运的安全性高"的结论。请注意,"安全性"不能用事故的绝对数来判断,而应该根据"事故率"这个相对数来判断。

某交通方式的事故率,等于某交通方式的事故人数,除以加入某交通方式的总人数,乘以100%。

而题干只给了断定"航运"和"地面交通"这二者事故率的关于"全世界"的、在1995年的两个分子,没有给分母。C选项:"在上述10年间,全世界平均每年有多少人加入地面交通,有多少人加入航运?"对C选项作出回答后,我们便得到了两种交通方式关于全世界的两个总人数,进而可以判断出二者的事故率。如果全世界航运的事故率低于全世界地面交通的事故率,那么对于题干结论"航运的安全性高"起到了支持作用。如果全世界航运的事故率高于全世界地面交通的事故率,那么对于题干结论"航运的安全性高"起到了削弱作用。根据分析,C 选项对于评价题干论证的正确性是重要的。

请注意,题干只给出了"我国"关于"航运"的计算事故率的分子,即"我国"平均每年罹于空难的人数。如果要基于"我国"来判断两种交通方式的安全性,需要补充三个数据:(1)"我国"平均每年死于地面交通的人数;(2)"我国"平均每年使用地面交通的总人数;(3)"我国"平均每年使用航运的总人数。所以答案很明显应该与"我国"无关,而与"全世界"有关。

同时提醒考生注意,"我国"与"中国"是不同的两个概念,要提防选项出现"偷换概念"的陷阱。

综上所述,C 选项是正确答案。

9.【答案】 E

【深度解析】 题干结论:食用水果色拉不是造成食用者不适的原因。

题干前提:吃剩的色拉立刻被送去检验,检验的结果不能肯定其中存在超标的有害细菌。

题干前提说"不能肯定其中存在超标的有害细菌",表达的是一个可能性判断,题干结论说"不是造成食用者不适的原因",表达的是一个必然性判断。题干论证的缺陷在于,从可能性前提出发,得出了必然性结论。换一个说法,题干从"缺少证据证明某种情况存在"的可能性前提出发,得出"有充分证据证明某种情况不存在"的确定性结果。E 选项描述了这一缺陷。

综上所述,E 选项是正确答案。

10.【答案】 D

【深度解析】 陈先生的论点:开偷来的汽车撞伤了人比未经许可侵入别人的电脑性质更严重。

林女士的论点:我不同意。

所以两个人争论的焦点是这二者的严重程度问题。D 选项说明了这一点。

C 选项具有一定的迷惑性。如果把题干中,陈先生的论点改为"但这二者的性质相同",则选择 C 选项。请体会这一点。

综上所述,D 选项是正确答案。

第十一章　解　释

一、解释题型的特征

题干给出一段关于某些事实或现象的客观描述,要求考生对这些事实、现象作出解释,或者对表面似乎矛盾实际上并不矛盾的现象,要求找到能够解释的选项。

二、解释题型的提问方式

1.以下哪个选项如果为真,能最好地解释上面的矛盾?
2.以下哪个选项如果为真,最不能解释题干中的矛盾?
3.以下哪个选项如果为真,最有助于解释上述的结论?

三、解释题型的应对方法

1.解释题型解释的对象包括:解释结果、解释原因、解释现象、解释差异、解释矛盾,其中解释矛盾是较常见的考法。解释矛盾的关键在于,确认题干的矛盾之所在。

2.解释题型的正确答案同样需满足话题一致,至少相关。

3.解释题型在题干中描述事物现象间表面上的矛盾或差异,而本质上这种矛盾是不存在的。这种表面上的矛盾,或者是因为同一个事物的两个不同方面造成的,或者是因为题干所探讨的是两个不同的对象,或者是其他某些没考虑到的原因造成的。

4.解释题型有时需要一些相关的背景知识,但这些知识大多属于语言常识和一般性常识,并且已经在题干或选项中给出,只是要求从中做一些选择和判断而已。

【例1】　当一只鱼鹰捕捉到一条白鲢、一条草鱼或一条鲤鱼而飞离水面时,往往会有许多鱼鹰几乎同时跟着飞聚到这一水面捕食。但是,当一只鱼鹰捕捉到的是一条鲶鱼时,这种情况却很少出现。

以下哪个选项如果为真,最能合理地解释上述现象?

A. 草鱼或鲤鱼比鲶鱼更符合鱼鹰的口味。

B. 在鱼鹰捕食的水域中,白鲢、草鱼和鲤鱼比较多见,而鲶鱼比较少见。

C. 在鱼鹰捕食的水域中,白鲢、草鱼和鲤鱼比较少见,而鲶鱼比较多见。

D. 白鲢、草鱼或鲤鱼经常成群出现,而鲶鱼则没有这种习性。

E. 白鲢、草鱼和鲤鱼比鲶鱼更易被鱼鹰捕捉。

【正确答案】　D

【深度解析】　题干描述了一组矛盾现象。这组矛盾现象中都有鱼鹰,差别在于"白鲢、草鱼、鲤鱼"和"鲶鱼"。所以解析的关键在于"白鲢、草鱼、鲤鱼"和"鲶鱼"之间有一个差异之处。

D选项描述了二者之间的区别。

综上所述,D选项为正确答案。

【例2】　烟草业仍然是有利可图的。在中国,尽管今年吸烟者中成人人数减少,烟草生产商销售的烟草总量还是增加了。

以下哪个选项不能用来解释烟草销售量的增长和吸烟者中成人人数的减少?

A.今年开始吸烟的妇女数量多于戒烟的男子数量。

B.今年开始吸烟的少年数量多于同期戒烟的成人数量。

C.今年非吸烟者中咀嚼烟草及嗅鼻烟的人多于戒烟者。

D.今年和往年相比,那些有长年吸烟史的人平均消费了更多的烟草。

E.今年中国生产的香烟中用于出口的数量高于往年。

【正确答案】　A

【深度解析】　关注提问,就可以选出答案。

提问:"哪项不能用来解释烟草销售量的增长和吸烟者中成人人数的减少?"

提问中已经指出"吸烟者中成人人数的减少"。A选项:"今年开始吸烟的妇女数量多于戒烟的男子数量。"妇女都是成年人,而男子包括男性成年人和未成年人。如果开始吸烟的妇女数量多于戒烟的男子数量,将导致吸烟的成人人数增加,所以不能解释。

再分析B、C、D、E为何可以解释题干矛盾。

题干描述了一组矛盾现象:

吸烟者中成人人数减少——烟草销售的总量增加

B选项:"今年开始吸烟的少年数量多于同期戒烟的成人数量。"说明吸烟的人数变多,有助于解释烟草销售的总量增加。

C选项:"今年非吸烟者中咀嚼烟草及嗅鼻烟的人多于戒烟者。"说明以"吸烟"以外的方式"咀嚼烟"和"嗅鼻烟"对烟草的消费量变大了,有助于解释烟草销售的总量增加。

D选项:"今年和往年相比,那些有长年吸烟史的人平均消费了更多的烟草。"说明一部分消费者的烟草人均消费量变大了,有助于解释烟草销售的总量增加。

E选项:"今年中国生产的香烟中用于出口的数量高于往年。"说明通过出口的方式增加了烟草销售量,有助于解释烟草销售的总量增加。

综上所述,A选项为正确答案。

【例3】　以优惠价出售日常家用小商品的零售商通常有上千雇员,其中大多数只能领取最低工资。随着国家法定的最低工资额的提高,零售商的人力成本也随之大幅度提高。但是,零售商的利润非但没有降低,反而提高了。

以下哪个选项如果为真,最有助于解释上述看来矛盾的现象?

A.上述零售商的基本顾客,是领取最低工资的人。

B.人力成本只占零售商的经营成本的一半。

C.在国家提高最低工资额的法令实施后,除了人力成本以外,其他零售经营成本也有所提高。

D.零售商的雇员有一部分来自农村,他们基本都拿最低工资。

E.在国家提高最低工资额的法令实施后,零售商降低了某些高薪雇员的工资。

【正确答案】　A

【深度解析】　题干描述了一组矛盾现象:

零售商的人力成本提高——零售商的利润提高

利润 ＝ 收入－成本

所以这一组矛盾只能按照两个思路解释：

第一，零售商的收入提高了；

第二，零售商人力成本以外的成本降低了。

A 选项："上述零售商的基本顾客，是领取最低工资的人。"随着最低工资额的提高，这些基本顾客的购买力提升，这有助于解释零售商的收入提高。

B 选项："人力成本只占零售商的经营成本的一半。"这既无助于解释零售商的收入提高，也无助于解释零售商人力成本以外的成本降低。B 选项是个无关项。

C 选项："在国家提高最低工资额的法令实施后，除了人力成本以外，其他零售经营成本也有所提高。"这会导致人力成本以外的成本上升，加剧了题干的矛盾，不能解释。

D 选项："零售商的雇员有一部分来自农村，他们基本都拿最低工资。"题干关于零售商的人力成本已经给出了总结性结论："零售商的人力成本也随之大幅度提高"，所以 D 选项无助于解释题干的矛盾。

E 选项："零售商降低了某些高薪雇员的工资。"题干关于零售商的人力成本已经给出了总结性结论："零售商的人力成本也随之大幅度提高"，E 选项说明的是零售商的人力成本内部的结构性变化，无助于解释题干的矛盾。

综上所述，A 选项为正确答案。

【例 4】 2010 年某省物价总水平仅上涨 2.4％，涨势比较温和，涨幅甚至比 2009 年回落了 0.6 个百分点。可是，普通民众觉得物价涨幅较高，一些统计数据也表明，民众的感觉有据可依。2010 年某月的统计报告显示，该月禽蛋类商品价格涨幅 12.3％，某些反季节蔬菜涨幅甚至超过 20％。

以下哪项如果为真，最能解释上述看似矛盾的现象？

A. 人们对数据的认识存在偏差，不同来源的统计数据会产生不同的结果。

B. 影响居民消费品价格总水平变动的各种因素互相交织。

C. 虽然部分日常消费品涨幅很小，但居民感觉很明显。

D. 在物价指数体系中占相当权重的工业消费品价格持续走低。

E. 不同的家庭，其收入水平、消费偏好、消费结构都有很大的差异。

【正确答案】 D

【深度解析】 题干描述了一组矛盾现象：

物价总水平涨势比较温和——禽蛋类商品、反季节蔬菜价格涨幅较大

这一组矛盾解释的关键在于说明，禽蛋类商品、反季节蔬菜只是计算物价总水平的一部分商品，禽蛋类商品、反季节蔬菜以外的其他商品价格涨幅是不大的。

D 选项说明，工业消费品在物价指数体系中的权重大，并且价格持续走低，所以没有大的涨幅，有助于解释题干矛盾。

综上所述，D 选项为正确答案。

【例 5】 研究表明，很少服用抗生素的人比经常服用抗生素的人有更强的免疫力。然而，没有证据表明，服用抗生素会削弱免疫力。

以下哪个选项如果为真，最能解释题干中似乎存在的不一致？

A. 抗生素药物对于治疗病毒引起的疾病没有疗效。

B. 抗生素药物的价格比较贵,病人只在病重时才服用抗生素药物。

C. 尽管抗生素会产生许多副作用,有些人依然不断使用这类药物。

D. 免疫力差的人,如果不服用抗生素药物,很难从细菌感染的疾病中恢复过来。

E. 免疫力强的人很少感染上人们通常需要用抗生素进行治疗的疾病。

【正确答案】 E

【深度解析】 题干描述了一组矛盾现象:

因为很少服用抗生素,所以有更强的免疫力——没有证据表明,服用抗生素会削弱免疫力

这一组矛盾解释的关键在于说明,题干中的"研究表明"很有可能是"因果倒置":是因为有更强的免疫力,所以很少服用抗生素。

D 和 E 选项都能说明这一点,关键在于比较哪个的力度更大。

D 选项:"免疫力差的人,如果不服用抗生素药物,很难从细菌感染的疾病中恢复过来。"这个表述中,有两处可以判断 D 选项的解释力度小。

第一,"很难"从细菌感染的疾病中恢复,从"很难"出发,我们只能推出免疫力差的人"很可能"要服用抗生素药物才能从细菌感染的疾病中恢复,而不是"一定"要服用抗生素药物才能从细菌感染的疾病中恢复。如果把 D 选项的"很难"改为"不能",那么力度就变大了。

第二,很难从"细菌感染的"疾病中恢复,D 选项在"疾病"之前增加了一个限制性定语"细菌感染的",使得"疾病"的外延变小了。如果把 D 选项的"细菌感染的"删除,改为"如果不服用抗生素药物,很难从疾病中恢复过来",那么力度就变大了。

根据以上分析,D 选项的力度较小,E 选项的解释效果更强。

综上所述,E 选项为正确答案。

【例 6】 事实 1:电视广告变得越来越无效:观众能回忆起来的在电视上做促销的品牌名字的比例在慢慢降低。

事实 2:电视观众回忆起在一组连续的商业广告中播放的第一个或最后一个广告的情况要比他们回忆起中间某一个地方播放的广告的情况好得多。

如果以下哪一项也是正确的,事实 2 将很可能为事实 1 作出一个解释?

A. 目前一般的电视观众只能回忆起他或她看到的在电视上做促销的不到一半的品牌。

B. 分配给每一组连续电视广告的总时间逐渐减少。

C. 人们每天花在看电视上的平均小时数逐渐减少。

D. 每小时电视播放连续广告的组数逐渐增加。

E. 一组连续广告中电视广告的平均数量逐渐增加。

【正确答案】 E

【深度解析】 "事实 1"说的是,广告无效。

"事实 2"说的是,一组连续广告中第一个或最后一个广告有效,中间的广告无效。

注意提问方式,"事实 2 将很可能为事实 1 作出一个解释"。这说明,题干需要说明的是事实 1,即总体来看,广告是无效的。

假设一组广告的数量为 2,即只有一头一尾两只广告,则此时广告的有效性是 100%;假设一组广告的数量为一亿,则此时广告的有效性无限趋近 0%。所以要说明总体上广告是无效的,那么解释的思路就是表述一组广告的数量是非常多的。

E 选项很好地表达了上述解释思路。

综上所述,E 选项为正确答案。

【例7】 日本脱口秀表演家金语楼曾获多项专利。有一种在打火机上装一个小抽屉代替烟灰缸的创意，在某次创意比赛中获得了大奖，且备受大家推崇。比赛结束后，东京的一家打火机制造厂家将此创意进一步开发成产品推向市场，结果销路并不理想。

以下哪个选项如果为真，能最好地解释上面的矛盾？

A. 某家烟灰缸制造厂商在同期推出了一种新型的烟灰缸，吸引了很多消费者。

B. 这种新型打火机的价格比普通的打火机贵 20 日元，有的消费者觉得并不值得。

C. 许多抽烟的人觉得随地弹烟灰既不雅观，也不卫生，还容易烫坏衣服。

D. 参加创意比赛后，很多厂家都选择了这项创意来开发生产，几乎同时将产品推向市场。

E. 作为一个脱口秀表演家，金语楼曾经在他主持的电视节目上介绍过这种新型打火机的奇妙构思。

【正确答案】 D

【深度解析】 题干描述了一组矛盾现象：

附带烟灰缸功能的打火机的创意备受推崇——某家打火机制造厂家将此创意进一步开发成产品推向市场，结果销路并不理想

C 选项："许多抽烟的人觉得随地弹烟灰既不雅观，也不卫生，还容易烫坏衣服。"而附带烟灰缸功能的打火机刚好解决了这个问题，从 C 选项出发，这种新型打火机应该热卖。所以 C 选项无助于解释题干矛盾，反而加剧了矛盾。

E 选项："金语楼曾经在他主持的电视节目上介绍过这种新型打火机的创意"，相当于为这种新型打火机做了广告，从 E 选项出发，这种新型打火机也应该卖得很好。E 选项也无助于解释题干矛盾，反而加剧了矛盾。

A、B、D 选项都能解释这一组矛盾，关键在于判断哪个的力度更大。

B 选项："贵 20 日元，有的消费者觉得并不值得"，这里的"有的消费者"也许数量很少，所以对题干解释的力度是有限的。

A 选项和 D 选项表达的都是"有竞争对手"。A 选项说的是"某家烟灰缸制造厂商"，而 D 选项说的是"很多厂家"，所以 D 选项说明了竞争更激烈，D 选项的力度比 A 选项的力度大。

综上所述，D 选项为正确答案。

【例8】 在某集团财务部收款科的 5 名账单收款员中，王先生收款的不成功率最高。然而王先生是收款科的职员中最好的账单收款员。

下面哪一项如果正确，最有助于解释上述短文中的明显分歧？

A. 这个收款科的大多数最困难的事情都是派王先生去做的。

B. 收款科中的其他 4 名收款员都认为王先生是一个非常能干的账单收款员。

C. 王先生在过去的几年内，每年收款成功的比率都相当地稳定。

D. 在加入收款科之前，王先生是一个大百货公司的信贷部的一名职员。

E. 王先生的人缘是整个收款科里面最好的。

【正确答案】 A

【深度解析】 题干描述了一组矛盾现象：

王先生收款的不成功率最高——王先生是最好的账单收款员

A 选项说明，收款科的职员分配工作任务的时候，任务之间的难易程度是不同的，王先生分派的是最困难的任务，所以尽管他是最好的账单收款员，收款的不成功率却是最高的。A 选项很好地解释了题干的矛盾。

综上所述,A 选项为正确答案。

【例9】 我国有 2 000 万家庭靠生产蚕丝维持生计,出口量占世界市场的 3/4。然而近年来丝绸业面临出口困境:丝绸形象降格,出口数量减少,又遇到亚洲的一些竞争对手,有些国家还对丝绸进口实行了配额,这无疑对我国丝绸业是一个打击。

以下哪个选项不是造成上述困境的原因?

A.丝绸行业的决策者不认真研究国际行情,缺乏长远打算,只追求短期效益。

B.几年来国内厂家一门心思提高丝绸产量,而忘记了质量。

C.中国的丝绸技术传到了国外,使丝绸市场有了竞争对手。

D.丝绸是人们非常喜欢的一种夏季面料,穿着凉爽、舒适。

E.加剧的竞争和大大增加的产量使丝绸从充满异国情调的商品变成了很平常的东西。

【正确答案】 D

【深度解析】 A、B、C、E 选项说明的是造成丝绸业困境的原因,而 D 选项:"丝绸是人们非常喜欢的一种夏季面料,穿着凉爽、舒适。"表达的是丝绸业的一个优势,从 D 选项出发,不会造成丝绸业的困境。

综上所述,D 选项为正确答案。

本章练习

1.大投资的所谓巨片的票房收入,一般是影片制作与商业宣传总成本的两至三倍。但是电影产业的年收入大部分来自中小投资的影片。

以下哪个选项如果为真,最能解释题干的现象?

A.票房收入不是评价影片质量的主要标准。

B.大投资的巨片中确实不乏精品。

C.大投资巨片的票价明显高于中小投资影片。

D.对观众的调查显示,大投资巨片的平均受欢迎程度并不高于中小投资影片。

E.投入市场的影片中,大部分是中小投资的影片。

2.基于具有大学入学年龄的人数量日益减少,很多大学现在预测每年新生班级人数会越来越少。然而莱斯顿大学的管理者们对今年比前一年增加了 45% 的合格申请者感到惊讶,因此计划准备为所有新生开设的课程雇佣更多的教职员工。

以下哪个选项关于莱斯顿大学目前合格的申请者的论述如果是正确的,将最有力地解释那些管理者们的计划是有缺陷的?

A.比通常的计划比例高得多的人从大学毕业后攻读更高的学位。

B.根据他们的申请,他们参与课外活动和大学生代表团运动项目的水平非常高。

C.根据他们的申请,没有一个人居住在外国。

D.在他们申请的大学中把莱斯顿大学作为第一选择的比例比通常比例低得多。

E.比通常比例低得多的学生将数学列为他们期望的专业。

3.重庆有一个非常受欢迎的餐馆,最近将一种菜的单价从过去的 58 元提高到 88 元,销售仍然不错。然而,在提价的一周之内,几个服务员陆续辞职不干了。

下列哪项最能解释上述现象?

A.菜品的提价对店员们的工资水平并没有影响。

B. 提高价格使该店不能继续保持良好的市场占有率。

C. 尽管提价了,该店的此种菜品仍然比其他店卖得便宜。

D. 菜价的提高并不能解决原材料涨价带来的利润下降问题,店主只好降低员工工资。

E. 菜品的口味更受欢迎了。

4. 由于近期的干旱和高温,导致海湾盐度增加,引起了许多鱼的死亡。蟹虽然可以适应高盐度,但盐度高也给养蟹场带来了不幸。

以下哪个选项如果为真,能够解释以上现象的原因?

A. 一些鱼会游到低盐度的海域去,来逃脱死亡的厄运。

B. 持续的干旱会使海湾的水位下降,这已经引起了有关机构的注意。

C. 幼蟹吃的有机物在盐度高的环境下几乎难以存活。

D. 水温升高会使蟹更快速地繁殖。

E. 鱼多的海湾往往蟹也多,蟹少的海湾鱼也不多。

5. 一场严重的旱灾事实上会减少美国农民作为整体所得到的政府补助总额。如果有的话,政府支付给农民的补助是每蒲式耳粮食实际出售时的市场价格与预定目标价格之差。例如 1983 年的旱灾,使农场计划的支付额减少了 100 亿美元。

给定以上的信息,以下哪个选项如果正确,最好地解释了为什么 1983 年的干旱导致了农场计划支付额的减少?

A. 在 1983 年以前,政府为了帮助农民减少他们的债务负担而提高了粮食的目标价格。

B. 由于 1983 年的干旱,美国农民出口的食品在 1983 年比以前的年份减少了。

C. 由于 1983 年的干旱,美国农民的收成变少了,从而 1983 年的粮食比以往粮食较多的年份获得了更高的市场价格。

D. 由于 1983 年的干旱,美国农民计划在 1984 年种植比 1983 年更少的粮食。

E. 尽管出现了 1983 年的干旱,1982～1983 年间的食品价格并未明显上涨。

6. 最近 10 年来,湖南省长沙市的重工行业的大中企业纷纷合并、重建或缩小规模,这使得这一行业的就业状况极不乐观。但令人惊奇的是,这一行业的就业者并没有感觉到此种不稳定的压力。据一项该市重工行业的相关调查显示,10 年前的被调查者中,48％不认为自己面临工作不稳定而造成的压力,去年的被调查者中此比例为 45％。

以下哪个选项断定如果为真,最无助于解释题干的调查结果?

A. 两次调查的对象是小型企业的员工。

B. 除重工行业外,其他行业的就业状况同样不稳定。

C. 10 年前,专家就预测,重工行业的大中型企业将缩小规模,这一预测被广泛接受。

D. 大多数缩小经营规模的企业都是在第一次调查后的一年内完成此项举措的。

E. 近 10 年来,房地产及相关行业对就业的需求逐年上升。

7. 保持伤口深处不受细菌感染是困难的,即使是高效抗生素也不能杀死生活在伤口深处的细菌。但是,许多医生却用诸如蔗糖这样的甜性物质包扎伤口而除去了伤口深处的细菌。

以下哪个选项如果为真,最有助于解释用蔗糖杀死伤口深处细菌的原因?

A. 伤口深处的细菌在潮湿的环境中生长旺盛,而蔗糖有脱水的作用。

B. 许多种细菌以蔗糖为养料,当它们得到糖时迅速繁殖。

C. 有些含蔗糖的食物能够削弱某些抗生素的作用。

D. 高效的抗生素只是最近才开发出来的,用蔗糖治疗伤口则有久远的历史。

E. 使用白砂糖效果就不好。

8. 通常认为,抛掷一枚质量均匀的硬币的结果是随机的。但实际上,抛掷结果是由抛掷硬币的冲力和初始高度共同决定的。尽管如此,对抛掷硬币的结果作出准确预测还是十分困难的。

下面哪一项最有助于解释题干所说到的现象,即抛掷结果被某些因素决定,但预测却困难?

A. 很长时间以来,抛掷硬币已被用作随机事件的典型例证。

B. 如果抛掷一枚质量不均匀的硬币,其结果总能够被精确地预测。

C. 如果抛掷硬币的初始高度保持稳定不变,则抛掷硬币的结果将仅由抛掷冲力决定。

D. 对抛掷硬币结果的准确预测,要求极其精确地估计抛掷硬币的初始高度和冲力。

E. 对抛掷硬币的初始高度和冲力可以精确预测。

9. 最近,有几百只海狮因吃了受到化学物质污染的一种鱼而死亡。这种化学物质即使量很小,也能使哺乳动物中毒。然而一些人吃了这种鱼却没有中毒。

以下哪个选项如果正确,最有助于解释上面陈述中的矛盾?

A. 受到这种化学物质污染的鱼本身并没有受到化学物质的伤害。

B. 有毒的化学物质聚集在那些海狮吃而人不吃的鱼的部位。

C. 在某些既不吃鱼也不吃鱼制品人的身体内,也发现了微量的这种有毒化学物质。

D. 被这种化学物质污染的鱼只占海狮总进食量的很少一部分。

E. 有的人吃这种鱼也会中毒。

10. 在我国北方严寒冬季的夜晚,车辆前挡风玻璃会因低温而结冰霜。第二天对车辆发动预热后,玻璃上的冰霜会很快融化。何宁对此不解,李军解释道:因为车辆仅有的除霜孔位于前挡风玻璃,而车辆预热后除霜孔完全开启,因此,是开启除霜孔使车辆玻璃冰霜融化。

以下哪个选项如果为真,最能质疑李军对车辆玻璃冰霜迅速融化的解释?

A. 车辆一侧玻璃窗没有出现冰霜现象。

B. 尽管车尾玻璃窗没有除霜孔,其玻璃上的冰霜融化速度与前挡风玻璃没有差别。

C. 当吹在车辆玻璃上的空气气温增加,其冰霜的融化速度也会增加。

D. 车辆前挡风玻璃除霜孔排出的暖气流排出后可能很快冷却。

E. 即使启用车内空调暖风功能,除霜孔的功用也不能被取代。

本章练习深度解析

1.【答案】 E

【深度解析】 A、B、D 选项是无关项,自然无法解释题干矛盾。

C 选项:"大投资巨片的票价明显高于中小投资影片。"这会加剧题干矛盾,所以不能解释题干矛盾。

综上所述,E 选项为正确答案。

2.【答案】 D

【深度解析】 莱斯顿大学的管理者们基于今年比前一年增加了 45% 的合格申请者,得出了今年该校入学的学生肯定比去年多,由此计划雇佣更多的教职员工。

D 选项说,莱斯顿大学目前合格的申请者中将该校作为第一选择的比例比通常比例低得多,这说明很有可能,真正进入莱斯顿大学办理入学的人数不一定会比去年多,由此推导,管理者们的计划是有缺陷的。

综上所述,D 选项为正确答案。

3.【答案】 D

【深度解析】 题干说,在提价的一周之内,几个服务员陆续辞职不干了。所以正确选项肯定与"员工"相关。A 选项说员工的工资不变,D 选项说员工的工资降低,很明显,员工的工资降低更好地解释了服务员辞职。

综上所述,D 选项为正确答案。

4.【答案】 C

【深度解析】 题干描述了一组矛盾:

蟹可以适应高盐度——盐度高也给养蟹场带来了不幸

A、B、E 选项不满足话题相关,排除。

D 选项:"水温升高会使蟹更快速地繁殖。"这对于养蟹场是个优势,所以 D 选项进一步加剧了题干的矛盾。

C 选项说明,虽然蟹本身可以适应高盐度,但是蟹的食物不适应,所以给养蟹场带来了不良后果。

综上所述,C 选项为正确答案。

5.【答案】 C

【深度解析】 题干描述了一组矛盾:

农场计划是为了保护美国农民设定的政府补助计划——1983 年美国遭遇旱灾,而农场计划的支付额反而减少了 100 亿美元。

政府补助是出于对农民的保护:如果粮食的实际市场价格低于预定目标价格,则由政府来提供补充,以弥补每单位粮食的实际市场价格与预定目标价格的差值。

而 1983 年的旱灾,使得粮食减产。粮食减产导致供给量减少,供给减少导致粮食的实际市场价格上升。这使得每单位粮食的实际市场价格与预定目标价格的差值变小,所以美国政府给农民的政府补助额减少了。C 选项说明了这一点。

综上所述,C 选项为正确答案。

6.【答案】 B

【深度解析】 题干求的是"最无助于解释题干的调查结果"的选项。

题干描述了一组矛盾:

湖南省长沙市的重工行业的大中企业纷纷合并、重建或缩小规模,这使得这一行业的就业状况极不乐观——这一行业的就业者并没有感觉到此种不稳定的压力

据一项该市重工行业的相关调查显示,10 年前被调查者中,48％不认为自己面临工作不稳定而造成的压力,去年的被调查者中此比例为 45％。

A 选项排除。题干说的是"大中企业"纷纷合并、重建或缩小规模,A 选项说明,两次调查的对象是"小型企业"的员工,所以可以解释题干。

C 选项排除。C 选项说明,通过专家预测,重工行业的就业者已经有了未来会面临压力的心理预期,有助于解释这一行业的就业者并没有感觉到此种不稳定的压力。

D 选项排除。D 选项说明,大多数缩小经营规模的企业是 9 年前完成此变动的,有助于解释"现在"这一行业的就业者并没有感觉到此种不稳定的压力。

E 选项排除。E 选项说明,如果无法在重工行业继续发展,该行业的从业者可以到房地产及相关行业工作,有助于解释这一行业的就业者并没有感觉到此种不稳定的压力。

B选项:"除重工行业外,其他行业的就业状况同样不稳定。"这会使得重工行业的就业者更加感受到本行业不稳定的压力——因为没有其他选择。

综上所述,B选项为正确答案。

7.【答案】 A

【深度解析】 题干说"许多医生却用诸如蔗糖这样的甜性物质包扎伤口而除去了伤口深处的细菌",其中"蔗糖这样的甜性物质"和"杀菌"是两个独立话题。A选项:"伤口深处的细菌在潮湿的环境中生长旺盛,而蔗糖有脱水的作用。"把这两个话题联系起来。

综上所述,A选项为正确答案。

8.【答案】 D

【深度解析】 题干由"抛掷结果是由抛掷硬币的冲力和初始高度共同决定的"这个前提出发,得出"对抛掷硬币的结果作出准确预测还是十分困难"的结论。D选项把前提和结论联系起来。

综上所述,D选项为正确答案。

9.【答案】 B

【深度解析】 人和海狮都吃鱼(同),海狮中毒人不中毒(异)。

需要从"人"和"海狮"的同("鱼")中求异,才能解释结果的差异。

B选项:"有毒的化学物质聚集在那些海狮吃而人不吃的鱼的部位。"人和海狮都吃鱼,这是同,吃的部位不同,这是同中有异。

综上所述,B选项为正确答案。

10.【答案】 B

【深度解析】 李军认为:因为车辆仅有的除霜孔位于前挡风玻璃,所以开启除霜孔使车辆玻璃冰霜融化。李军的断定是"原因结果型"。

基于李军的逻辑,前挡风玻璃的冰霜融化速度应该比其他位置的玻璃的冰霜融化速度更快。而B选项:"尽管车尾玻璃窗没有除霜孔,其玻璃窗的冰霜融化速度与前挡风玻璃没有差别。"B选项相当于,针对车尾玻璃窗而言,没有"除霜孔"这个原因,亦有"与前挡风玻璃相同的冰霜融化速度"这个结果。所以B选项以"无因亦有果"的方式,对李军的断定进行了削弱,表达了对李军的解释的质疑。

综上所述,B选项为正确答案。

第十二章　语义理解

一、语义理解题型的特征

语义理解包括关于结论的推导、句子的真假、句子的含义、推理关系的理解等方面的问题。

二、语义理解题型的应对方法

（一）抽象概括

结论型的语义题型在题干中给出前提，要求推出结论。这种试题可以是严格的逻辑推论，也可以是一般的抽象和概括。

【例1】　史密斯：传统的壁画是这样完成的：画家在潮湿的灰泥上作画，待灰泥干了后，这幅画就完成并保存了下来。可惜的是，目前在罗马教堂中米开朗基罗的壁画上，有明显的在初始作品完成后添加的痕迹。因此，为了使作品能完全体现米开朗基罗本人的意图，应当在他的作品中去掉任何后来添加的东西。

张教授：但那个时代的画家普遍都有在他们的作品完成后再在上面添加点什么的习惯。

张教授的断定如果为真，最能支持以下哪个选项结论？

A. 在目前见到的米开朗基罗的壁画中，不可能准确区分哪些是初始的，哪些是后来添加的痕迹。

B. 去掉任何后来添加的痕迹所恢复的米开朗基罗壁画，很可能并不完全体现米开朗基罗本人的意图。

C. 在目前的米开朗基罗壁画中去掉任何后来添加的东西，不一定就能完全恢复该壁画的初始面貌。

D. 米开朗基罗壁画中后来添加的东西，除了画家本人外，不可能出自其他人之手。

E. 米开朗基罗很少对自己完成的作品满意。

【正确答案】　B

【深度解析】　史密斯说，为了使作品能完全体现米开朗基罗本人的意图，应当在他的作品中去掉任何后来添加的东西。所以史密斯认为，任何后来添加的东西，都没有体现米开朗基罗本人的意图。

张教授说，那个时代的画家普遍都有在他们的作品完成后再在上面添加点什么的习惯。基于张教授的判断，作品完成后再在上面添加的东西，也有可能是画家本人添加的。

B选项："去掉任何后来添加的痕迹所恢复的米开朗基罗壁画，很可能并不完全体现米开朗基罗本人的意图。"因为后来添加的痕迹，很有可能是米开朗基罗本人画上去的。所以张教授的断定支持了B选项。

综上所述,B 选项为正确答案。

【例 2】 有人提出通过开采月球上的氦-3 来解决地球上的能源危机,在熔合反应堆中氦-3 可以用做燃料。这一提议是荒谬的。即使人类能够在月球上开采出氦-3,要建造上述熔合反应堆在技术上至少也是 50 年以后的事。地球今天面临的能源危机到那个时候再着手解决就太晚了。

以下哪个选项最为恰当地概括了题干所要表达的意思?

A.如果地球今天面临的能源危机不能在 50 年内得到解决,那就太晚了。

B.开采月球上的氦-3 不可能解决地球上近期的能源危机。

C.开采和利用月球上的氦-3 只是一种理论假设,实际上做不到。

D.人类解决能源危机的技术突破至少需要 50 年。

E.人类的太空探索近年内不可能有效解决地球面临的问题。

【正确答案】 B

【深度解析】 题干讨论的是"开采月球的氦-3"和"地球现在面临的能源危机"的问题。

A 选项没有提及"开采月球的氦-3",未能很好地概括题干的讨论对象,没有恰当地概括题干,故 A 选项排除。

C 选项的断定过于绝对,题干说"在月球上开采氦-3,要建造上述熔合反应堆在技术上至少也是 50 年以后的事",所以 50 年以后是有可能实现的,故 C 选项排除。

D 选项夸大了话题范围,题干说的是通过"开采月球的氦-3"这种技术手段,也许其他技术可以在 50 年内解决地球的能源危机问题,故 D 选项排除。

E 选项判断过于绝对,排除。

综上所述,B 选项为正确答案。

(二)代入法

代入法是将选项逐个代入题干,来确定正确答案的方法。

如果某选项代入题干后,与题干的已知条件矛盾,则不是正确答案;如果某选项代入题干后,与题干的已知条件匹配,能推出题干结论,则为正确答案。

【例 3】 在一盘扑克牌游戏中,某个人的手中有这样一副牌:

(1)正好有 13 张牌。

(2)每种花色至少有 1 张。

(3)每种花色的张数不同。

(4)红心和方块总共 5 张。

(5)红心和黑桃总共 6 张。

(6)属于"王牌"花色的有两张。

请问:红心、黑桃、方块和梅花这 4 种花色中,哪一种是"王牌"花色?

A.红心。

B.黑桃。

C.方块。

D.梅花。

E.无色。

【正确答案】 B

【深度解析】 先对 A 选项做代入。

假设"王牌"花色是红心,代入题干中。

根据(6),红心有 2 张,

根据(5),黑桃有 4 张,

根据(4),方块有 3 张,

根据(1),梅花有 13－2－4－3＝4 张

则此时,黑桃和梅花都是 4 张,这与(3)矛盾,所以"王牌"花色不是红心,A 选项排除。同理亦可以排除 C、D 选项。

对 B 选项做代入。

假设"王牌"花色是黑桃,代入题干中。

根据(6),黑桃有 2 张,

根据(5),红心有 4 张,

根据(4),方块有 1 张,

根据(1),梅花有 13－2－4－1＝6 张

此时各个花色的情况与条件(1)～(6)均不矛盾,故 B 选项是正确答案。

综上所述,B 选项为正确答案。

(三)列表法

如果题干所给的信息涉及两个或以上的维度,可以按维度对信息进行列表整理,以便迅速找到答案。

【例 4】 有甲、乙、丙三个学生,一个出生在北京,一个出生在上海,一个出生在长沙;他们中一个学逻辑专业,一个学会计专业,一个学审计。其中:

(1)甲不是学逻辑的,乙不是学审计的。

(2)学逻辑的不出生在上海。

(3)学审计的出生在北京。

(4)乙不出生在长沙。

请根据上述条件,判断甲的专业:

A. 逻辑。

B. 会计。

C. 审计。

D. 三种专业都可能。

E. 三种专业都不可能。

【正确答案】 C

【深度解析】 根据题干信息进行列表。

	北京	上海	长沙	逻辑	会计	审计
甲	T1			F1	F6	T4
乙	F4	T2	F3	F5	T3	F2
丙						

用"F"表示"假",用"T"表示"真"。

第一步:

根据条件(1)"甲不是学逻辑的,乙不是学审计的",可以得到上表的 F1、F2;

根据条件(4)"乙不出生在长沙",可以得到上表的 F3。

第二步:

根据条件(3)"学审计的出生在北京",而乙又不学审计,可以推知,乙不出生在北京(即上表的 F4);

由于乙不出生在北京,乙也不出生在长沙,所以乙出生在上海(T2)。

第三步:

根据条件(2)"学逻辑的不出生在上海",而乙出生在上海,可以推知,乙不学逻辑(即上表的 F5);

由于乙不学逻辑,乙也不学审计,所以乙学会计(即上表的 T3)。

第四步:

根据乙学会计,可知甲不学会计(即上表的 F6),

根据甲不学逻辑,甲又不学会计,所以甲学审计(即上表的 T4)。

综上所述,C 选项为正确答案。

(四)排序法

排序法就是指题干给出的信息有某种顺序特征,这种顺序可以是时间上的先后关系,也可以是空间上的前后关系。在解决此类试题时,关键在于对题干中所给出信息的顺序进行整理。很多试题的信息排序,常常使用大于号或小于号进行排序。

【例5】 甘蓝比菠菜更有营养。但是,因为绿芥蓝比莴苣更有营养,所以甘蓝比莴苣更有营养。以下除了哪项外,都可以作为题干成立的一个必要前提?

A.甘蓝与绿芥蓝同样有营养。

B.菠菜比莴苣更有营养。

C.菠菜比绿芥蓝更有营养。

D.菠菜与绿芥蓝同样有营养。

E.绿芥蓝比甘蓝更有营养。

【正确答案】 E

【深度解析】 题干可以整理为:

前提:甘>菠 绿>莴

结论:甘>莴

问,哪一个选项无法推出结论。

A、B、C、D 选项均可以推出结论,E 选项不能推出结论。

综上所述,E 选项为正确答案。

(五)组队法

组队法就是题干给出了若干事物对象,要求根据题干的约束条件来确定题干结论。解法是将这些对象分成不同的组,通过对象之间相容或不相容等约束条件来确定各组的成员或数量。求解这类问题需要运用前面的推理知识,然后再通过代入法,随时将选项代入题干给定的约束条件,从而保证快速得出结论。

【例6】 恰好有 7 名老师:3 名数学老师(F、J、M)和 4 名逻辑老师(N、O、R、S),将要参加两个 3 人小组:一号小组和二号小组。每个老师只能参加一个小组。每个小组中必须至少有一名数学老师和一名逻辑老师。小组人员的组成必须遵循以下条件:

Ⅰ. F 和 S 不能同组。

Ⅱ. N 和 R 不能同组。

Ⅲ. M 不能与 S 和 R 同组。

Ⅳ. J 在第一组时,R 在第二组。

若 N 在第一小组,则下面哪两个人可以与 N 一起在第一小组?

A. F,J。

B. J,O。

C. J,R。

D. J,S。

E. M,R。

【正确答案】　D

【深度解析】　将 A 选项代入题干。

因为每个小组中必须至少有一名数学老师和一名逻辑老师,所以当 F、J 在第一组,那么 M 在第二组。

由此可知,O、R、S 中有 2 个人在第二组,则 R 和 S 中至少有 1 个人在第二组,这会与条件Ⅲ"M 不能与 S 和 R 同组"矛盾。

所以 A 选项与题干矛盾,排除。

将 B 选项代入题干。

当 J、O 在第一组,再加上 N 在第一组,所以第二组只能在(F、M)和(R、S)的 4 个中选 3 个。

根据条件Ⅰ"F 和 S 不能同组",此时第二组只有两种可能:(F、M、R)和(S、M、R),而上述两种可能,均与条件Ⅲ"M 不能与 S 和 R 同组"矛盾。

所以 B 选项与题干矛盾,排除。

C 选项:"J,R"与条件Ⅳ"J 在第一组时,R 在第二组"矛盾,所以 C 选项与题干矛盾,排除。

E 选项:"M,R"与条件Ⅲ"M 不能与 S 和 R 同组"矛盾,所以 E 选项与题干矛盾,排除。

综上所述,D 选项为正确答案。

本章练习

1. 水上滑板风驰电掣,五彩缤纷,受到人们的广泛欢迎。它能把一只小船驶向任何地方,年轻人对此颇为青睐。这一项目的日益普及产生了水上滑板的管理问题。在这个问题上,我们不能不倾向于对之进行严格管制的观点。

如果上述陈述为真,以下哪个选项最有可能是真的?

A. 水上滑板的普及带来了管理难题。

B. 年轻人是水上滑板管理的主要对象。

C. 水上滑板如何管理目前尚无定论。

D. 严格管制将进一步推动水上滑板的普及。

E. 水上滑板运动不是最理想的体育运动。

2. 某市经济委员会准备选四家企业给予表彰,并给予一些优惠政策。从企业的经济效益来看,

A、B 两个企业比 C、D 两个企业好。

据此,再加上以下哪个选项可推出"E 企业比 D 企业的经济效益好"的结论?

A. E 企业的经济效益比 C 企业好。

B. B 企业的经济效益比 A 企业好。

C. E 企业的经济效益比 B 企业差。

D. A 企业的经济效益比 B 企业差。

E. E 企业的经济效益比 A 企业好。

3. 张霞、李丽、陈露、邓强和王硕一起坐火车去旅游,他们正好在同一车厢相对两排的五个座位上,每人各坐一个位置。第一排的座位按顺序分别记作 1 号和 2 号。第 2 排的座位按顺序记为 3、4、5 号。座位 1 和座位 3 直接相对,座位 2 和座位 4 直接相对,座位 5 不和上述任何座位直接相对。李丽坐在 4 号位置;陈露所坐的位置不与李丽相邻,也不与邓强相邻(相邻是指同一排上紧挨着);张霞不坐在与陈露直接相对的位置上。

根据以上信息,张霞所坐位置有多少种可能的选择?

A. 1 种。

B. 2 种。

C. 3 种。

D. 4 种。

E. 5 种。

4. 姑妈要带两个年龄相近的侄女去参加一个晚会,侄女在选择搭配衣服。家中有蓝色短袖衫、粉色长袖衫、绿色短裙和白色长裙各一件。姑妈不喜欢侄女短袖配长裙。

以下哪种是姑妈不喜欢的方案?

A. 姐姐穿粉色衫,妹妹穿短裙。

B. 姐姐穿蓝色衫,妹妹穿短裙。

C. 姐姐穿长裙,妹妹穿短袖衫。

D. 妹妹穿长袖衫和白色裙。

E. 姐姐穿蓝色衫和绿色裙。

5. 刘浩、王志和陈亮在一起,一位是数学老师,一位是英语老师,一位是逻辑老师。陈亮比逻辑老师年龄大,刘浩和英语老师不同岁,英语老师比王志年龄小。

根据上述资料可以推理出的结论是:

A. 刘浩是数学老师,王志是英语老师,陈亮是逻辑老师。

B. 刘浩是英语老师,王志是数学老师,陈亮是逻辑老师。

C. 刘浩是英语老师,王志是逻辑老师,陈亮是数学老师。

D. 刘浩是逻辑老师,王志是数学老师,陈亮是英语老师。

E. 刘浩是逻辑老师,王志是英语老师,陈亮是数学老师。

6. 在美国纽约,有这样一种有趣的现象。每天晚上,总有几个时刻,城市的用水量突然增大。经过观察,这几个时刻都是热门电视节目间隔中插播大段广告的时间。而用水量的激增是人们同时去洗手间的缘故。

以下哪个选项作为从上述现象中推出的结论最为合理?

A. 电视节目广告要短小,零碎地插在电视节目中才会有效。

B. 电视台对于热门节目中插播的广告费用要提高,否则竞争就更为激烈。

C. 热门的电视节目后插广告不如在冷门些的节目后插广告效果好。

D. 在热门的电视节目中插广告,需要向自来水公司缴纳一定的费用,补偿用水激增对设备的损害。

E. 现代生活中人们普遍不喜欢电视节目中大段广告的插入。

7. 某公司的市场部有五名员工,其中有两名本科专业是市场营销,两名本科专业是工商管理,有一名本科专业是会计学。又知道五人中有两名女士,她们的本科专业背景不同。

根据上文所述,以下哪个选项论断最可能为真?

A. 该市场部有两名男士是来自不同本科专业的。

B. 该市场部的一名女士一定是工商管理专业本科毕业的。

C. 该市场部三名男士来自不同的本科专业,女士也来自不同的本科专业。

D. 该市场部至多有一名男士是市场营销专业毕业的。

E. 该市场部本科专业为会计学的一定是男士,不是女士。

8. 雄性的燕子能构筑精心装饰的鸟巢,或称为凉棚。基于对本地同种燕子不同群落凉棚的构筑和装饰风格不同这一事实的判断,研究者们得出结论:燕子构筑鸟巢的风格是后天习得的,而不是基因遗传的特征。

以下哪一项如果是正确的,将最有力地加强研究者们得出的结论?

A. 经过广泛研究发现,本地燕子群落凉棚构筑风格中共同的特征多于它们之间的区别。

B. 年幼的雄性燕子不会构筑凉棚,在以本地凉棚风格构筑凉棚之前很明显地花了好几年时间观看比它们年纪大的鸟构筑凉棚。

C. 一种燕子的凉棚缺少大多数其他种类燕子所构筑凉棚的塔形和装饰特征。

D. 只在新圭亚那和澳大利亚发现有燕子,而在那里本地鸟类显然很少互相接触。

E. 公众周知,一些鸣禽的鸣唱方法是后天习得的,而不是基因遗传的。

9. 以下诸项结论都是根据 2015 年度指南针商厦各个职能部门收到的员工报销单据综合得出的。在此项综合统计作出后,有的职能部门又收到了员工补交上来的报销单据。

以下哪个选项结论不可能被补交报销单据这一新的事实所推翻?

A. 超级市场部仅有 14 个员工交了报销单据,报销了至少 8 700 元。

B. 公关部最多只有 3 个员工交了报销单据,总额不多于 2 600 元。

C. 后勤部至少有 8 个员工交了报销单据,报销总额为 5 234 元。

D. 会计部至少有 15 个员工交了报销单据,报销了至少 5 000 元。

E. 总经理事务部至少有 9 个员工交了报销单据,报销额不比后勤部多。

10. 某公司一项对员工工作效率的调查测试显示,办公室中白领人员的平均工作效率和室内气温有直接关系。夏季,当气温高于 30 ℃时,无法达到完成最低工作指标的平均效率,而在此温度线之下,气温越低,平均效率越高,只要不低于 22 ℃;冬季,当气温低于 5 ℃时,无法达到完成最低工作指标的平均效率,而在此温度线之上,气温越高,平均效率越高,只要不高于 15 ℃。另外,调查测试显示,车间中蓝领工人的平均工作效率和车间中的气温没有直接关系,只要气温不低于 5 ℃,不高于 30 ℃。

从上述断定推出以下哪个选项结论最为恰当?

A. 在车间安装空调设备是一种浪费。

B. 在车间中,如果气温低于 5 ℃,则气温越低,工作效率越低。

C. 在春秋两季,办公室白领人员的工作效率最高时的室内气温为 15 ℃ 和 22 ℃。

D. 在夏季,办公室白领人员在室内气温 32 ℃时的平均工作效率低于在气温 31 ℃时。

E. 在冬季,当室内气温为 15 ℃时,办公室白领人员的平均工作效率最高。

11. 一国丧失过量表土,需进口更多的粮食,这就增加了其他国家土壤的压力;一国大气污染,导致邻国受到酸雨的危害;二氧化碳排放过多,造成全球变暖、海平面上升,几乎可以危及所有的国家和地区。

下述哪项最能概括上文的主要观点?

A. 环境危机已影响到国与国之间的关系,可能引起国际争端。

B. 经济的快速发展必然导致环境污染的加剧,先污染、后治理是一条规律。

C. 在治理环境污染问题上,发达国家愿意承担更多的责任和义务。

D. 环境问题已成为区域性、国际性问题,解决环境问题是人类面临的共同任务。

E. 各国在环境污染治理方面要量力而行。

12. 先天的遗传因素和后天的环境影响对人的发展所起作用到底哪一个重要?双胞胎的研究对于回答这一问题有重要的作用。唯环境影响决定论预言,如果把一对双胞胎完全分开抚养,同时把一对不相关的婴儿放在一起抚养,那么,待他们长大成人后,在性格等内在特征上,前两者之间绝不会比后两者之间有更多的类似。实际的统计数据并不支持这种极端的观点,但也不支持另一种极端观点,即唯遗传因素决定论。

以上论述最能推出以下哪个结论?

A. 为了确定上述两种极端观点哪一个正确,还需要进一步的研究工作。

B. 虽然不能说环境影响对于人的发展起唯一决定作用,但实际上起最重要的作用。

C. 环境影响和遗传因素对人的发展都起着重要的作用。

D. 试图通过改变一个人的环境来改变一个人是徒劳无益的。

E. 双胞胎研究是不能令人满意的,因为它得出了自相矛盾的结论。

13. 去年 MBA 入学考试的 5 门课程中,陈青和何平只有数学成绩相同,其他科的成绩互有高低,但所有课程的分数都在 60 分以上。在录取时只能比较他们的总成绩了。

下列哪项如果为真,能够使你判断出陈青的总成绩高于何平?

A. 陈青的最低分是数学,而何平的最低分是英语。

B. 陈青的最高分比何平的最高分要高。

C. 陈青的最低分比何平的最低分高。

D. 陈青的最低分比何平的两门课分别的成绩高。

E. 陈青的最低分比何平的平均成绩高。

14. 群英和志城都是经营微型计算机的公司。它们是电子一条街上的两颗高科技新星。为了在微型计算机市场方面与几家国际大公司较量,群英公司和志城公司在加强管理、降低成本、提高质量和改善服务几方面实行了有效的措施,1998 年的微机销售量比 1997 年分别增加了 15 万台和 12 万台,令国际大公司也不敢小看它们。

根据以上事实,最能得出下面哪项结论?

A. 在 1998 年,群英公司与志城公司的销售量超过了国外公司在中国的微机销售量。

B. 在 1998 年,群英公司和志城公司用降价倾销的策略扩大了市场份额。

C. 在 1998 年,群英公司的销售量增长率超过了志城公司的的销售量增长率。

D. 在价格、质量相似的条件下,中国的许多消费者更喜欢买进口电脑。

E. 在 1998 年,群英公司的市场份额增长量超过了志城公司的市场份额增长量。

15. 宋宪、元斌和车智三个人都买了汽车,汽车的牌子是大众、别克、吉普,并让韩英猜三人买的各是什么牌子的车。韩英说:"宋宪买的是大众,元斌买的肯定不是吉普,车智买的不会是大众"。没想到这次韩英失算了,只猜对了一个。

如果上述陈述为真,以下哪个选项中的断定也一定都是真的?

A. 宋宪买的是吉普,元斌买的是大众,车智买的是别克。

B. 宋宪买的是大众,元斌买的是吉普,车智买的是别克。

C. 宋宪买的是大众,元斌买的是别克,车智买的是吉普。

D. 宋宪买的是吉普,元斌买的是别克,车智买的是大众。

E. 宋宪买的是别克,元斌买的是吉普,车智买的是大众。

16. 任何人如果感染了 W 病毒,一周后就会产生抵抗这种病毒的抗体。这些抗体的数量在接下来的一年左右的时间内都会增加。现在,有一测试可靠地指出了一个人的身体内存在有多少个抗体。如果确实的话,这个测试可在一个人感染上某种病毒的第一年内被用来估计那个人已经感染上这种病毒多长时间了。估计误差在一个月之内。

下面哪一个结论能被上面的论述最有力地支持?

A. 抗体的数量一直增加到它们击败病毒为止。

B. 离开了对抗体的测试,就没有办法确定一个人是否感染了 W 病毒。

C. 抗体仅为那些不能被其他任何身体防御系统所抵抗的病毒感染产生。

D. 如果一个人无限期地被 W 病毒感染,那么这个人的身体内可以出现的抗体数量就是无限的。

E. 任何一个感染了 W 病毒的人,如果用抗体测试法对他进行测试,将在一段时间内发现不了他有被感染的迹象。

17. 神经化学物质的失衡可以引起人的行为失常,大到严重的精神疾病,小到常见的孤僻、抑郁甚至暴躁、嫉妒。神经化学的这些发现,使我们不但对精神疾病患者,而且对身边原本令人生厌的怪僻行为者,怀有同情和容忍。因为精神健康,无非是指具有平衡的神经化学物质。

以下哪个选项最为准确地表达了上述论证所要表达的结论?

A. 神经化学物质失衡的人在人群中只占少数。

B. 神经化学的上述发现将大大丰富精神病学的理论。

C. 理解神经化学物质与行为的关系将有助于培养对他人的同情心。

D. 神经化学物质的失衡可以引起精神疾病或其他行为失常。

E. 神经化学物质是否平衡是决定精神或行为是否正常的主要因素。

18. 按照联合国开发计划署 2007 年的统计,挪威是世界上居民生活质量最高的国家,欧美和日本等发达国家也名列前茅。如果统计 1990 年以来生活质量改善最快的国家,发达国家则落后了。至少在联合国开发计划署统计的 116 个国家中,17 年来,非洲东南部国家莫桑比克的生活质量提高最快,2007 年其生活质量指数比 1990 年提高了 50％。很多非洲国家取得了和莫桑比克类似的成就。作为世界上最受瞩目的发展中国家,中国的生活质量指数在过去 17 年中也提高了 27％。

以下哪个选项可以从联合国开发署的统计中得出?

A. 2007 年,发展中国家的生活质量指数都低于西方国家。

B. 2007 年,莫桑比克的生活质量指数不高于中国。

C. 2006 年,日本的生活质量指数不高于中国。

D. 2006 年,莫桑比克的生活质量的改善快于非洲其他各国。

E. 2007 年,挪威的生活质量指数高于非洲各国。

19. 以下诸项结论都是某理工大学的学生处根据各个系收到的 2014～2015 学年度奖助学金申请表综合得出的。在此项综合统计完成后,因为落实灾区政策,有的系又收到了一些学生补交上来的申请表。

以下哪个选项结论最不可能被补交奖助学金申请表这一新事实所推翻?

A. 汽车系仅有 14 名学生交申请表,总申请金额至少有 5 700 元。

B. 物理系最多有 7 名学生交申请表,总申请金额为 2 800 元。

C. 数学系共有 8 名学生交申请表,总申请金额等于 3 000 元。

D. 化学系至少有 7 名学生交申请表,总申请金额多于 5 000 元。

E. 生物系至少有 7 名学生交申请表,总申请金额不会多于汽车系。

20. 体育课的目标是促使受教育者保持健康的体魄体质、精神状态和生活方式。但许多学校往往只重视竞技运动,这使得大多数在这方面缺少竞争性的学生疏远了体育。他们觉得自己又不想当运动员。因此,很少注意通过足够的锻炼来促进健康。

根据上述断定最可能得出以下哪个选项结论?

A. 体育课应当包括非竞技运动。

B. 体育课的竞技性使得大多数学生疏远了体育。

C. 见长于竞技运动的学生能进行足够的锻炼。

D. 保持健康的精神状态和保持健康的体魄体质同等重要。

E. 应当教育学生充分认识缺少锻炼的危害。

21. 某公司有 F、G、H、I、M 和 P 六位总经理助理,三个部门。每个部门恰由三个总经理助理分管。每个总经理助理至少分管一个部门。以下条件必须满足:

(1)有且只有一位总经理助理同时分管三个部门;

(2)F 和 G 不分管同一部门;

(3)H 和 I 不分管同一部门。

如果 F 和 M 不分管同一部门,则以下哪个选项一定为真?

A. F 和 H 分管同一部门。

B. F 和 I 分管同一部门。

C. I 和 P 分管同一部门。

D. M 和 G 分管同一部门。

E. M 和 P 不分管同一部门。

22. 在德国备案申报纳税的公司中有 24 家公司纯收入超过 1 亿欧元,在所有税收报表上报道的国外来源总的应征税收入中,它们占了 54%。在国外来源总的应征税收入中,有 61% 是来自 10 多个国家的 200 份纳税申报。

如果上面陈述为真,则下面哪项也一定正确?

A. 净收入超过 1 亿欧元的公司赚取的大部分应征税收入都来自国外。

B. 有大量个人收入的人有 47% 的应征税收入来自国外。

C. 来自国外的收入相当于上报应征税收入的 54%～61%。

D. 一些纯收入超过 1 亿欧元的公司报告其收入来自 10 多个国家。

E. 绝大部分收入来自 10 多个国家的公司净收入超过 1 亿欧元。

本章练习深度解析

1. 【答案】 C

【深度解析】 A 选项："水上滑板的普及带来了管理难题。"题干说的是产生了水上滑板的管理问题，"管理问题"不等于"管理难题"。故 A 选项排除。

B 选项："年轻人是水上滑板管理的主要对象。"题干说的是年轻人对水上滑板颇为青睐，从这儿并不能推出年轻人是水上滑板管理的主要对象，也许其他年龄段的人是水上滑板管理的主要对象，如少年。故 B 选项排除。

D 选项："严格管制将进一步推动水上滑板的普及。"严格管制是推动水上滑板的普及，还是对其产生不利影响，从题干是无法判断的。故 D 选项排除。

E 选项："水上滑板运动不是最理想的体育运动。"题干并没有讨论水上滑板运动是不是最理想的体育运动的问题。故 E 选项排除。

根据排除法，选择 C 选项。C 选项："水上滑板如何管理目前尚无定论。"而题干说的是"水上滑板的管理问题，我们不能不倾向于对之进行严格管制的观点"，题干说的是"倾向于"，并没有明确的观点。

综上所述，C 选项为正确答案。

2. 【答案】 E

【深度解析】 已知：A＞C

1＞D

2＞C

3＞D

结论：E＞D

补充 E＞A 或 E＞B 都可以推出结论。

综上所述，E 选项为正确答案。

3. 【答案】 D

【深度解析】 根据题干信息，座位分布如下：

1 2

3 4 5

根据李坐 4 号，而陈所坐的位置不与李相邻，所以陈坐 1 号或 2 号；

根据陈所坐的位置不与邓相邻，所以邓坐 3 号或 5 号。

当陈坐 1 号时，根据张不与陈直接相对，张可以坐 2 号或 5 号；

当陈坐 2 号时，张可以坐 1 号、3 号或 5 号。

所以，张有 1 号、2 号、3 号、5 号这 4 种选择。

综上所述，D 选项为正确答案。

4. 【答案】 B

【深度解析】 B 选项，妹妹穿短裙，姐姐只能穿长裙，而姐姐穿的蓝色衫是短袖，此时姐姐的穿着与姑妈的审美冲突。

综上所述，B 选项为正确答案。

5. 【答案】 D

【深度解析】 如果用"F"表示"假",用"T"表示"真",对题干信息进行整理列表,如下:

	数学老师	英语老师	逻辑老师
刘浩		F2	T3
王志	T2	F3	
陈亮		T1	F1

第一步:

根据"陈亮比逻辑老师年龄大",可知陈亮不是逻辑老师(F1)

根据"刘浩和英语老师不同岁",可知刘浩不是英语老师(F2)

根据"英语老师比王志年龄小",可知王志不是英语老师(F3)

由此可知,陈亮是英语老师(T1)

第二步:

根据"英语老师比王志年龄小",所以 王志>陈亮=英语老师

根据"陈亮比逻辑老师年龄大",所以 陈亮>逻辑老师

可知,王志>陈亮=英语老师>逻辑老师

所以,王志是数学老师(T2)

第三步:

注意列表法的隐藏条件:每一行、每一列都是一真两假(1 个 T 两个 F)可知,刘浩是逻辑老师(T3)

所以,刘浩是逻辑老师,王志是数学老师,陈亮是英语老师

综上所述,D 选项为正确答案。

6.【答案】 E

【深度解析】 现代生活中人们普遍不喜欢电视节目中大段广告的插入。所以,在插入广告的时间里,人们都去了洗手间,用水量的激增是人们同时去洗手间的缘故。

A 选项,题干没有讨论"广告怎样才会更有效"的问题,排除。

B 选项,题干没有讨论"广告费高低"的问题,排除。

C 选项,题干没有讨论"广告怎样才会更有效"的问题,排除。

D 选项,题干没有讨论"自来水费用"的问题,排除。

E 选项作为结论最为合理,其余选项均不恰当。

综上所述,E 选项为正确答案。

7.【答案】 A

【深度解析】

【解法 1】

题干一共可以推出三种情况:

如果女士分别是市场营销和工商管理专业,则三名男士分属三个不同的专业。

如果女士分别是会计学和市场营销专业,则三名男士中,一人是市场营销专业,两人是工商管理专业。

如果女士分别是会计学和工商管理专业,则三名男士中,一人是工商管理专业,两人是市场营销专业。

无论如何,三名男士中,至少两人是来自不同专业的。A 选项描述了这一点。

【解法 2】

(1)共 5 人,2 女 3 男

(2)共 3 个专业,分别可容纳 2、2、1 人

由(1)、(2)可知,3 男至少来自 2 个专业,可能来自 3 个专业

故,一定存在 2 男来自不同专业。

C 选项有一定的迷惑性。

C 选项:"该市场部三名男士来自不同的本科专业,女士也来自不同的本科专业。"请注意,三名男士中,两个人来自同一个专业,一个人来自另一个专业,也满足"三名男士来自不同的本科专业"。如果三名男士中,两个人来自市场营销专业,一个人来自会计学专业,则此时两名女士只能都来自工商管理专业,这与 C 选项所说的"女士也来自不同本科专业"冲突,故排除 C 选项。

综上所述,A 选项为正确答案。

8.【答案】 B

【深度解析】 题干结论:燕子构筑鸟巢的风格是后天习得的,而不是基因遗传的特征。

A 选项:"本地燕子群落凉棚构筑风格中共同的特征多于它们之间的区别",这可能是其他原因造成的,如遗传基因。所以 A 选项的支持力度有限,排除。

C 选项排除,题干没有讨论不同种类燕子之间凉棚特征的异同。

D 选项对题干论证构成了削弱,排除。

E 选项扩大了讨论对象,题干说的是"燕子",E 选项说的是"一些鸣禽"。

B 选项直接支持题干结论。

综上所述,B 选项为正确答案。

9.【答案】 D

【深度解析】 对于只给出"下限"结论的部门而言,无论补交单据的员工有多少来自本部门,无论增加报销多少钱,关于本部门的结论都不会被推翻。

对于给出结论描述一个确定数字的部门,以及对于给出结论描述"上限"的部门,若补交单据的员工来自本部门,则关于本部门的结论将可能被推翻。

综上所述,D 选项为正确答案。

10.【答案】 E

【深度解析】 对办公室中白领人员而言,夏季,当气温高于 30 ℃时,无法达到完成最低工作指标的平均效率,而在此温度线之下,气温越低,平均效率越高,只要不低于 22 ℃。所以在夏季,22 ℃的时候,白领人员的平均效率最高。

对办公室中白领人员而言,冬季,当气温低于 5 ℃时,无法达到完成最低工作指标的平均效率,而在此温度线之上,气温越高,平均效率越高,只要不高于 15 ℃。所以在冬季,15 ℃的时候,白领人员的平均效率最高。

题干说:"调查测试显示,车间中蓝领工人的平均工作效率和车间中的气温没有直接关系,只要气温不低于 5 ℃,不高于 30 ℃。"所以在气温低于 5 ℃,高于 30 ℃时,气温对平均工作效率有影响,此时在车间安装空调设备是有意义的,不是浪费。故排除 A 选项。

题干说:"调查测试显示,车间中蓝领工人的平均工作效率和车间中的气温没有直接关系,只要气温不低于 5 ℃,不高于 30 ℃。"题干并没有说明当气温低于 5 ℃时,平均工作效率与气

温之间如何变化。故 B 选项排除。

题干没有提到秋季,C 选项说"在春秋两季",故排除 C 选项。

题干没有说明对办公室中白领人员而言,夏季,当气温高于 30 ℃时,平均工作效率与气温之间如何变化。故 D 选项排除。

综上所述,E 选项为正确答案。

11.【答案】　D

【深度解析】　A 选项,题干没有围绕国家间的"环境危机"来谈,排除。

B 选项,无法从题干推出"先污染、后治理"是必然规律,排除。

C 选项,题干没有谈关于治理环境污染的问题,没有谈国家间如何分配责任、义务的问题,排除。

E 选项,从题干出发,推出的是"一定要治理环境污染",E 选项认为要"量力而行",明显不符,排除。

综上所述,D 选项为正确答案。

12.【答案】　C

【深度解析】　题干说,实际的统计数据并不支持这种极端的观点(唯环境影响决定论),但也不支持另一种极端观点,即唯遗传因素决定论。

注意:唯环境影响决定论和唯遗传因素决定论的"唯",指的是"只有"的意思,表绝对。实际的统计数据对于两种绝对的观点都不支持,所示事实的情况更可能是二者(环境、遗传)都在起作用。

综上所述,C 选项为正确答案。

13.【答案】　E

【深度解析】　若陈青的最低分比何平的平均成绩高,则陈青的各科分数之和必定大于何平的各科分数之和。

综上所述,E 选项为正确答案。

14.【答案】　E

【深度解析】　A 选项,题干只提供了 1998 年群英公司与志城公司的销售增长量,在缺乏基数的情况下,无法推出关于该两家"销售量超过了国外公司"的必然性结论。故 A 选项排除。

B 选项,题干说"群英公司和志城公司降低成本",而"降低成本"与"降价倾销"是两个不同的概念。另外请注意,B 选项说"1998 年群英公司和志城公司扩大了市场份额",这个也是无法必然推出的。在销售量增加的情况下,如果竞争对手的销售量增加得更多,则有可能市场份额(即"市场占有率")在下降。故 B 选项排除。

C 选项:缺乏群英公司和志城公司在 1997 年的销售总量,没有基数的情况下,无法得出关于"销售量增长率"的必然性结论。故 C 选项排除。

D 选项:明显不满足话题先关。故 D 选项排除。

E 选项:可以从题干信息直接推出。请注意"市场份额增长量"是一个绝对数。

综上所述,E 选项为正确答案。

15.【答案】　D

【深度解析】　韩英说:"宋宪买的是大众,元斌买的肯定不是吉普,车智买的不会是大众。"假设"宋宪买的是大众"为真,则"车智买的不会是大众"也为真,则会造成两个真,这与韩英猜对了一个矛盾,所以事实上,宋宪买的不是大众。排除 B、C 选项。

A 选项代入,两个真一个假,排除。

D 选项代入,一个真两个假,符合。

E 选项代入,三个假,排除。

综上所述,D 选项为正确答案。

16.【答案】 E

【深度解析】 题干说"任何人如果感染了 W 病毒,一周后就会产生抵抗这种病毒的抗体"。所以,对于感染了 W 病毒的人而言,在一周内是无法用抗体测试法对他进行测试的。

A 选项,无法从题干信息中推出,排除。

B 选项,判断过于绝对,排除。

C 选项,题干未提及,排除。

D 选项,题干说的是"这些抗体的数量在接下来的一年左右的时间内都会增加",而不是无限增加,故排除。

综上所述,E 选项为正确答案。

17.【答案】 C

【深度解析】 推出题干结论的关键信息是第二句话:"神经化学的这些发现,使我们不但对精神疾病患者,而且对身边原本令人生厌的怪僻行为者,怀有同情和容忍。"

"这些"指代的是题干第一句话。题干第三句话以"因为"引导,表达的是对题干第二句话的说明。

第二句话的句子主干是:神经化学的这些发现使我们怀有同情和容忍。

综上所述,C 选项为正确答案。

18.【答案】 E

【深度解析】 根据"2007 年的统计,挪威是世界上居民生活质量最高的国家",所以 2007 年挪威的生活质量指数高于世界上所有国家,自然也高于非洲各国。

综上所述,E 选项为正确答案。

19.【答案】 D

【深度解析】 仅描述"下限"的选项,不会被推翻。

注意"多于 5 000 元"描述的是"下限 5 000 元"。

综上所述,D 选项为正确答案。

20.【答案】 A

【深度解析】 题干结论是"因此,很少注意通过足够的锻炼来促进健康",这句话的主语被省略,是"在竞技运动方面缺少竞争性的学生"。

"体育课的目标是使受教育者保持健康的体魄体质、精神状态和生活方式"。"受教育者"既包括"在竞技运动方面有竞争性的学生",也包括"在竞技运动方面缺少竞争性的学生"。

既然结论是关于"在竞技运动方面缺少竞争性的学生",那么体育课就应当包括非竞技运动,以帮助"在竞技运动方面缺少竞争性的学生"的学生来保持健康的体魄体质、精神状态和生活方式。

B 选项具有一定的迷惑性。由于并不清楚"在竞技运动方面缺少竞争性的学生"在"所有学生"中所占的比例,所以无法推断"大多数在竞技运动方面缺少竞争性的学生"就是所有学生中的大多数。所以 B 选项说"体育课的竞技性使得大多数学生疏远了体育"是无法必然推出的。

综上所述,A 选项为正确答案。

21.【答案】　C

【深度解析】　已知:F 和 M 不分管同一部门

F 和 G 不分管同一部门

H 和 I 不分管同一部门

又知:每个总经理助理至少分管一个部门

有且只有一位总经理助理同时分管三个部门

所以,H 不能是同时分管三个部门的总经理助理。

因为 I 至少分管一个部门,如果 H 是同时分管三个部门的总经理助理,则会与"H 和 I 不分管同一部门"矛盾。

同理可知,I、F、M、G 都不是同时分管三个部门的总经理助理。

所以,P 可能是同时分管三个部门的总经理助理。

P 会与 H、I、F、M、G 中的每一个人,共同分管至少一个部门。

综上所述,C 选项为正确答案。

22.【答案】　D

【深度解析】　整理题干信息:

有 24 家纯收入超过 1 亿欧元的公司,在国外来源总的应征税收入中,占 54%。

来自 10 多个国家的 200 份纳税申报,在国外来源总的应征税收入中,占 61%。

a 占 S 的 54%,b 占 S 的 61%,那么可以推知,a、b 肯定有交集。D 选项描述了这一点。

综上所述,D 选项为正确答案。